AVITUS
L'EMPEREUR OUBLIÉ

CHRISTOPHE GRÉGOIRE

AVITUS

L'EMPEREUR OUBLIÉ

Des monts d'Auvergne
à la pourpre impériale

HISTOIRE & DOCUMENTS
de Borée

À cette lumière qui scintille par-delà les Alpes enneigées.

« Je crois donner aux hommes la seule chance qu'ils auront jamais de réaliser le rêve de Platon, de voir régner sur eux un philosophe au cœur pur ».

(Marguerite YOURCENAR, *Mémoires d'Hadrien*)

Note au lecteur

Afin de proposer des repères durant la lecture, une chronologie, une galerie des personnages et des généalogies simplifiées figurent en fin d'ouvrage.

Puisse le lecteur ne pas s'étonner quant à la traduction française de certains noms propres, notamment pour les personnages connus de tous : un choix de l'auteur dicté pour faciliter la lecture. La galerie des personnages apportera le cas échéant des précisions supplémentaires sur les patronymes romains.

Prologue
Autem, post mortem

Fin novembre 456

Enfin le silence. Est-ce mon âme qui s'échappe en cette plénitude ? Mes os glacés soumis au givre, la souffrance, la peur puis d'un coup l'obscurité. J'ai rouvert les yeux dans une nébuleuse de lumière. Capitonné de béatitude, mon sort me convient. Qui m'a trahi ? Un scélérat à la solde de Ricimer, chien sans honneur qui n'aura pas longtemps hésité devant la forfaiture puisque quelques pièces d'or suffisent à corrompre la boue… Mais cela n'a plus d'importance. Que ce traître se vautre dans la soie, il retournera vite à la fange.

Plus d'une année passée à ne vivre que d'angoisse et me voilà enfin délivré d'un inexorable qui me hantait. Du jour où j'ai revêtu la pourpre impériale, chaque ombre dissimulait son Brutus, chaque mets sa dose de poison. Qui tiendrait le glaive, qui verserait la dose mortelle ? Le sort réservé à Pétrone Maxime, mon prédécesseur, me glaçait le sang. Pas une nuit sans que sa dépouille, ballottée par les eaux du Tibre, ne vienne me visiter avant de sombrer dans un dernier remous. Nuit après nuit, le même cauchemar revenait, fidèle acolyte de mon épouvante. Aux ordres du sommeil, l'humain, si important soit-il, croupit sans défense en s'abandonnant au royaume des songes.

Finalement la mort me rassure. Toi, l'infâme qui vient de me l'offrir, tu m'ôtes un fardeau et je t'en sais gré. À ton maître désormais de connaître les affres du lendemain. Je lui laisse, non sans malice, ce flambeau qui le consumera avant de le dévorer à son tour. Embusquées dans le noir, des myriades de gibiers de potence attendent déjà l'heure de fondre sur lui. Cruel et prudent, en ferait-il assassiner une cinquantaine que mille se lèveraient aux cris d'un nouveau tyran ! Le vice ne manque jamais de serviteurs. Mais *César* peut-il en toute décence blâmer la canaille sans s'interroger ? N'a-t-il pas manqué à son devoir, si de telles créatures, faute de mieux s'abandonnent au crime. La misère engendre le pire, la faim pousse à l'abaissement. Si la pondération du prince, touché par l'indigence de ses sujets, lui ordonne la charité, comment absoudre ceux prêts à vendre leur âme pour une faveur ? Cette laideur morale m'a toujours perturbé. Que ce soit par mon éducation, ma foi ou la valeur que j'accordais au sens de l'État, rien ne me permet de le comprendre. J'ai coudoyé bien des peuples, combattu les barbares, observé des civilisations étranges et partout le même constat : peu importe la religion ou les mœurs, l'Humanité s'abandonne aux mêmes vices. Par erreur, je concevais ce mal comme romain et consécutif à notre grandeur, s'enracinant dès l'origine, tirant sa sève de ce duel fratricide entre Romulus et Rémus, un crime dont l'histoire de Rome resterait porteuse. Cette théorie séduisante se dissipa avec l'expérience. Inhérente à l'Humanité, elle puise son essence au tréfonds des consciences.

J'ai vu chez les Huns, ces fils du vent pour qui la notion de propriété se borne à l'installation du campement, un homme trahir par jalousie pour une affaire de laine et de pâturage. Quelques années plus tard, un guerrier burgonde appartenant à notre coalition me donna un nouvel exemple. Lui, il en voulait à son clan pour un partage de butin. Une nuit il trancha la tête de son *hendinos*[1] et tenta de s'enfuir. Les deux traîtres connurent le châtiment. Celui infligé par les Huns dépassa l'entendement. Quant au Burgonde, sa noble condition ne lui épargna pas les souffrances du martyr. Cette scélératesse n'a donc pas d'excuse !

L'accès aux plus hautes responsabilités a chassé peu à peu mes illusions. J'ai vu la corruption se répandre comme une lèpre entre chaque rouage de l'administration ou de l'armée. Façonné dès l'enfance à me laisser guider uniquement par le sens du devoir, mon intégrité fut toute dévouée à l'Empire. Mais moi, je possédais l'éducation, la richesse et le statut, alors qu'espérer de plus sinon la vertu ? Il m'apparaît raisonnable de définir ma vie comme un fleuve qui s'écoula, paisible ou tumultueux, en suivant les préceptes des sciences philosophiques. L'exemplarité que je prône et à laquelle je m'astreignais m'a occasionné bien des maux, pourtant c'est le seul chemin qui vaille. Caligula ou Commode n'eurent pas tant de scrupules.

Après l'échec de l'intégrité de l'État comme tuteur dans la lutte contre l'avilissement, l'examen des croyances me causa de nouvelles amertumes. Dieu semble partout impuissant. J'en suis convaincu, le mal appartient à notre matière au même titre que notre sang ou nos humeurs. Un venin qui suinte au moment propice. Louons les esprits capables de le domestiquer et chassons ceux chez qui il s'épanche. C'est au gré des passions que bien et mal se partagent en chacun de nous.

Stupeur, l'esprit semble flotter avant de partir vers le royaume des Cieux. Des ténèbres qui m'enserrent naît une clarté, un vertige où je tangue. Le poids de mon corps si lourd semble s'évaporer comme une brume d'été. Je vois des papillons, ils sont partout et s'enroulent autour de mon âme. Un enfant court et virevolte dans l'espoir d'en capturer une poignée au vol, il rit avec l'innocence d'un ange. Ce garçonnet, c'est moi. Son sourire me

---

1. Chef de clan chez les Burgondes.

rassure : nous nous attendions depuis si longtemps. Instant de grâce, il s'immobilise puis me fixe d'un air étonné. Par Apollon, que ce gamin est beau ! Aucun son ne sort de sa bouche pourtant j'entends ses interrogations : « Qu'es-tu devenu, que suis-je devenu ? » J'ai honte, l'ai-je offusqué ? Le temps de baisser les yeux, soumis, et me voilà nu, délesté de toutes mes charges. Certitudes, haines ou honneurs n'existent plus, avalés par ce mystère qui me métamorphose.

Quelques grains d'une cendre très fine s'éparpillent sur mes épaules avant de disparaître. Cela m'étonne, drôle de substance ? Probablement une magie car soudain mon esprit devient libre. Enfin je comprends... Il s'agit du résidu de ma couronne de lauriers. L'empereur a quitté sa chrysalide et n'existe plus : un nouvel Adam lui succède. Voltige un machaon et le jeune Flavius Eparchius bondit de joie. La nature sent bon, ses arômes de miel, de coquelicot et de fenouil annoncent le paradis. D'une inspiration, je m'imprègne de ces senteurs et je m'engage à la poursuite de l'enfant ressurgi. Plus je me rapproche de lui, plus mes mouvements miment les siens. Lentement ma taille diminue, mes membres raccourcissent puis deviennent fluets à son image. Nous sommes si proches que nos muscles s'effleurent en cette danse si bien synchronisée. Je sens son odeur familière, celle d'un marmot des campagnes qui, par un après-midi d'août, joue aux roulades dans l'herbe. Ma main se tend à lui toucher l'épaule pour que le miracle s'accomplisse : une éclipse de corps, l'absorption d'une anatomie par une autre pour que, fondus l'un dans l'autre, nous ne fassions plus qu'un. Cet être nouveau préfigure-t-il la Résurrection de la chair, ou, ainsi redevenu vierge de mes péchés, vais-je pouvoir mieux comparaître ?

Cette enveloppe charnelle se déleste de l'âme spirituelle. La séparation s'effectue sans heurt, presque comme deux nuages qui se dissolvent. Un simple regard sur ma dépouille suffit. Je peux la saluer, lui rendre hommage de m'avoir soutenu. Son concours fut celui d'un laquais qui se dévoue à son maître : que ce soit dans la maladie, la bataille ou l'effort, rien ne fit jamais ployer cet outil. Dieu dans sa miséricorde nous a accordé, à nous vieillards, la faveur d'une image tronquée. Qu'importe mains fanées ou membres sans force, l'esprit utilise une vision qui ménage l'ego, figée au firmament de notre gloire. Chez moi, le sablier s'est arrêté vers l'âge de trente-cinq ans. J'étais alors en Rhétie à combattre les Juthungues sous les ordres d'Aetius. Tandis que ces journées de galopades d'un poste à l'autre éreintaient nos montures, nous, frères d'armes et amis, nous nous amusions à rendre Hercule jaloux de notre vigueur. Pas une veillée sans sceller l'amitié en vidant une amphore. Aube soudaine, tu nous surprenais enlacés avec l'une de ces sauvageonnes, filles d'une terre sans avenir, qui offraient dans l'acte charnel cette abondance que la puissance céleste refusait au salut de leur peuple. Ces anatomies germaniques sculptées autant pour la procréation que pour la chasse possédaient un érotisme comparable à celui des Sabines. Dans cette danse faite de sueur et forgée dans l'épanouissement de corps qui s'affrontent puis se mélangent, nous ne faisions que poursuivre le tumulte commencé dès l'aurore.

Ce corps que j'abandonne fut aussi le compagnon de nombreux pugilats et soutint ma volonté sans défaillir, il se dévoua à ses obligations et je m'en félicite. Rien ne l'aurait fait reculer : ni la crainte d'une blessure de chasse, ni les flèches ennemies. Le poids et l'inconfort de la cuirasse par une journée d'été, tout comme l'exténuation due à plusieurs heures d'affrontement, ne peuvent se concevoir pour celui qui ignore le quotidien du légionnaire. La lourdeur d'une épée qui a frappé pendant des heures, heurtant casques, chairs ou boucliers, ne s'imagine pas. Combien ai-je vu, en première ligne, d'hommes harassés et les membres tremblants, déposer les armes, devenus incapables de les soutenir davantage ? Résignés à leur sort, ils tombaient à genoux dans l'attente du fer qui les transpercerait. Ma robustesse m'évita une fin si désolante. Seule une détermination de titan me permit d'accomplir ce que je nomme mon devoir et qui, aux yeux de mes contemporains, s'assimila à un chef-d'œuvre. Les cicatrices qui zèbrent ma peau en témoignent. Cette carcasse peut dormir du sommeil des justes, offerte pour toujours à cette terre arverne, sa génitrice. Tourné vers le ciel qui l'aspire, l'esprit contemple une dernière fois cette incarnation qui, bientôt, se désagrégera.

La fortune de mon corps réglée, reste à examiner celle de ma conscience. Le chemin sera plus long et empli d'interrogations. Laissons à la postérité le soin de juger mes actes, et à mon esprit celui de se délester avant de comparaître. À l'orée d'être confié à Dieu qui décidera, seule me tracasse l'empreinte de mon passage. Quelle sera ma place dans l'histoire, quel souvenir vais-je laisser dans la mémoire des hommes ? Nos traces s'étiolent comme la poussière. Aux conquérants, artistes et hommes de science, le privilège de graver leur nom dans le marbre. Les autres créatures s'arrangent d'un horizon plus éphémère. C'est ainsi et bien peu s'en émeuvent. Mais de moi qui ai caressé les anges, tutoyé le hasard et flirté avec la postérité, que dira l'histoire ?

Que n'ai-je vécu trois siècles auparavant ? En cette époque où la splendeur de Rome prévalait sur l'univers : nos princes, surpassant l'aura de Pharaon, triomphaient tels des aigles. Temps sacrés qui firent de ces dieux l'égal du soleil. Si la providence m'avait confié les légions de César du temps de la conquête, j'en fais serment, notre devenir aurait perduré. Conduite par une main sage mais non moins inflexible, la vaillance de l'*Augusta* ou de l'*Equestris* eut encore imposé la paix romaine pour des siècles et des siècles. Pourvu qu'elles fussent conduites par un de ces généraux qui firent le prestige de Rome. Leurs noms ne manquent pas. Je pense en premier à toi Caius Marius qui, après avoir vaincu les Cimbres et les Teutons, réussis à chasser le tyran Sylla. Ta fidélité aux institutions te rendait digne de confiance, je n'aurais pas vacillé en te remettant le sort de l'armée.

Il y a aussi l'illustre César, vainqueur de la Gaule puis de Pompée. Ton aura seule suffirait à semer le désordre chez tous ces païens. Je les vois se débander, fuyant le pays plutôt que de se mesurer à tel génie. La terre en tremblerait, tant j'entends les sabots de leurs chevaux sonner le signal de la retraite. Qu'ils la martyrisent une saison ou deux et l'herbe finirait bien par repousser… N'eusses-tu pas possédé assez d'hommes pour les anéantir ? Qu'importe, ta science du jeu politique ensemencerait la discorde. Un mal qui transforme l'ancien allié en suspect puis en ennemi.

Enfin je choisirais Aetius. J'ai combattu sous ses ordres et sais reconnaître la valeur d'un chef d'exception. Avec lui le miracle devenait possible, en dépit du peu de forces dont nous disposions. Se débattre avec l'angoisse du lendemain ou la peur de faillir, limitait mes perspectives. D'une main je soutenais un pilier prêt à s'écrouler, de l'autre la voûte céleste chaque jour plus lourde. Une lutte perdue d'avance contre laquelle la volonté et l'empressement ne peuvent rien.

Notre Empire, si vaste et puissant à l'époque d'Auguste, n'avait plus que la consistance du vent. Emportés dans les méandres du destin, chacun de nous s'efforçait de surnager en se berçant au chant des sirènes. Rome ressemblait à un colosse aux pieds d'argile. Il s'effondrerait. Le pouvoir est une illusion, je le sais maintenant. Mais jadis, en cette période de sables mouvants où s'agiter n'avait plus de sens, comment ne pas m'en être rendu compte ? Mon ambition fut dédiée à la préservation du legs sacré de nos ancêtres. Quel orgueil d'avoir cru possible d'infléchir la volonté divine ! L'erreur de se prétendre autre que le bras du créateur nous pousse à l'utopie. Que reste-t-il du rêve d'Alexandre ? Sans la main du Saint-Esprit, comment ces prouesses auraient-elles pu se réaliser ?

Dès l'époque de la République, en se blottissant entre les ailes de leur vainqueur, les peuplades peu à peu soumises n'éprouvaient pas le sentiment actuel. La guerre (et l'anxiété qu'elle suscite) est irrémédiablement le théâtre de lamentations, d'effroi puis de tristesse. Pourtant une fois résignés, ces hommes et ces femmes s'offrirent sans scrupule à la civilisation romaine qui les allaita d'abondance. Quel fils de Gaule ne ressentait pas, avant l'intervention de César, un attrait manifeste pour cette patrie d'où resplendissait la cité aux sept collines ? Si légitime soit-elle, notre rébellion gauloise flatta plus notre honneur que le bon sens. La promptitude de mes ancêtres le confirme : fier d'appartenir à cette race qui, la première, avait levé l'épée contre l'envahisseur, aucun n'eut à attendre l'Édit de Caracalla pour prétendre à sa citoyenneté. Il me semble concevable que ce basculement, de l'opacité vers la lumière, n'était en rien comparable à l'obscurantisme qui s'annonce. Tous ces aïeux n'ignoraient pas que la capture de leur territoire rimait avec la construction d'un nouvel univers.

J'ai vécu à une époque ô combien différente ; celle de jours sombres annonçant un futur sans lendemain. Des cavaliers hirsutes couraient la campagne en hurlant, cavalcades infernales qui s'abattaient au hasard, ravageant les fermes, outrageant les mères et leurs filles, semant partout l'apocalypse. Telle une colonie de vautours qui tourne au-dessus d'un charnier, ces nécrophages s'abattaient sur nos villes agonisantes. Après en avoir dévoré la chair, ils s'évanouissaient à la recherche d'une autre victime. De leur passage ne subsistaient que des colonnades en ruine, carcasses de pierres promises à blanchir sous la lumière de l'oubli. Dès mon accession, j'ai eu la faiblesse de croire à une issue moins dramatique. Sauver l'Empire de Trajan n'avait plus de sens, mais éviter la fin du monde, une imploration. L'alliance de nos frères les Wisigoths m'assura quelques espoirs. Ils furent vains. L'effort se révéla un leurre, un récif où, comme tant d'autres, je me suis échoué.

Doit-on souiller ma mémoire pour autant ? Pire, m'oublier ? Si Dieu prête vie aux générations suivantes et que par sursaut perdure un semblant de civilisation, puissent les exégètes comprendre mon testament. Quant à ma descendance, une fois mon image engloutie, je fais le vœu qu'elle conserve un brin d'amabilité, sinon de l'admiration, envers cet aîné lointain. À la vigueur de cette flamme, d'entretenir le souvenir d'une œuvre dont je confesse les lacunes. La principale consista en l'échec de la concorde. J'ai tenté de l'instaurer en relevant nos mythes les plus sacrés. Ceux du panthéon romain qui autrefois trônaient sur l'univers depuis le Temple de Jupiter Capitolin. Ainsi, mon souhait de rétablir la grandeur de l'État en surpassant les clivages religieux avait une chance d'aboutir. L'intolérance de l'Église à l'égard des croyances de nos alliés les Wisigoths en décida autrement.

Je demande pardon pour mes fautes mais ma souveraineté a flotté comme un esquif dans la tempête. J'en assume la manœuvre, mais qui oserait m'accuser de l'état de la mer ?

Comme le conseillait Plutarque, j'ai vécu plutôt qu'existé, et cela grâce à la prégnance d'une force maîtresse du destin. La soif de vivre fut constante. Je lui dois fortune, triomphe et surtout d'avoir pu suivre ce que me dictait ma conscience. Mon héritage spirituel se limite à une conception amplement régentée par la foi et le devoir du serviteur. Notre Seigneur le Christ et les impératifs de l'Empire accaparèrent l'essentiel de cette dévotion. Quant à l'honneur de mes ancêtres, l'amour des miens et la fidélité à mes compagnons d'armes, je crois n'avoir jamais été pris en défaut d'un quelconque manquement. C'est à eux principalement que mon esprit s'adresse une dernière fois.

C'est en fils respectueux que mes premières pensées vont à toi, ô mon père, Flavius Julius Agricola. Ta sagesse et ton éloquence me guidèrent. De mon enfance, je conserve l'impression d'une jeune âme heureuse qui fleurissait à ton ombre. Tu m'as inculqué le courage nécessaire au militaire, l'intégrité du politicien ainsi que tous les autres mérites hérités de cette si noble lignée à laquelle j'ai la fierté d'appartenir. Devenu adulte, jamais tes conseils ne furent négligés. Lorsque Dieu te rappela à lui, nous pleurâmes tous ta perte. Que s'exauce ma prière d'avoir œuvré à la hauteur de tes espérances.

Divine mère ! Que le fruit de tes entrailles soit béni par ta grâce et t'honore pour l'éternité. Femme sans reproche, tu rajoutais aux saintes vertus de l'épouse celle d'une génitrice aux mille attentions. Plus parfaite que Vénus, on vantait ta beauté des palais toulousains aux *prætorium* de Lyon ou de Ravenne. Le sang de ton père parcourait tes veines, un gage de noblesse à l'égal du courage qui fut le sien. Quel fils devenu adulte n'implore pas sa mère de lui pardonner ses offenses ? Ta perte, si soudaine et précoce, nous abandonna orphelins de cette essentielle tendresse. Inconsolable, je ne soupçonnais alors aucunement l'infini du deuil dans lequel s'engouffrait mon âme. Perdure en ma souvenance la douceur du visage à jamais disparu.

Severiana Roscia, toi, fille de Junon et mère de mes enfants. Aucune épouse ne fut plus attentionnée, aussi digne de recevoir le sacrement du mariage. Quel prince dans ses songes n'aurait rêvé du simple plaisir de t'admirer ? Ce fut mon privilège et j'avoue ne jamais m'en être lassé. Jadis, du temps de ta splendeur, il se murmurait qu'un barbare haranguait ses troupes dans le but de t'enlever. À moins qu'il ne se soit agi du roi des Sassanides, tant ta beauté surpassait les merveilles de son Orient. Nul ne pouvait rester insensible à ta chevelure noire, vaguement domptée en torsades qui s'épanouissaient au délice des yeux, frôlant d'extase le voile jeté sur tes épaules. Femme de pudeur au maintien d'une reine, tu défiais les lois de l'amour par ta constance. Minerve n'eût pas choisi autre disciple pour veiller sur notre foyer. Je te connaissais suffisamment pour deviner l'inquiétude poindre en ton regard, et, passée cette fulgurance tes yeux amandins s'en retourner à leurs méditations. Puis, féminité exquise, repliant une main sur la poitrine, d'un geste tu confisquais ton émoi. « *Severiana Roscia, conserve le souvenir de notre union.* » Puises-tu, ô toi, admirable matriarche, me survivre avec santé.

Ecdicius, mon fils, tes premiers pas pleins d'entrain dans le péristyle de notre *villa* furent un ravissement. Généreux dès l'âge tendre, tu as su en grandissant y adjoindre le courage d'un Camille. C'est avec des hommes de ta trempe que les peuples s'inventent un renouveau, qu'un empire s'édifie ou que la terre devient fertile. Promis à mille travaux, tu jouis de mon entière confiance et tu t'avances sous le regard comblé d'un empereur, ton père.

Agricola, toi mon cadet qui porte le nom vénérable du père de ton père, tu mérites ce don. Que la foi et la mesure demeurent tes conseillères. À ces qualités chevillées à ta personne depuis l'enfance, je te recommande d'associer la rhétorique. Les tâches qui t'attendent ne deviendront fructueuses qu'à cette condition. Ne néglige pas non plus l'exercice physique. L'agilité mentale se décuple dans un corps sain et tu me seras reconnaissant de t'avoir poussé dans cette voie.

Esychius, comme tout dernier né, tu t'éternisas au giron maternel. Sans doute est-ce la raison pour laquelle, repoussant l'hérédité masculine, tes choix se portèrent vers le spirituel et non pas vers les affaires militaires ? Pieux tu es, pieux tu persisteras mais ne t'égare jamais ! Audentia, cette bienheureuse, nécessite plus d'attention de la part de son époux…

Papianilla ma colombe, éternel printemps qui a ravi l'existence d'un père jamais rassasié de tes sourires. Nulle conquête ne fut plus instantanée : une risette, un gazouillis et le général déposait sa cuirasse pour revêtir la tunique d'esclave. À chaque retour de campagne, quoi de plus radieux qu'une fillette qui accourt les bras ouverts à la rencontre de son héros ? Encore à cheval, je m'émerveillais déjà du changement. Les cheveux avaient poussé, la taille s'était affinée pour te donner l'allure de ces fleurs qui poussent en été. Tes yeux, diadème de malice, brillaient comme les Pléiades. Je me félicitais aussi devant les progrès faits durant mon absence. Ton vocabulaire m'enchantait, les mots devenus clairs, fluides, bondissaient avec l'entrain d'une cascade après l'orage. Puis le temps a passé, m'offrant la satisfaction d'avoir approuvé ton mariage avec Sidonius Apollinaris, un homme bon, lettré, dont les ancêtres nous sont attachés depuis plusieurs générations. Offre-lui enfin cet héritier mâle qui apaisera son tracas. Tu as hérité du domaine d'Avitacum (Aydat), c'est un choix judicieux que je ne regrette pas. Tes frères, pourtant si différents de caractère, ne possèdent ni ton goût, ni ton attachement à notre terre. L'air y est bon, surtout l'été lorsque la température du lac amenuise cette fraîcheur venue des montagnes. J'aimais me lever aux aurores automnales pour applaudir le jeu du soleil et de la brume au-dessus de l'eau. Même à Rome, je n'ai pu admirer pareil spectacle. Soyez-y heureux et que Dieu vous protège.

Existait-il gendre plus honorable ? Sidonius Apollinaris, en t'offrant ma fille, je forgeais un alliage dont même Héphaïstos ne connaît pas la recette : celui de l'amitié et du sang ! Désormais rien ne brisera cette union, je le sais. Tu appartiens à cette race peu commune qui a le don de traverser les siècles avec l'aisance d'un vol d'hirondelles. À cet art de manier les mots, tu adjoignis le sens politique, la foi et le courage. L'avenir des mondes civilisés ne survivra que sous la coupe d'hommes de ta trempe. Certains te reprocheront les engagements pris à mon égard, mais je te sais suffisamment habile pour esquiver cet écueil. La disgrâce s'achèvera plus vite que tu ne l'imagines ; c'est au son de cymbales et de buccins qu'ils viendront te quérir. J'entends déjà leurs supplications ! Alors qu'importe l'hypocrisie ou l'amour-propre, pour peu que tu fasses allégeance le pardon te sera offert. Ricimer ne montera pas sur le trône impérial et c'est Majorien qui me succédera. Bien qu'il soit mon ennemi, je lui concède de hautes qualités. Offre-lui un panégyrique conforme à celui que tu prononças en mon honneur puis accomplis ton devoir envers lui. Ces conseils d'un vieil ami te sauveront la vie, ainsi je te remercie, ô cher Sidonius Apollinaris, d'avoir fait entrer la mienne au Panthéon. Notre Seigneur saura aussi te rendre grâce de tes bonnes œuvres envers les pauvres, tout comme des vases que tu leur distribues en cachette de Papianilla.

Severiana et Roscia, mes chéries, vous qui portez chacune le prénom de votre grand-mère bien aimée. Chères enfants, dans vos veines coule le sang impérial qui, depuis plus de quatre siècles, régit les lois du monde. La grandeur est là, en vous, soyez fier de cet héritage initié à l'aube des temps par des jumeaux accrochés aux mamelles d'une louve. Un jour, si Dieu le permet, ce sera à votre tour d'allaiter l'aiglon, celui qui franchira les Alpes pour étendre ses ailes sur le Capitole. Adjoignez-y d'agir au profit des arts, de les chérir en ayant toujours à l'esprit qu'au-delà des millénaires, leur générosité reste la seule garantie contre l'oubli.

Aetius mon ami, toi qui peux t'enorgueillir du titre de *dernier des Romains*. Servir sous tes ordres fut un honneur, certainement l'expérience la plus enrichissante de mon existence. De ces années de lutte où nous chevauchions côte à côte, ressurgissent tant d'images que le temps n'a jamais pu faner. Celles de camaraderie ou des soirées d'après bataille, lorsque nous vidions une coupe de falerne avant même d'avoir purifié nos corps de la crasse et du sang agglutinés sous nos cuirasses. Dès le repas fini, nous refaisions le monde en buvant du vin jusqu'à plus soif. De ces nuits jamais assez longues, subsiste le vestige de l'admiration que nous te portions. Tu étais magnifique et tes détracteurs n'ont aucune idée de la grandeur qui fut la tienne. À la finesse stratégique de César, tu conciliais l'ardeur au combat d'un Trajan. J'affirme que servir loyalement l'Empire, et sans jamais porter l'ambition d'en gravir la plus haute marche tant tu la savais interdite par tes origines semi-barbares, a été ta seule aspiration. De cette enfance chez les Huns avec Attila te venait ce goût de liberté que tu préférais à celui des palais. Mais en ces cours où la flétrissure morale valait devise, on jalousait ta richesse pour mieux te salir. Faible Valentinien qui s'agenouilla devant l'autel de la trahison pour t'égorger de sa propre main dans un acte aussi sournois qu'inutile dont ses contemporains s'émurent. Oui, *l'empereur avait agi comme un homme qui se sert de sa main gauche pour se couper la main droite*. Cher frère, nos destins se croisent à nouveau, tous deux frappés au sceau de l'ignominie puis du meurtre. Six mois ont suffi pour que tu sois vengé, je suppose les oracles de connaître déjà le sort réservé à mes bourreaux. Aetius, le temps approche où, couronnés de laurier, nous avancerons main dans la main sur les Champs Élyséens.

Toi Remistius, mon général qui m'a précédé de peu dans l'autre monde, je rends hommage à ta fidélité. Ignorant ces lâches qui t'incitaient à faire allégeance, tu as choisi le triomphe du courage. Toi foudroyé, l'Empire perdait un suppôt dont la postérité se souviendra. Tu étais un de ces hommes qui, venus d'ailleurs, s'offrent pleinement à leur patrie d'accueil, un de ces braves si rares qui savent rendre par le sang ce que la main bienfaitrice a su donner. Au banquet des héroïques, tu seras assis à ma droite, une place qui était la tienne lorsque nous passions nos cohortes en revue.

Priscus Valerianus, les secrets entre deux cousins ne se dévoilent jamais. Nous étions si différents et pourtant si proches : à l'image de sarments de vignes qui, bien qu'issus du même cep, s'écartent l'un de l'autre avec une étonnante frénésie. Chacun son soleil, le tien brillait dans les tavernes ou en quête de débauches à jamais satisfaites. Parfois avec plaisir, souvent par faiblesse, je devins le compère des jeux auxquels tu t'adonnais. Mais le vice est un opium, son venin s'empare des sens puis en fait ses esclaves. J'ai failli ; une aubaine pour cette noblesse romaine qui n'en attendait pas tant. Dois-je te reprocher de m'avoir entraîné ? Évidemment non, te rendre responsable de mes fautes me dédouanerait à trop bon compte. Nul autre ne porte une culpabilité de cette concupiscence du temps de ma jeunesse. En te faisant préfet du prétoire des Gaules, t'ai-je rendu service ? Dans les événements qui ont précédé ma chute, personne ne sait ce qui est advenu de ta personne. Je prie le ciel de t'avoir épargné. Si tel est le cas, puisse la chasteté recommandable à tout homme public venir t'accompagner à l'automne de ta vie.

Attila, toi la colère de Dieu qui, comme empire, n'avait que le vent pour pousser ton cheval. Se bercer d'illusions en augurant de ta passivité n'avait aucun sens. Depuis des lustres, tes ancêtres lorgnaient sur notre ruine, se pourléchant d'avance du butin à y dépecer, guettant le moment propice. Puis le sort a voulu que l'avènement du nouveau souverain des Huns coïncide avec la faiblesse des empereurs d'Orient et d'Occident. Tapi dans un palais de bois aux abords du Danube, patient, tu attendais ton heure. La déchéance romaine te souriait, tu as fondu sur elle en lâchant tes hordes sauvages à notre martyr. Cruel mais malicieux, tu étais doté de cette jugeote inhérente aux gens de la terre, celle qui leur permet de résoudre promptement les affaires. Du temps de Trajan, Attila ne se serait pas risqué ! Mais voilà, ni Flavius Theodosius à Constantinople, ni Valentinien en Gaule, ne s'opposaient à ta rogne. Leur manque de poigne, si aberrant soit-il, t'encourageait au contraire. C'est donc Aetius, avec mon soutien, qui fut chargé de t'affronter, qui te connaissait mieux que quiconque. De votre enfance commune, gardant le souvenir de ta valeur, il savait appréhender tes manœuvres. La description qu'il me fit m'intrigua tant elle jurait avec ce que j'avais pu écouter. Bien sûr, ton apparence avait de quoi effrayer, mais seuls les enfants ou les ignares se suffisent d'un aspect pour conclure leur jugement. Derrière le sanguinaire se cachait une intelligence acérée. Ta tête énorme, monstrueuse paraît-il, abritait des yeux vifs comme le tonnerre. Aetius t'a dépeint plus trapu que n'importe lequel de tes guerriers et je l'ai volontiers cru. Il te disait petit mais avec un torse puissant surmontant des cuisses aussi courtes qu'étonnamment musclées. Pourtant, ce qui ressemble à de la difformité prenait chez toi des allures de noblesse. Tu vivais à la manière de ton peuple, te nourrissant à son égal et sans te laisser pervertir d'aucun luxe. Si, en nos campagnes, tes hordes inspiraient terreur et panique, les guerriers huns, eux, craignaient l'humeur de leur roi autant que la pointe des épées romaines. Tel est le fléau qui nous faisait face et qu'il me fallait anéantir. Chacun mesurera la hauteur de cette mission et pourquoi je m'incline, t'offrant les marques de mon respect seyant à une telle adversité.

Théodoric, celui qui te doit son trône te salue avec humilité. Du jour, il y a si longtemps, où tu m'as accueilli en ton palais toulousain à celui de ta mort au cœur cette gigantesque bataille, je n'ai cessé d'admirer l'ampleur d'une noblesse barbare. Fin stratège, politicien habile voué à la sauvegarde de ton peuple, tu m'as appris que le sang romain avait tort de ne se fier qu'à sa prévalence. Au gré des alliances ou des retournements entre Rome et ton royaume, nous fûmes tour à tour alliés ou adversaires mais aucun soupçon de haine ne vint pervertir notre affection. Le respect qui se noue entre deux aigles, même la mort s'avouera impuissante à le briser. Théodoric, j'ai vu ton courage au combat, et comment un grand roi sait mourir l'arme à la main. Ce jour-là, tu n'étais plus un mortel mais un dieu à la cuirasse d'argent, ce géant dont le sacrifice a illuminé le champ de bataille. Je tiens aussi à te complimenter à propos de tes fils. Empereurs, pharaons ou rois, combien de divins monarques purent se féliciter d'une descendance capable de se hisser à leur hauteur ? Toi, tu en as le devoir !

Memento mori Majorien ! N'aie crainte, l'armée d'Italie te proclamera empereur et elle aura raison de le faire. Tu peux croire en ma conviction car les origines barbares du patrice Ricimer lui interdisent de monter sur le trône. Ce fourbe te manœuvre, alors souviens-toi que la main qui donne est souvent celle qui reprend… Honnête envers l'État et brillant généralissime, que ne t'ai-je pas eu à mes côtés ? Maudissons la fortune de nous avoir opposés. L'Empire méritait notre alliance, cette fusion où la jeunesse et la fougue du soldat se décuplent sous la sagesse et l'expérience du vieux diplomate. Puisse notre Seigneur éclairer les obstacles qui encombreront ta voie, moi je te pardonne.

Infâme Ricimer, toi mon pire ennemi qui, traître parmi les traîtres, a précipité ma chute, prends garde de ne pas tomber ! Les manigances que tu fomentes se retourneront contre toi et finiront par entraîner notre effondrement. *Væ victis* mais sache que celui qui vient de s'éteindre te maudit pour l'éternité. Des ténèbres, je commanderai aux hyènes de venir dévorer ta dépouille.

À vous enfin mes sujets, citoyens de Rome et de ce qui subsiste de l'Empire… Une clique aux intérêts supérieurs à ceux de l'État a jugé nécessaire d'en finir avec un empereur qui avait fait du bien public son sacerdoce. J'emporte dans la mort un goût d'inachevé dont les relents accompagneront ma légende. Mais sachez que j'ai gouverné sous la foudre de Jupiter dans l'unique dessein de sauvegarder la patrie. Si l'heure est suffisamment grave pour s'appesantir sur mon échec, elle ne doit pour autant pas m'absoudre de rendre certains comptes. Chacun se souvient que, sans la paix, les fruits de l'abondance mûrissent tardivement et que, sitôt leur bénéfice engrangé, il s'engloutit dans les financements militaires. Lorsque la pourpre me fut offerte, l'incendie couvait partout. À peine un foyer éteint que les flammes resurgissaient ailleurs, incandescentes, embrasant nos nuits au-delà des Apennins. Un spectacle digne d'extasier Néron en lui inspirant des vers au son d'une clameur montante... Je n'ai attisé aucun conflit en me bornant à contenir ce qui pouvait encore l'être. Conscient que la prospérité du peuple ne peut s'épanouir qu'à l'ombre bienfaitrice d'un prince garant des quatre vertus, j'ai agi avec prudence, tempérance, force d'âme et justice. L'esprit de concorde a guidé mes pas. Il est, et restera, la seule issue.

Néron joue de la lyre en déclamant des vers devant Rome en flammes.

- I -
Sous les remparts d'Arvernis

JE M'APPELLE Marcus Mæcilius Flavius Eparchius Avitus et suis né en 395, en la quatrième indiction sous le consulat de l'illustre Anicius Probinus, au commencement du règne du nouvel empereur. Étrange augure que de voir le jour l'année du partage définitif de l'Empire. Mais je n'étais alors qu'un innocent cajolé dans la douceur d'un sein nourricier.

Tandis que je m'abandonnais à cette volupté dans les bras d'une affranchie, là-bas, derrière les Alpes, s'enracinaient les prémices du drame. Calfeutré dans sa résidence milanaise, Flavius Honorius, fils cadet du grand Théodose s'ennuyait déjà. À l'âge de onze ans, le pauvre venait de revêtir la pourpre impériale. Un enfant sans caractère pour une moitié d'Empire... Il en deviendrait le fossoyeur car certains fardeaux n'ont pas vocation à de si frêles épaules comme soutien. Si heureuse fût-elle, ma jeunesse s'écoula sous l'insignifiance de son règne. *Alea jacta est*.

Édifiée sur la pente orientale qui s'écoule depuis le sommet de la bute où s'étend la cité d'Arvernis (Clermont), la *domus* de mes parents offrait le confort seyant à toute famille noble de notre rang. En cet hiver assez froid pour que l'eau de l'aqueduc alimentant la ville gèle, la chaleur procurée par l'hypocauste[1] ne pouvait pas suffire au bien-être d'un nourrisson. Ainsi, moi le fils aîné du consul Flavius Julius Agricola, je fus confié à la bienfaisance de notre maisonnée. Choyé dans les bras de ma nourrice, une ancienne esclave originaire des contrés situées au-delà du *limes* germanique, les premiers mois de mon existence se déroulèrent pour l'essentiel au beau milieu des cuisines. De loin l'endroit le plus chaud et dans lequel, animation faisant, on aurait toujours un œil sur moi. Existe-t-il une pièce mieux appropriée pour l'éveil du tout-petit ? Le tintamarre d'ustensiles qui s'entrechoquent, les domestiques dont les voix deviennent familières, des ombres parfois furtives ou attentionnées : autant de stimuli propres au bonheur enfantin. Chaque bruit était encore un mystère, toute odeur une espérance. Et puis il y avait le feu, cette fascinante étincelle qui s'amusait avec mes yeux. Mal remise de ses couches, ma mère, la douce et tendre Magna Constantina, se morfondait d'ennui. Alitée dans l'attente de jours meilleurs qui rimeraient sans doute avec le retour des hirondelles, la sagesse lui ordonnait de se passer de moi. Sa joie se bornait à la visite du matin lorsque, bien emmitouflé dans une étoffe, un serviteur me portait à son chevet le temps de quelques risettes et d'un baiser sur le front. Deuxième né, mais premier garçon, j'étais son aurore. À cette époque, ma sœur Padusia, courait déjà partout, trompant sans cesse la vigilance de nos gens. Vive à souhait, elle ne pensait qu'à s'échapper de cette cuisine. Débouler auprès de sa maman devenait donc le jeu favori, fort réprimandé mais qui, en cas de succès, offrait la compensation du câlin convoité. Il faut dire que mon père, respectant à la lettre les recommandations du médecin, avait proscrit ce genre de chahut. Craignant les foudres du maître, servantes et valets abandonnaient leurs tâches pour se lancer dans d'infernales poursuites. Les bras levés en signe de calamité, ils traquaient la fugitive d'une cachette à l'autre :

1. Système de chauffage par le sol.

Padusia ne se décourageait pas, finissant par atteindre la chambre interdite. L'*ancilla* qui retrouvait l'enfant l'enlevait en douceur au sein maternel après un dernier baiser. Reine de notre logis, la bienveillance s'appliquait aussi aux esclaves. Chez nous, affranchis ou pas, tous l'étaient de naissance *(verna)* et appartenaient à la famille depuis plusieurs générations. Bien nourris et soignés, mon père leur accordait ô combien d'avantages. Sa bonté, plus que sa foi chrétienne, lui interdisait toute maltraitance. Seule une faute grave, comme le vol ou un fait de violence, aurait pu induire une véritable punition et je n'ai aucun souvenir d'un tel événement ! Il tenait à ce que nous fussions élevés avec ces vertus pour modèle. Mais ses préceptes religieux n'allaient guère plus loin, sinon quelques vaines abdications face aux insistances de son épouse. Encore attaché à l'ancien panthéon, cet être imposant s'intéressait moins aux problèmes théologiques qu'à la sauvegarde de l'Empire ou du moins de ce qui en subsistait. À ce titre, ses choix éducatifs se portaient sur des magisters emprunts de culture hellénique, des sages chez qui les enseignements de Socrate ou d'Aristote prévalaient. Je me souviens des longues veillées d'hiver, de mes insistances après les leçons de grammaire et de rhétorique afin qu'il se rende à mon chevet et me conte l'histoire de Rome. Celle de César à Gergovie, ou encore le périple d'Hannibal et de ses éléphants monstrueux à travers les Alpes. Les conquêtes de Trajan, le siège de la forteresse de Betar en Judée ou la guerre contre les Sarmates me fascinaient. L'œil de l'enfant ne voit dans la guerre que le prestige des aigles ; cendres et pleurs attendront patiemment avant de dévoiler une tout autre vérité. Mais s'imaginer à cheval, revêtu de la cuirasse et en train d'attendre que le soleil baisse suffisamment pour aveugler l'adversaire avant de marcher sur lui n'a pas son pareil pour guider les jeunes âmes jusqu'aux portes du sommeil. Mars les y attend !

Nous vivions en harmonie dans l'aisance d'une famille patricienne. La gloire de mon père irriguait nos habitudes de privilèges. Il imposait le respect, une déférence rendue au quotidien par chaque habitant de la cité. J'ignorais alors que sa notoriété put dépasser notre cadre domestique et qu'elle s'étendait déjà bien au-delà de l'Aquitaine. Mon âge m'empêchait d'en saisir les exactes raisons, mais pas d'éprouver un sentiment de fierté qui me procurait une indéfinissable sensation de réconfort, et m'incitait à bomber le torse, évidemment tout en gardant la retenue de mise. Casanier, mon père n'appréciait que modérément de recevoir du monde lorsqu'il nous honorait de sa présence. À l'exception de rares et fastueuses réceptions où les notables se flattaient d'avoir été invités, notre demeure n'accueillait qu'un petit cercle d'intimes. Seul le docteur Tregelius, vieil ami de la famille et qui – disait-on – avait ses entrées jusqu'à Rome, était admis au quotidien. Son fils Justus, mon aîné d'une quinzaine d'années, l'accompagnait comme son ombre. Garçon discret, il observait son père nous prodiguer ses remèdes. Ancien médecin militaire, le vieux Tregelius avait dans sa jeunesse suivi les légions de Flavius Jovin face aux Alamans. Cela lui permettait de me faire avaler d'horribles décoctions, pourvu qu'il raconte ses campagnes. Quel gamin ne succomberait pas aux souvenirs d'un vétéran de la *Legio VIII Augusta* ? Du camp de Strasbourg, Tregelius avait assisté au massacre qui sauva la Gaule, à ces vagues de barbares dont les rangs parsemés à chaque bordée de flèches venaient inlassablement se fracasser contre nos cohortes. Ses histoires me subjuguaient.

Usé par une vingtaine d'années d'exercice dans des *valetudinaria* (hôpitaux militaires) sur le *limes*, Tregelius décida que l'air d'Arvernie lui serait bénéfique. De retour au pays, il devint médecin public et se maria. Sa science, et n'en déplaise aux bigots qui s'offusquaient qu'elle fut encore empreinte de magie antique, fit sa notoriété puis sa fortune. Mon père le connaissait de longue date. Rongé par des maux d'estomac, il l'avait fait mander une nuit à son secours. Un remède à base de marjolaine suivi le lendemain d'une offrande votive au sanctuaire des Sources suffirent à le soulager. Quels soins eurent raison du mal : les plantes ou la tablette immergée invoquant le dieu guérisseur Maponos ? Le temps s'occupa du reste, magnifiant l'estime en amitié puis la franchise en confiance. C'est ainsi qu'un disciple d'Hippocrate devint le confident du consul.

Le fils du praticien, perpétuellement en retrait de son père mais attentif et intelligent, était un garçon mince et sans épaules, dont le menton étroit contrastait avec la largeur du front. Il m'apprit une foule de secrets, le premier concernant le sédatif utilisé lors des soins douloureux : une coupe de vin dans laquelle macérait un mélange d'opium – cette plante onéreuse aux milles vertus que son père faisait venir d'Orient – abrutissait le patient. Mais le plus intrigant concernait la matière visqueuse utilisée en pansement. Justus m'expliqua qu'il s'agissait de poix, une sorte de boue naturelle qui jaillissait à la base d'un monticule. Humide, la matière s'enflammait facilement mais sèche, on pouvait l'utiliser comme colle. La source n'étant située qu'à moins de trois milles d'Arvernis, il promit de me la faire découvrir avec la permission de nos parents. Voilà qui m'enchanta et l'accord fut obtenu sans difficulté. Pour l'occasion, on m'accorda d'échanger ma toge prétexte pour une tunique autrement plus adaptée.

Quelle stupéfaction à la vue du phénomène ! Un plébéien nous ayant précédés, nous l'observâmes extraire cette curieuse matière. Muni d'un gros bâton qu'il tournait délicatement dans la source afin que la poix s'enroule autour, l'homme surveillait la quantité s'agglutinant. Une dizaine de tours au maximum : sinon, trop lourd, l'amas retombait dans le cloaque plutôt que dans le récipient posé à ses orteils. Justus lui demanda l'usage qu'il comptait en faire. Méfiant à l'égard d'un patricien, le bougre resta évasif en laissant entendre vouloir étanchéifier du bois. Mon compagnon m'indiqua à voix basse que certains bateliers naviguant sur l'*Elaris* (l'Allier) utilisaient effectivement la poix pour calfater les coques des embarcations. L'odeur d'œuf pourri qui s'en dégageait nous incita à grimper au sommet de la bute d'où s'offrait la vue sur les alentours.

L'érudition de Justus m'enthousiasmait. Avide de converser, j'aimais l'assaillir de questions et apprendre de sa bouche comment réduire une entorse ou soigner une morsure de serpent. Simple lubie au début, mon intérêt évolua peu à peu en véritable passion. Je serai moi aussi médecin ! C'est non sans fierté qu'un soir je fis irruption dans le *tablinum*[1] où mon père rédigeait un courrier. Campé comme un gladiateur devant César, je lui fis part de ma décision. Sans s'offusquer, il me persuada avec justesse que rien ne pressait à ce propos, d'ailleurs mon attrait pour la médecine lui apparaissait fort louable. Il va de soi que ce sage avait d'autres prétentions. Quant à Justus, les liens amicaux perdureraient et, sa vie durant, il demeurerait attaché à notre famille.

Je devais avoir cinq ans lorsqu'une nouvelle naissance vint égayer notre foyer. À mon désespoir, ce fut une fille ! Les fourberies de ma sœur aînée me suffisaient… Palladia était, paraît-il, ce qu'on nomme un très beau bébé. Selon l'ancien rite, à son huitième jour, mon père nous rassembla pour la cérémonie de reconnaissance. Il saisit l'enfant sur le sol où sa nourrice l'avait étendue, puis la prit dans ses bras avant de la soulever au ciel. La trouvant fort laide et contrarié que personne n'ait jugé préférable de la déposer sur la voie publique, je fus étonné de son sourire. Aussi gracieuse que peu rancunière, Palladia m'accueillait en son cœur gazouillant. Éclosion d'une complicité instantanée qui jamais ne fut démentie.

L'année suivante, face à l'arrivée d'une autre petite sœur, j'eus la pudeur de me taire. Ils l'appelèrent Eparchia. Une gloutonne hurlant dès qu'un sein se dérobait et dont l'estomac, pour peu qu'on le satisfasse, ressemblait à un puits sans fond. Ce goinfre épuisait sa nourricière, au plaisir d'une mère en extase devant des cuisses si adorablement potelées. Les mamelles de l'une y

1. Bureau du propriétaire, en général ouvert sur l'*atrium* (pièce centrale de la maison où se trouve le bassin).

perdaient en volupté tandis que le visage de l'autre y gagnait en félicité. L'intéressée, elle, inconsciente des enjeux en cours, s'offrait à la vie comme une rose au soleil du matin. Un aimable poupon qui appréciait la ribambelle de domestiques diligents. Habitude dont Eparchia ne se lassera jamais : des marbres d'un palais arverne à l'eau délicieusement tiède des thermes de Caracalla. Chaque jour, une esclave la massait inlassablement avant de lui emmailloter le corps dans un linge. La scène m'amusait et, d'ici que l'on me chasse, un florilège de grimaces captivait le nouveau-né.

En ces temps, l'Arvernie jouissait d'une période d'accalmie. Pendant que les hordes wisigothes d'Alaric se ruaient sur l'Italie pour assiéger Milan[1], obligeant l'empereur Honorius d'abandonner sa capitale pour Ravenne, le cœur de nos campagnes se plaisait à battre de nouveau. Un demi-siècle de paix console les moissons. Le verger en oublie la friche et aussi loin que porte le regard, les collines s'animent d'une lente ondulation, le déplacement des troupeaux. Enfin cicatrisée, la terre restituait avec abondance les soins qu'une nouvelle génération de bras lui avait prodigués. Malheureusement pour la Civitas Arvernorum, l'essor en cours s'effectuait à ses dépens. Recroquevillée derrière ses remparts rectangulaires construits autour du forum dans la hâte des crises passées[2], la cité du peuple arverne s'arrangeait de cette déchéance. À la manière d'une famille devenue pauvre, et qui par dignité s'efforce de camoufler son sort, elle végétait, soumise à son ancienne splendeur. Mais les masques finissent toujours par tomber, aussi habiles soient les subterfuges. Du haut

1. Rome a perdu son statut politique depuis la division de l'Empire sous Dioclétien. Début 291, Maximien (co-empereur d'Occident) s'installe à Milan qui devient sa capitale.

2. Il s'agit des incursions barbares du milieu du IIIe siècle, celles qui ravagèrent la Gaule du temps de l'empereur Gallien.

de notre bute, nous ne surplombions que ruines. Une désolation faite de gravats, de pans de murs noircis, d'édifices saccagés où ronces et aubépines s'entrelaçaient en d'audacieuses pantomimes. Malgré l'interdiction, combien de fois ne me suis-je pas éclipsé pour satisfaire ma curiosité ? Au bonheur de l'effraction et du sentiment de liberté s'ajoutait l'intrigue. Celle d'errer parmi les décombres en me laissant saisir par le rêve, celle de découvrir un monde disparu où chaque vestige devient mélancolie. Racines s'enfouissant à travers un *impluvium* crevassé, murs tapissés de lierre, débris de tuiles ou de briques qui jonchent une mosaïque, tel était le décor. Désertées, toutes ces *domus* qui s'étendaient jadis en contrebas de la fortification et jusqu'à l'orée des faubourgs ne servaient plus que de refuge aux corbeaux et à de rares indigents. Un recoin, quelques planches disjointes et voilà l'une de leur masure. Des infirmes couverts de haillons s'y terraient le jour. Ouverture au milieu de ce triste labyrinthe, une esplanade désignait l'emplacement d'un édifice public dont ne subsistaient que la trace de ses fondations et divers murets de petite maçonnerie. Démontés avec précipitation, tous les gros blocs avaient servi à la construction de notre enceinte. C'est au prix de ce sacrifice que l'antique Augustonemetum fut sauvée des Alamans.

Vers mes 8 ans, mon père insista pour que je fasse davantage d'exercice physique. C'était sur les conseils du docteur Tregelius. On m'initia à l'art équestre, indispensable à un jeune patricien. Avec le maître d'armes je découvris l'escrime. Des bâtons pour épées, un professeur qui selon les jours devenait guerrier parthe ou gladiateur et notre péristyle se transformait en amphithéâtre Flavien. L'ardeur avec laquelle je dépensais mes forces fut jugée satisfaisante : il le fallait pour convaincre mon père de l'accompagner en certaines occasions. La première eut lieu à onze ans, deux années après mon entrée dans la *pueritia*[1] ; elle concerna une visite à une *villa* domaniale située à Vialoscensis (le bourg de Marsat). Un observateur aurait compris que j'estimais ce déplacement de la plus haute importance et à quel point il prenait sous mes yeux un caractère d'inspection. Padusia supplia de nous accompagner, ce qui lui fut refusé. Ce n'était pas la place d'une fille. Elle s'en retourna la mine renfrognée et le chignon en bataille remplir ses lacrymatoires.

Nous partîmes à cheval, accompagné du cerbère qui ne quittait jamais mon père. Cet homme immense originaire des plaines de Zama portait un glaive dissimulé sous la tunique. Guerrier numide, il avait servi dans la cavalerie auxiliaire de la *Legio III Augusta* ; sa bravoure face aux tribus berbères n'y passa pas inaperçue. Un officier supérieur le prit à son service puis l'amena en Gaule où, par je ne sais quel détour, il fut engagé chez nous. Un crâne lisse et ce reflet inquiétant au fond des yeux caractérisaient cet être venu des confins de l'Afrique. Nous ne risquions rien à ses côtés.

La façon dont il se tenait à cheval, dos courbé et talons bas, attirait instantanément le regard. Mon père lui offrit le privilège de monter Nero, un pur-sang noir comme l'ébène qu'il avait acheté à un négociant de Capoue et dont les humeurs incitaient à la prudence. Deux étalons de force égale ne se domptent pas mutuellement ; mais s'ils s'acceptent, naîtra la plus prodigieuse des symbioses, celle de muscles tendus, tressaillant au diapason d'une volonté que l'on devine commune.

Prenant vers le septentrion, nous gravîmes le chemin qui en son sommet sépare les deux monticules visibles depuis la ville. D'un geste mon père m'indiqua qu'il comptait faire une halte au retour sur la colline de droite. Elle s'appelait Cantobennici

1. Soit à l'âge de neuf ans. De sa naissance à ses sept ans, le statut de l'enfant romain s'appelle l'*infantia*. À dix-sept ans, il sortira de la *pueritia* pour entrer dans l'*adulescentia*.

(Chanturgue) et son accès semblait facile depuis le col. Celui-ci dépassé, nous poussâmes nos montures au petit galop jusqu'à la plaine suivante. Le sentiment de liberté qui montait en moi au fil de cette cavalcade m'emporta aux lisières d'un inconnu dont j'avais hâte. Devenir adulte, me précipiter dans ce couloir qui enfin me souriait : un parcours initiatique à la mesure de mes espérances. Il fallut encore chevaucher avant d'atteindre notre destination. Le domaine m'apparut vaste et je sus faire honneur aux installations agricoles. Maurusius[1], que mon père connaissait de longue date, nous accueillit comme il se doit. C'était un homme avenant, qui pour l'occasion avait jugé bon de revêtir la toge. Cela lui donnait un air bien solennel pour déambuler entre ses greniers ou gravir l'échelle d'un pigeonnier. Pour me faire plaisir, notre hôte m'offrit un œuf de pigeon, ce que dignement je ne pouvais accepter. On évoqua une certaine timidité, mais je maintins ma position face à ce cadeau ô combien infantilisant. Puis nous passâmes à la cave, objet principal de la visite. C'était une construction à part située à l'embase du coteau. Il y stagnait une odeur assez forte et Maurusius fit ouvrir une amphore, un nectar de l'année précédente au bouquet italien. Il ordonna qu'un esclave aille tirer de l'eau fraîche à mon intention puis que l'on me la serve dans une coupe mélangée avec un peu de vin. Je n'ai pas souvenance de m'être jamais mieux désaltéré. Outrepassant son goût délicat, ce breuvage tenait d'intronisation et me réconcilia avec le fermier. Son fils, un garnement sensiblement de mon âge, tenta de lier connaissance mais ses insistances restèrent infructueuses tant je m'appliquais à faire bonne figure. Succédant ensuite à son père, ce garçon deviendrait une fidèle relation.

Le retour s'effectua sans encombre et comme promis nous bifurquâmes vers le levant. Encore fallait-il gravir une pente avant

1. Dans ses Œuvres complètes, Sidoine Apollinaire mentionne un certain Maurusius, fermier et viticulteur à Vialoscensis. L'écart générationnel en fait le fils de notre personnage.

de déboucher sur la terrasse qui dominait *l'Urbs* Arvernorum. La lumière du jour faiblissait, étalant son mirifique spectacle de couleurs. Courbée par le vent, l'herbe du sommet s'agitait en d'interminables guirlandes ; un flux qui, se jouant du relief, parcourait l'espace pour en mieux souligner les vestiges. Aux rayons du soleil vint se réfléchir une silhouette qui habitait mon esprit : immobile sur son cheval, elle fixait l'infini avec cette grandeur que l'on rencontre parfois. La cape qui lui tombait des épaules et recouvrait amplement la croupe de son cheval donnait de la splendeur, du frisson à cette image de titan. Après un long silence que nous n'osâmes interrompre, mon père allongea son bras vers l'étendue puis commença à parler. Le ton devint grave, nostalgique. Ici l'histoire avait scarifié le sol, lui infligeant des marques qui n'eussent pu être d'origine naturelle. Au fil des mots, tous ces talus ou excavations constellant le sol s'agençaient en un ensemble de plus en plus distinct. Ici, deux fosses désignaient un cantonnement prétorien ; quant à ce quadrilatère fortifié, j'appris qu'il s'agissait du *prætorium*(1). Dans la pénombre naissante, l'austérité de ses propos tenait d'une prophétie de thaumaturge, livrant une anecdote qu'un enfant n'oublie pas : « Voilà bientôt cinq siècles, c'est là, cher fils, qu'avait été dressée la tente du légat Sextius où César séjourna ».

Il me montra l'autre versant, là où la bataille avait eu lieu. Je voyais les *Legio VIII*(2) et *IX* lancer l'assaut sur l'oppidum. J'entendais les cris, le fracas des armes. Un instant la mêlée devint réalité puis s'évanouit happée par la nuit. Mon père avait raison, l'ombre de César planait bien en ces collines.

---

1. Dans un camp romain, le terme *prætorium* reprend son sens premier, soit celui de quartier général.

2. Durant la guerre des Gaules, cette légion ne s'appelle pas encore *Augusta*, surnom qu'elle gagnera sous l'empereur Auguste et probablement suite à la bataille d'Actium contre les forces de Marc Antoine.

Un oiseau de nuit traversa le ciel, fuyant à tire d'ailes l'ultime lumière. À cheval sur cet horizon ondulé, Phœbus ne comptait pas se laisser engloutir ainsi au royaume des ténèbres. L'agonie serait rapide, alors l'espace d'un instant, un rai vint balayer la nature en signe d'embrasement. Puis ce fut l'hallali : un halo rosé s'éleva derrière la ligne des montagnes et le ciel devint plus clair que les terres. Il était temps de regagner les portes d'Arvernis.

MONUMENT ROMAIN.

N° 11

Jorand del.   Lith. de G. Engelmann   Villeneuve sculp.

RESTES D'UNE CONSTRUCTION ROMAINE

À CLERMONT.

(Puy-de-Dôme)

Vestige gallo-romain nommé Mur des Sarrasins, encore visible aujourd'hui non loin du centre de Clermont-Ferrand.

- II -
Fils de Mercure

Campagne arverne, automne 406

NE PAS TOMBER. Ce nouvel écart a failli me jeter à terre, je peine à garder l'équilibre. Le tapis posé sur le dos du cheval glisse sans cesse et il me faut agripper la crinière d'Aquilon. Une branche plus basse m'oblige encore à courber le dos ! Inconscients de fureur, les chiens se précipitent partout, gênant parfois la course des chevaux à s'en faire piétiner. Ils hurlent à la mort, une brume sonore et rauque parcourt le bois à notre traîne. Bonds et esquives s'enchaînent entre le taillis et la souche puis le galop reprend avant une nouvelle volte-face. La bride me brûle les doigts mais je n'en ai cure tant la folie de l'action absorbe mes pensées. Je regarde fixement la bête traquée ; le danger, la peur n'existent plus : l'instinct du prédateur les sublime en excitation. Mon père cavale à ma gauche, légèrement en retrait, il m'accorde la primeur. L'animal s'épuise, les cercles qu'il exécute deviennent plus petits. Un taillis très dense lui offre l'illusion du répit mais les molosses le débusquent et la course reprend. Aux roulements feutrés des sabots qui battent ce sol recouvert de feuilles répond la litanie poussée par les vautres. Ces gueux à poils longs savent que l'heure du sang approche, le sang qui les rend fous. Leurs mâchoires bavantes veulent mordre ; ils ne lâcheront jamais, quitte à en mourir. La forêt s'éclaircit : parsemée de grands hêtres, elle s'offre à l'ampleur de la poursuite. Aquilon m'obéit et, fi de l'écume qui lui sort des naseaux, se lance dans un ultime effort. Fidèle compagnon, ce rapide et petit *venaticus* (cheval destiné à la chasse) originaire d'Hispanie me prouve sa vaillance. Rendu moite par sa transpiration, l'intérieur de mes cuisses ne lui est plus étranger. Nos chairs se sont domptées, jusqu'à ce que leurs mouvements deviennent osmose. Nous ne faisons plus qu'un en cette lutte effrénée où la bête poursuivie refuse d'abdiquer. Elle file à travers des framboisiers puis bifurque dans une pente afin d'user ses adversaires, mais un autre cavalier la rabat vers moi et je découvre ce gros mâle qui vendra chèrement sa peau. Il s'arrête un instant, sa hure me fixe avant que, d'un saut, il ne déguerpisse dans l'autre sens. J'aperçois son dos effilé, cette masse qui tantôt se renfrogne, féroce à l'approche des chiens, tantôt fonce vers un fourré. Mais la nasse se referme peu à peu : le gibier sent sa fin. Exténué, il tente une nouvelle manœuvre en se jetant sur les créatures qui le talonnent. Acculé, l'air hagard, il tourne sur lui-même puis se réfugie dans une excavation. Ceinturé par la meute, il ne sait lequel de ses ennemis combattre. Aquilon se cabre mais je suis déjà genou à terre pour me ruer, l'épieu en main. Du premier coup, je lui transperce le cœur, aussi fier de cet exploit que de l'admiration paternelle. C'est ainsi que fut tué mon premier sanglier. J'avais 11 ans.

L'initiation cynégétique commença des années avant cette prouesse. Qu'il s'agisse de décocher une flèche sur un lièvre ou de sa capture au rets à l'aide d'un *pedum* (bâton de jet), j'acquis vite une agilité d'Amazone. Bien des légendes ont amplifié certains hauts faits de ma jeunesse ; elles puisent toutes leur part de vérité en l'exaltation qui m'habitait. Une fièvre née de l'engouement d'un père et de la dévotion d'un fils et qui ne se dissiperait jamais. Un corps et un esprit se forgent et pour peu qu'ils disposent d'une robustesse préalable, ils façonnent l'atout du conquérant.

Au second hiver de mon existence – j'étais encore au sein –, mon père m'arracha à ma nourrice pour me plonger nu dans la neige. Je n'ai aucun souvenir de l'épisode mais crois volontiers en l'anecdote qui fut tant de fois magnifiée à la gloire de mon sang, au don du courage arverne dont j'héritais. La chasse donne aux jambes la ruse et aux bras la stratégie. Avec le temps l'obligation devint un amusement, le jeu une passion. Elle ne fera que se renforcer.

La première *venatio*(1) à laquelle mon père me convia fut une révélation. C'était une arène de fortune montée au centre de l'esplanade qui s'étendait entre la ville-haute et les ruines du temple Vasso Galate(2). Plus vaste que le forum, l'endroit accueillait des manifestations populaires et des marchés. Offert à l'occasion des fêtes en l'honneur de Diane, l'événement bravait l'opprobre du clergé. Son instigateur, un noble non exempt de reproches envers la cité, espérait ainsi obtenir un regain de popularité. La mansuétude de ses pairs était à ce prix. Je me souviens comment Vénérand, l'évêque d'Arvernis (Clermont), déboula chez nous. En fureur, il hurlait : comment le sénateur pouvait accepter, pire, encourager ces rites païens ? Ses invectives ne changèrent rien ; Flavius Julius Agricola connaissait le peuple et tenait à flatter un homme soucieux de sa réputation. Quant à l'évêque, ma famille trouverait toujours moyen d'apaiser sa colère.

La chaleur étouffante n'avait pas dissuadé la foule. En cet après-midi du 13 août, elle s'était rassemblée sur les gradins de bois. Une tenture claquant au vent protégeait du soleil l'estrade

---

1. Spectacle de chasse et d'animaux dans les jeux de l'amphithéâtre. Les *venationes* perdurèrent après l'interdiction définitive des combats de gladiateurs promulguée en 404 par l'empereur Honorius.

2. Ses vestiges, le mur des Sarrasins, sont l'un des principaux restes de la ville d'Augustonemetum, ancêtre de Clermont puis de Clermont-Ferrand. Il est visible dans un réduit, le long de la rue Rameau, et mériterait d'être davantage mis en valeur.

réservée aux notables qui étaient tous là, têtes hautes et grandiloquents. L'évêque Vénérand, dont l'hypocrisie n'abusait pas mon père, tentait de s'immiscer au gré des conversations...

Le discours d'ouverture prononcé par mon père en sa qualité de sénateur fut salué d'une ovation. Sa déclamation, modèle d'habileté, m'apprit comment le prince se concilie la foule en flattant ses instincts. Redoutable politicien roué aux démagogies, il possédait l'art de rendre grand ce qui est petit.

Enfin, au son des *tubas* (long instrument de musique à vent) entrèrent un montreur d'ours et son captif enchaîné. Trop vieux, l'animal n'impressionnait pas. Il s'attira les quolibets du public, ses grognements n'y changèrent rien. Des « drôles » poussèrent la moquerie jusqu'à l'accuser d'avoir plus de rhumatismes qu'Hesperius, pourtant doyen de la cité. Ces pleutres me révulsaient par leur ingratitude. Tristement, mon souhait que les gardes en enferment une poignée dans la cage du monstre ne put aboutir. À mes yeux d'enfant, son vilain pelage, tout comme l'allure décharnée de ses membres, le rendaient encore plus féroce. Il fit son tour résigné, à la manière de celui qui accomplit la même tâche depuis l'aube des temps. De la suite du spectacle, ne reste en ma mémoire que la chasse aux sangliers. L'organisateur lâcha deux mâles aux défenses effrayantes. Passée la surprise, ils inspectèrent les lieux puis se résignèrent à retourner la terre de leurs groins. L'irruption d'un cavalier au petit galop les fit détaler en tous sens. C'était un *venator* (gladiateur à cheval combattant les animaux sauvages) connu dont la présence suffisait au succès de la fête. Il tenait un épieu de la main droite et un filet dans la gauche. La plèbe raffolait de ce genre d'excentricité qui lui rappelait une époque à jamais révolue : celle où un rétiaire s'efforçait de planter son trident dans le torse adverse après l'avoir entravé dans un piège de mailles.

Rapidement isolée à la suite d'une série de courses, la bête choisie se retrouva acculée et contrainte de tourner pour faire face. À plusieurs reprises, elle parvint à s'échapper mais un inexorable manège lui barrait sans cesse tout repli. Demi-voltes, serpentines ou levades effectuées par le cheval l'obligèrent à marquer le pas. Elle réussit encore une fois à s'esquiver *in extremis* avant que le filet ne soit lancé, mais le coup suivant fut le bon. Empêtré, le sanglier trébucha pour s'affaler sur le côté et offrir son flanc. La suite fut moins brillante : l'animal se débattait, ses soubresauts nuisirent à la précision du chasseur qui du haut de sa monture manqua plusieurs fois le cœur. Son acharnement, ponctué par les cris stridents de cet amas devenu informe, offusqua la foule. Elle le hua, et c'est sous les sarcasmes qu'il dut provoquer sa seconde victime. La scène se déroula enfin selon les règles de l'art : après avoir rompu puis coincé la bête, le *venator* sauta à terre pour planter son épieu correctement, lui réconciliant l'assistance. Vainqueur, il leva les bras sous l'approbation et sortit tel un sphinx.

Mon intérêt pour la vénerie comblait mon père. Qu'un fils brandisse l'étendard de la tradition arverne puis le marie aux valeurs chasseresses helléniques avait de quoi le ravir. Fort de cet héritage, comment ne deviendrais-je pas l'égal d'un héros mythologique ? D'un Bellérophon terrassant la Chimère ou d'Hadrien tuant le lion d'Égypte pour sauver son amant ? À éprouver les qualités viriles, ces *Virtus* chères à notre romanité, je pourrais acquérir le charisme nécessaire au futur qu'il entrevoyait. Une aptitude suprême, analogie qui extrait de la chasse ce que la guerre exige en mérite.

L'autre exploit de jeunesse, que mes admirateurs vantèrent jusqu'à Rome, réclame quelques éclaircissements. Selon eux, tuer une louve en lui fracassant le crâne d'un bloc m'éleva au rang d'Héraclès. Si l'affaire est bien exacte, j'imagine ce monstre « *affamé et furieux cherchant sa nourriture* » en piteux état, et ce n'est plus faire insulte à ma prouesse que de l'avouer. J'eus certes le courage de ne pas fuir face à la louve, mais c'est la chance de trouver une pierre à mes pieds qui me sauva. Mon fauve, blessé ou agonisant, se trouvait en mauvaise posture ; sa hargne, comme un dernier sursaut, naissait probablement de son incapacité à se sauver. Le sort a voulu que mon premier caillou l'estourbisse, et la suite n'a rien dont je puisse me glorifier. L'expérience puis la raison m'ont appris à relativiser ce haut fait.

Arvernis, été 407

Le jour ne s'était pas encore levé lorsque nous franchîmes la porte de la ville et empruntâmes l'ancien *decumanus maximus*(1). Surpris, le garde obtempérera et nous ouvrit. Il portait sur les épaules une sorte de pelisse qui devait lui servir autant de manteau que de couverture. L'homme salua sans déférence, grommela probablement à la croupe de nos chevaux, mais mon père n'y prêta aucune attention. Magnanime, il n'abusait jamais de son autorité, surtout envers l'insignifiance. « Ce misérable mérite une paillasse où s'assoupir plutôt que le cachot » glissa-t-il en me souriant.

De la nuit tombait encore un frisson dont l'aube d'été dissiperait la morsure. Nous allions bifurquer en direction de la *via Agrippa* lorsque une pâleur vint se réfléchir alentour. Soudain l'ombre se fit éclatante ; chaque recoin, chaque brin de façade ou restes de colonne saisissait la lumière naissante. Ce jeu subtil où la pierre s'embrase avant de se couvrir d'or m'enchanta, puis la parure vira à l'orange. Terrassée par le soleil levant, l'obscurité livrait un combat perdu d'avance... Avec l'éclat vint la chaleur. Discrète, elle s'affirma ensuite en caressant le poil des chevaux puis remonta jusqu'à inonder nos nuques, nous faisant relever la tête pour apercevoir le *Dumias* (puy de Dôme) sortir du néant. Face à cet obstacle soutenant le ciel, les rayons n'avaient d'autre choix que celui d'obliquer à la verticale. Un diadème de vermeil illuminait la montagne, et le sanctuaire de nos ancêtres nous

1. La construction d'une ville neuve s'organisait normalement autour de deux axes fondateurs : le *cardo* (nord-sud) et le *decumanus maximus* (est-ouest). En découlait un plan orthogonal avec un forum placé à l'intersection des deux.

attendait. L'ascension, bien que longue et harassante, s'engageait sous les meilleurs augures. La visite s'effectuerait avec la bénédiction de Vénérand. Quant à ses motifs, que l'évêque se fourvoie sur nos véritables motivations ne revêtait guère d'importance.

Nous avancions au pas en longeant l'aqueduc qui bordait la voie. Attirées par la moiteur des chevaux, de grosses mouches commencèrent à tournoyer. À l'endroit où la pente nous obligea à descendre de nos montures, l'eau ruisselait sur les pavés comme un ravissement de fraîcheur qui inonda mes orteils. Maintes fois endommagé, l'ouvrage n'avait cessé d'être réparé. D'innombrables cicatrices avilissaient sa splendeur passée. S'échappant d'un rafistolage en bois, la fuite provenait de l'endroit où, pour domestiquer le dénivelé, la canalisation devenait pont. Orages de la veille ou défaut d'entretien, plusieurs linteaux de l'embranchement menaçaient de rompre. Mon père en comprit les conséquences et m'assura qu'il ferait prendre des mesures. Comme la côte s'adoucissait, nous décidâmes de remonter sur nos bêtes. L'allure était lente, une aubaine pour le sénateur qui prenait plaisir à observer la nature. Quelques plébéiens ou esclaves attachés aux *villæ* (domaines fonciers) alentours profitaient des premières heures du jour. Ici un homme âgé élaguait des broussailles avec une serpe ; plus loin, un autre irriguait sa culture. En nous apercevant, tous hochaient la tête en guise de respect, salut que mon père leur rendait avec grâce. Sa majesté s'exprimait ainsi. L'œil bleu et le regard haut suffisaient à affirmer la stature du personnage : un noble parmi les nobles, né pour administrer sa patrie et pourvoir au devenir de ses concitoyens. Mon père.

La douceur du ton qu'il employa pour me parler ne peut s'oublier. Elle révélait l'importance des mots à venir et je ne m'y trompais pas.

— Flavius, quel est ton premier devoir ?

— Mais celui de vous obéir mon père !

— Je voulais dire d'une manière plus générale... Quelle conscience as-tu de ce que te réserve l'avenir, des responsabilités qui t'attendent ?

— Que vous soyez fier de moi. Je veux devenir un grand général, comme Scipion l'Africain ou Léonidas !

Il laissa filer le temps puis se racla la gorge avant de répondre, bref intermède qui m'apparut pourtant comme une éternité :

— La naissance de ton jeune frère, l'année passée, ne t'a-t-elle pas perturbé ? En comprends-tu la signification ?

Me devinant perplexe, il m'expliqua en quoi l'arrivée d'Ommatius Agricola modifiait le contexte familial, et mon destin en particulier. Emplies de tendresse, ses paroles au demeurant choquantes ne me troublèrent pas, au contraire. En cas de malheur, ce second fils serait en mesure de perpétuer notre lignée, m'ouvrant de fait le chemin que mon père entrevoyait pour moi.

— Flavius, nous partirons bientôt pour Rome. Le devoir m'appelle et tu m'accompagneras afin d'y poursuivre tes études.

— Roma, Roma, Roma ! Père, l'empereur Honorius ne réside-t-il pas plutôt à Ravenne sur la côte adriatique ?

— Si, mais pas le Sénat, mon fils ! C'est là que l'on m'attend et je préfère... La cour est un nid de vipères, toutes plus sournoises les unes que les autres, retiens-le.

— Notre mère et... ?

Sans que j'eusse à finir ma phrase, il fit un signe négatif. L'expérience valait toutes les prudences et à la vue des troubles se profilant, il était sage de laisser le reste de la famille à l'abri. Cette nouvelle qui, chez la plupart des enfants, aurait suscité inquiétude ou désarroi, provoqua chez moi un grand enthousiasme.

Mon père m'invita à m'asseoir près de lui contre un arbre. Il semblait heureux, détendu. Conscient des enjeux qui l'attendaient dans l'ancienne capitale de l'Empire, cet homme attaché à sa terre tenait à la contempler avant d'entreprendre le périple. En ce sens, cette montée en compagnie de son fils valait un sacerdoce. Du sommet, il me prévint que le Dumias rayonnait sur le pays arverne comme Rome sur le monde, que nos âmes y puiseraient la sève qui fait la force de notre peuple. Semi-allongé sur le côté et une jambe repliée, il s'assoupit un instant après m'avoir informé que nous devions attendre son esclave. L'ombre était délicieuse, et une brise tiède faisait danser la cime des arbres. Mes paupières résistèrent sans conviction avant de se clore dans ce doux silence.

Le bruit des sabots de Nero martelant le pavé nous extirpa de nos somnolences. S'étant acquitté d'une urgence, Barzane, le garde numide de mon père, arrivait enfin. D'un signe de la tête au sénateur, il acquiesça afin de rendre compte de sa mission. Je n'en sus jamais la teneur mais elle découlait des complots inquiétants à déjouer qui l'entouraient. La mine grave du premier et soulagée du second certifiaient toutefois la dimension de l'affaire réglée. Comme deux mondes distincts mais toujours imbriqués, la sphère politique s'insinuait dans l'ordinaire familial. Je devrais bientôt apprendre à me débattre avec ces miasmes, et cela d'une manière suffisamment subtile...

Serpentant un mille ou deux au fond de cette vallée, la *via Agrippa* débouchait sur un plateau ouvert aux pâtures. Des *villæ* éparses en assuraient la prospérité, à la grande satisfaction de mon père. Son sourire trahissait la valeur qu'il accordait à sa tâche. Pourtant ce n'était pas grand-chose, juste quelques fermes et des plébéiens ou esclaves aperçus ici ou là, vaquant aux travaux journaliers. Pour celui qui aime sa terre, la félicité d'une société bienheureuse vaut tous les prestiges architecturaux, fussent-ils édifiés à Rome ou jadis chez les pharaons. Le sénateur Flavius Julius Agricola appartenait à cette caste, celle qui jamais n'oublie le lien ardent entre l'homme et sa patrie d'origine. Par abnégation, il s'offrait au salut de chacun. Adulte, deviendrais-je digne de cette exemplarité ?

L'air du plateau contrastait avec les chaleurs de la plaine. Que nos ancêtres n'aient pas construit la ville en ce lieu m'étonna assez pour en faire la remarque.

— Flavius, ici l'hiver est dit-on plus rude qu'au-delà du mur d'Hadrien. Les voyageurs qui osent s'aventurer en ce sommet poussent la neige avec le ventre et certains n'atteignent jamais l'étape du soir.

Comme nous entamions la montée qui mène au col avant l'ascension finale, le nombre de stèles funéraires m'impressionna. Était-ce le souvenir des malchanceux morts de froid en ces tourmentes ? Amusé de mon trouble, père m'expliqua que nous traversions la nécropole où, jadis, nos aïeux païens faisaient ensevelir les urnes contenant les cendres. L'anecdote eut au moins le mérite de détendre Barzane qui semblait enfin sortir de son marasme. Sa nuit n'avait probablement pas été facile, et l'amertume se dissipe à feu doux...

Au col, une auberge faisant office de relais jouxtait d'autres bâtiments détruits. Bien que mal entretenue, nous pûmes nous y désaltérer et confier nos montures à un palefrenier. Autrefois, du temps des grands pèlerinages dédiés à Mercure[1], les fidèles s'y pressaient avant de gravir le Dumias. Il n'existait alors pas meilleur lieu où dormir et se restaurer que ces cambuses offertes au vent du couchant. Désormais, seule l'une d'entre elles subsistait et servait de gîte à ceux faisant route vers Augustoritum (Limoges) ou Santonica Urbs (Saintes).

C'est à la force de nos mollets que, tous trois, nous entreprîmes d'escalader la montagne. La voie s'élevait en d'innombrables lacets et, au fil de la progression, je découvris l'immensité du paysage. À mi-chemin, nous surplombions déjà la ligne de collines qui s'enfonçait vers le midi, comme une onde d'où se détachaient des troupeaux.

Comme nous approchions du sommet, l'air devint soudain plus vif et un couple de martinets s'amusa à raser nos têtes, sans doute attirés par les mouches nous agaçant. Puis ce fut l'émerveillement.

---

1. Assimilé à Hermès chez les Grecs, il est le dieu du commerce et des voyages, celui des voleurs et aussi le messager des dieux et leur héraut.

En cette solitude, cette Olympe où jadis Mercure jeta son dévolu, la vie s'ordonnait selon des caprices. À la belle saison le soleil tannait ce pinacle, mais qu'en advenait-il l'hiver ? Mon père m'assura qu'avec les tempêtes de neige qui sévissent de novembre à avril, le *Dumias* grandissait par endroits d'environ deux perches[1].

Le sort des indigents vivant là m'intriguait. Survivre comme des insectes six mois durant au bénéfice d'un dieu proscrit depuis l'avènement du christianisme avait de quoi impressionner toute âme juvénile. D'autant que l'embellie du climat ne rimait avec aucun confort, tant les bâtiments adjacents se délabraient : le feu, la foudre et les tempêtes avaient tout ravagé. Ces ruines n'offraient plus que de vagues abris où se terrait la communauté d'ombres craintives qui s'effacèrent au passage du sénateur et de son garde. Seule ma présence amoindrissait l'inquiétude dont se paraient ces visages cuits par le vent. L'un d'eux s'approcha avec une cruche qu'il offrit avec déférence. Après avoir versé l'eau sur nos mains et avant-bras pour les rincer, l'homme remplit un gobelet en terre qu'il nous tendit avant de s'éclipser.

Me prenant par l'épaule, mon père m'entraîna vers l'extrémité orientale. Quelle merveille ! Devenue minuscule, Arvernis (Clermont) ronronnait à nos pieds. Tandis que Barzane s'accroupissait afin d'extraire les gravillons coincés dans ses *caligae* (sandales lacées en cuir), nous nous amusâmes à détailler ce qui était reconnaissable. Les remparts et le forum m'apparurent bien modestes en comparaison à cet abîme.

Bien que dévasté, le temple caressait l'azur avec la même élégance qu'autrefois, malgré ici et là un chapiteau corinthien renversé ou une tête de statue brisée. Mille débris étincelaient au sol, trahissant la prudence des occupants envers la sagacité ecclésiastique. L'évêque Vénérand tolérait ce qu'il n'avait pas la puissance d'interdire, mais toute velléité ostentatoire d'entretien risquait d'attiser son courroux. Les marches permettant l'accès

---

1. Soit presque 6 mètres. La *decempeda* (*pertica*) mesurait 2,944 mètres.

aux terrasses venaient d'être balayées, et nous les prîmes d'un pas lent qui se voulait solennel. Respectant les us d'autrefois, nous n'entrâmes pas dans la *cella* (partie close du sanctuaire). Invoquer la protection de Mercure depuis le *pronaos* (vestibule) faciliterait notre voyage et qu'importe si ce fichu évêque possédait un espion.

À l'issue de nos prières, mon père m'invita à me retourner pour fixer le levant. Notre prochain départ nous mènerait bien au-delà de la ligne d'horizon, mais selon ses vœux, la Fortune serait notre compagne. L'ancienne divinité de notre peuple s'en portait garante et le sort en était jeté. Enjoué, il rajouta : « Mon fils, la *Putain allaitante* nous attend. Fasse Jupiter qu'elle se montre généreuse ». Rome serait bientôt là.

Essai de reconstitution du temple de Mercure situé au sommet du puy de Dôme (Dumias) par T. Désarménien, 1923, conservé au Musée Bargoin, Clermont-Ferrand.

- III -
Aux mamelles de la louve

LES DANGERS DU VOYAGE nous contraignirent à rejoindre Lugdunum (Lyon) sous bonne escorte afin d'embarquer sur un chaland. Seuls deux soldats montèrent à bord avec nous. Avec Barzane, ils assureraient notre sécurité tout au long du périple. Bien qu'à cette époque de l'année le débit du fleuve soit au plus faible, le courant nous entraînait avec vigueur. Grisé par tant de vitesse, je fis l'essentiel du trajet à la proue, là où le vent agitait mes cheveux, délicieuse caresse à l'odeur de liberté. L'œil aux aguets, roulant d'une rive à l'autre avec excitation, je m'enivrais de ces au-delàs en perpétuel renouveau. Alors que nous glissions toujours plus vers le midi, l'air devint plus sec, différent. Aux collines jugulant l'horizon se substituait une immensité sans fin vers laquelle s'épanchait le fleuve. J'appris d'un matelot qu'il était risqué de franchir son delta en cette saison car le manque d'eau gênait la navigation. Délicats à éviter, les bancs de vase invisibles entravaient le passage. Des navires s'y échouaient chaque année. Mais d'un sourire l'homme me tranquillisa : nous accosterions avant. Par prudence, l'embarcation transportant le sénateur Flavius Julius Agricola et son fils ne s'amuserait pas à taquiner Poséidon.

Nous débarquâmes en Arelate (Arles) aux lueurs du soleil couchant. Comme le quai où les marins s'arrimèrent se situait rive droite, il nous fallut traverser le Rhône sur le pont de bateaux pour rejoindre la ville. Cet ouvrage dont mon père m'avait maintes fois vanté l'ingénierie s'avéra à la hauteur de mes attentes. De robustes embases maçonnées, constituées de plusieurs voûtes en plein cintre sur piles, avançaient sur le fleuve d'une quinzaine de perches à chacune de ses extrémités. Deux arcs gigantesques auxquels s'accrochait le tablier en bois du pont flottant en marquaient les limites. En les franchissant, un système complexe de ponts-levis assurait la jonction entre ces culées en pierre et l'assemblage fait de barques et de poutres qui défiait l'impétuosité du courant. Grâce à cette technique, les navires de mer au faible tonnage pouvaient doubler l'obstacle et, le cas échéant, les militaires en bloquer l'accès. Construites en amont dans le lit du Rhône, deux bittes d'amarrage retenaient toute la structure par des cordages. Au sortir de ce quartier dévasté par la guerre, cette ode au génie civilisateur romain me rassura.

Le hasard voulu que le miracle se produise à l'instant précis où nous nous engageâmes sur le pont. Soumis aux reflets chatoyants de notre astre, le calcaire amorçait sa parade. Le blanc laiteux des blocs se nimba d'abord d'une pâleur orangée, puis, écrasée de splendeur, la ville entière se recouvrit d'ambre. Je n'eus la possibilité que d'apercevoir la silhouette massive de l'amphithéâtre ; nous voyagions discrètement et il fallait se hâter. Nous logeâmes dans la demeure de Philagrius, juriste à qui mon père accordait sa confiance. Il était convenu de partir avant l'aube, notre hôte d'un soir fournirait les chevaux nécessaires à la poursuite du voyage. Barzane ne ferma guère les yeux de la nuit, s'adossant à un coffre obstruant l'entrée pour la garder.

C'est lui qui me réveilla d'un geste bref. Une collation de pain frotté d'ail et de fromage fit office de *jentaculum* (petit déjeuner). Philagrius frappa selon un code convenu, tout était en ordre.

Il nous dirigea vers une porte différente de celle empruntée la veille, et, moyennant une bourse pleine de deniers, s'offrit la complaisance des gardes. Tenus par plusieurs affranchis, les chevaux nous attendaient à l'abri de l'autre côté de la muraille. Le temps de s'éloigner sans bruit en tenant nos montures par la bride, puis ce fut dans la fraîcheur précédant l'aurore que les chevaux prirent le galop.

Cela faisait près de trois jours que leurs sabots martelaient le pavé de la *via Julia Augusta*. À ce rythme, il nous apparaissait certain d'atteindre Rome avant les ides de juillet. Ce délai lui convenant, le sénateur affichait parfois un air réjoui. La monotonie du paysage m'ennuyait et rien ne venait la rompre. Au cours d'une halte dans un relais de poste, et alors que nous nous désaltérions à l'ombre d'un figuier, un cavalier vint se présenter. Après s'être porté garant de ses intentions, Barzane l'autorisa à approcher mon père. C'était un messager en provenance de Ravenne. Porteur de nouvelles instructions, il courait à notre rencontre aux ordres du régent, le généralissime Flavius Stilicon, et semblait fort satisfait de nous avoir enfin trouvés. L'insécurité régnant au-delà des Alpes, avec de prétendues bandes de Vandales ou d'Alains qui ravageaient les campagnes, l'avait incité à modifier notre itinéraire. Après qu'il eût prouvé son identité grâce au sauf-conduit en sa possession, l'homme nous signifia la nouvelle route à suivre. Il appartenait à la *Legio XX Valeria Victrix* et avait reçu l'ordre de nous conduire jusqu'à Forum Julii (Fréjus) où nous embarquerions à destination du port d'Ostia (Ostie). Malgré une ancienne cicatrice qui lui amochait le visage, ce militaire inspirait confiance. Le fait qu'il réponde du régent Stilicon plutôt que de l'empereur Honorius avait de quoi nous rasséréner. Peu importe alors le prétexte invoqué ou sa véracité, le régent tenait à ce que le sénateur Flavius Julius Agricola parvienne à Rome, et vivant ! Il avait ses raisons que mon père discernait parfaitement et dont moi j'ignorais encore l'essentiel.

Je fus immédiatement conquis par le charisme de notre nouveau guide. Syagrius était italien, et bien que ses cheveux noirs eussent été trop longs pour un soldat, il nous plut d'emblée. Il émanait de sa personne une énergie peu commune, une de ces virilités dont on se souvient et qui fascine. Sa peau très brune, tannée par le soleil des campagnes, estompait cette balafre qui, plutôt que de l'enlaidir, pimentait son éclat. Avec Barzane ils eurent tôt fait de se jauger : en cas de coup dur, ils pourraient compter l'un sur l'autre...

Il fallait partir sur le champ et atteindre au plus vite l'embarcadère. Une fois en mer le danger serait moindre, les pirates n'osaient normalement pas s'en prendre aux navires de guerre. Dans la soirée du lendemain, et après une harassante cavalcade, nous arrivâmes enfin en vue de Forum Julii. Bien que faim et soif me tordent les boyaux, il ne put être question de s'arrêter. Une fois intra-muros, nous glissâmes vers le port. À l'écart du gros de la flottille, une *liburne* (navire léger et rapide) accostée au bout du quai-rempart était manifestement prête à appareiller. La poignée d'hommes en armes qui battaient les cent pas autour du vaisseau ne furent pas surpris. Aucun doute, nous étions attendus ! Un guetteur de remparts venait de les prévenir de notre arrivée imminente. Tandis qu'un palefrenier s'occupait de nos montures qui ne seraient plus du voyage, le *magister navis* (capitaine) mit pied à terre pour nous accueillir. Quelques banalités, puis il nous invita à monter à bord : à peine une collation servie, les marins larguaient déjà les amarres. Tout en supervisant la manœuvre, l'officier engagea une conversation. Ses excuses que les voiles ne s'ornent d'aucune marque sénatoriale, discrétion de la mission oblige, furent comprises. Mieux valait prendre la mer avant l'obscurité. Long d'un mille et demi (environ deux kilomètres), le chenal était étroit. Côté port, un amer[1] en signalait l'entrée et en le dépassant, les hommes de

1. Point de repère fixe utilisé pour la navigation.

pont le saluèrent. J'appris qu'il datait de l'empereur Auguste, d'où cette dévotion de la part des marins. « Les vents sont favorables ! Puissent Neptune et notre Seigneur nous préserver des tempêtes » cria joyeusement le capitaine.

Les premiers coups de rames nous donnèrent la sensation de fuser sur l'eau, et tous mes sens furent aux aguets. Le *hortator* (chef des rameurs) donnait la cadence aux deux rangs de rameurs qui, en rythme, propulsaient le navire sans à-coups ni sans jamais le faire dévier de son cap. Une prouesse car la proximité des deux rives du canal ne pardonnerait aucune fausse manœuvre. Ce n'est qu'à son débouché qu'enfin je découvris une merveille d'azur où ciel et eau se confondaient jusqu'à l'éblouissement. Fi des descriptions, mon imaginaire n'avait pu saisir ni la beauté, ni l'étendue du royaume de Neptune.

L'homme de proue – matelot dénommé *proreta* dans la marine romaine – me conseilla de m'agripper à l'acrostole car l'éperon allait heurter les vagues. De cet effet exquis, je garde le souvenir des embruns salés tout comme l'effarement de voir une embarcation longue de douze perches ainsi chahutée. Le maître d'équipage ordonna d'augmenter le rythme et notre *liburne* accéléra au son guttural des expirations. Osmose de muscles suants soumis au soleil et à l'effort, cette masse s'articulait en un fascinant mouvement. Parfois un homme relevait la tête, cherchant un regain de courage à humer si le grand large devenait moins incertain. Et cette lutte où la rame s'exerce à balayer l'onde, dura, dura... Soudain la galère vira légèrement et des matelots déroulèrent la grand-voile. Soulagés, les rameurs venaient de suspendre leur besogne... Nous voguions emportés par le vent.

Peu à peu la côte se dissipa, je me serais usé les yeux à en suivre les ultimes contours. Le soleil tombait derrière un horizon de collines. Mordorée, l'atmosphère se ternit d'un brunâtre où le clapotis devint miroir. Puis ce fut le prodige, l'éblouissement. Une flamboyance qui d'un trait illumina les cieux pour plonger vers l'infini. De cet éphémère dont on ne peut se rassasier, je serais l'humble spectateur ma vie durant.

En cet inconnu, la nuit m'angoissa. Mais une fois l'obscurité totale et les étoiles enfin installées au firmament, commença un nouvel enchantement fait de mystère. Le ciel était clair et la brise nous poussait en direction du midi. Constatant mon intérêt, Syagrius m'apprit les rudiments de la navigation. D'heure en heure, notre pilote se fiait à de nouveaux astres mais toujours en prenant soin de garder *Polaris* (l'étoile polaire) par l'arrière. Malgré l'épuisement de la journée, mon éveil résista autant que faire se peut aux tentations du sommeil.

Le lendemain, à peine les yeux ouverts et déjà clignant sous la menace d'un soleil bientôt au zénith, je bondissais vers la proue. Un marin m'y apporta un bol de pain trempé dans du lait de chèvre qui, bien que fort aigre, fut avalé avec hâte. En cet écrin bleuté où nous étions poussière au milieu des vastitudes, seule une bande nuageuse lointaine apportait du contraste à ce lapis-lazuli d'eau et de ciel. L'oscillation de la coque s'ajoutant aux miaulements du vent dans la voilure, s'amusaient à ponctuer toute cette magie. Plénitude suprême, la Mare Nostrum (la Méditerranée) s'offrait sous des atours princiers. Le passage d'un oiseau marin confirma l'imminence de la côte qui apparut peu après aux cris d'un marin « *Terra terra !* ». Nous longions l'île que jadis les Grecques nommaient Cyrnos (la Corse) et allions la dépasser en franchissant un détroit. Cette bouche béante qui la sépare de la Sardinia (Sardaigne) nécessitait l'entière attention des marins. Récifs et courants se gaussaient de leurs victimes ; le tribut à l'imprudence se payait toujours comptant pour qui osaient les défier... Au moment où notre navire vira plein orient, et qu'en conséquence la force d'Éole se fit moindre, nous fûmes comme aspirés. Les rameurs se tenaient prêts, ils reprirent leur labeur avec courage. De part et d'autre du passage, des îlots battus par les vents et écrasés sous le soleil m'apparurent bien inhospitaliers. Que l'on chavire ou s'échoue en les approchant, les atteindre à la nage se concevait, mais ensuite ? Mourir de soif en cette désolation pour qu'un jour d'autres naufragés découvrent nos squelettes blanchis... L'expérience de l'équipage nous évita pareille déconvenue et nous entrâmes majestueusement en mer Tyrrhénienne.

Faute de vent, la *liburne* ne naviguait plus qu'à la force des bras. La cadence avait diminué, seul un homme sur deux ramait encore. Ils se relayaient sur ordre du maître d'équipage ; tandis que les uns se reposaient, les autres geignaient à la tâche. Le préposé leur distribuait de l'eau avec une longue louche et, à observer la manière dont ces malheureux tendaient le cou pour boire, toute âme charitable comprenait leur souffrance. À fixer sans fin l'horizon, j'entrevis la grandeur de l'Empire d'autrefois. Mon père s'approcha. L'ennui du voyage ne me pesait-il pas ? Satisfait de mon intérêt, il m'invita à m'asseoir contre la proue. Cela avait-il un rapport avec l'entretien qu'il venait d'achever avec le capitaine ? Avec gravité, cet homme commença l'exposé du problème. Notre départ pour Rome – et il me présenta ses excuses de ne m'en avoir pas révélé plus tôt les véritables raisons – était consécutif à la double usurpation de mon grand-père maternel Flavius Claudius Constantinus, dit Constantin III et de son fils, Constant, durant l'année 407. Bien que je ne les connaisse ni l'un ni l'autre, mon père m'avait souvent conté la hardiesse avec laquelle ces deux militaires de haut rang défendaient l'île de Bretagne (l'Angleterre) contre les envahisseurs. Comme si Pictes, Jutes ou Saxons, ennemis de toujours, ne suffisaient pas, voilà que de nouvelles peuplades germaniques tentaient fortune à leur tour. Sans succès d'ailleurs, mais pour combien de temps encore ? Lasses de ces incursions et se sentant abandonnées par l'Empire, les troupes en place avaient fait défection l'année précédente. Le piètre empereur Honorius n'ayant pas jugé opportun de les soutenir – mais en possédait-il les moyens ? – elles élurent un nouvel empereur. Ce *César* puis son successeur n'eurent que l'occasion de démontrer leurs incapacités avant que l'armée ne les assassine, et on proclama mon grand-père à leur suite. Comprenant que le problème résidait dans l'instabilité régnant en Gaule, cet homme de devoir venait d'y débarquer à la tête de ses soldats pour porter le glaive contre tous ces barbares qui menaçaient sans cesse leurs foyers. Preuve de vertu, cette armée venait de prendre ses quartiers à Augusta Treverorum (Trèves) d'où elle envisageait mieux contrôler les incursions venues d'outre-Rhin. Si la gloire ou l'opportunisme plutôt que la raison l'eussent poussé, elle aurait marché sur Ravenne ! Mais qu'un usurpateur – qu'importe que son action soit légitime ou pas – prenne le pouvoir en la capitale des Gaules était intolérable pour l'empereur Honorius, si faible fut-il. Honorius ordonna au régent Stilicon d'agir. Et celui qui aurait probablement préféré servir la valeur plutôt que la médiocrité resta fidèle à ses vœux. Ainsi sa première mesure fut politique : en écartant Flavius Julius Agricola, le risque que l'Arvernie (Auvergne) bascule dans la sécession diminuait. Par sagesse et connaissant mieux que quiconque l'empereur Honorius qu'il servait, le régent Stilicon opta pour Rome. En la cour de Ravenne, un caprice de l'empereur Honorius eut tôt fait de nous faire assassiner. Voilà pourquoi mon père jugea raisonnable de laisser son épouse et le reste de la famille à Arvernis. Ils y étaient plus en sécurité, les liens du sang pouvant porter préjudice. Quant à nous deux, le sénateur Flavius Julius Agricola accordait sa confiance au régent Stilicon. Ses décisions, notamment avec l'arrivée de Syagrius, plaidaient en sa faveur. Je n'avais pas à m'inquiéter, le péril s'évanouirait.

La côte italienne était en vue lorsque nous virâmes afin de remonter en direction d'Ostia (Ostie). Désormais favorable, le vent nous y pousserait sans peine. Au soulagement des rameurs, qui ne reprendraient leur travail qu'à l'approche du port, répondit la fierté des officiers et du reste de l'équipage : ils venaient encore une fois de dompter cette mer d'apparence tranquille mais d'humeur versatile. La nuit tombée, des amphores se videraient et ils s'en donneraient à cœur joie avec les catins.

Nous pénétrâmes presque dans une sorte d'avant-port. Mon père m'expliqua qu'il s'agissait de l'ancien complexe construit sous l'empereur Claude, mais, que mal protégé des vents, il avait été supplanté par le *Portus Traiani* (le port de Trajan). La *liburne* s'y engagea par un chenal et je découvris un bassin octogonal creusé de main d'homme qui occupait tout l'espace. Entièrement maçonnés, ces quais longs d'environ cent vingt perches accueillaient des navires marchands, certains en plein déchargement. Ce jour-là, ils devaient bien être une quarantaine, et on m'indiqua que c'était plutôt peu. À son apogée, le port pouvait en accueillir cinq fois plus. Voilà qui donnait la mesure des besoins de l'*Urbs* (désigne la Rome antique). Le nombre des entrepôts m'impressionna tout autant, même si d'évidence les deux tiers d'entre eux avaient l'air désaffectés. Après l'amarrage, dès que nous fûmes enfin à terre, un officier qui attendait notre arrivée vint se présenter. Il tenait à l'écart des montures à notre disposition, le voyage s'achèverait ainsi. Face à notre étonnement, le soldat devint prolixe et nous en démontra le bien-fondé. La raréfaction des approvisionnements pour Rome incitait une ribambelle d'épieurs à surveiller toutes barges remontant le Tiberis (Tibre). Des audacieux allaient même jusqu'à se poster sur la rive occidentale du canal Trajan et une fois renseignés, ils chevauchaient d'un trait jusqu'à la ville. Toute information se monnayait et les gredins aux abois ne manquaient pas. Vaguement sous contrôle militaire, l'enceinte du port était mieux sécurisée. Si nous partions sur le champ, nul ne nous devancerait. Syagrius acquiesça et un instant plus tard, nous galopions sur la *via Portuensis*. En retrait d'un demi-stade(1) Barzane fermait la marche : aucun cavalier ne nous dépasserait !

1. Soit 92 mètres. La longueur d'un stade (*stadium*) étant de 184 mètres.

Des mendiants et des colporteurs se pressaient aux abords de la *porta Portuensis*. L'odeur forte qui émanait de cet afflux mélangeait volailles, légumes et crasse, contrastant avec les senteurs délicates des cyprès. Leur ombre m'avait épargné des affres du soleil ; ici l'intensité de sa morsure plombait toute l'étendue : jusqu'à la terre rougeâtre clamant sa souffrance, à en implorer les Cieux afin qu'ils lui accordassent miséricorde. Le mur d'Aurélien masquait la ville, mais dès la porte franchie, son ampleur enfin se dévoila. Passée la stupéfaction du gigantisme, ma sensation jongla entre déception et incrédulité. Là où j'avais misé sur marbres étincelants, la réalité me renvoyait une tout autre image. Partout le reflet mat de la brique imposait sa morne palette. Et puis il y avait cette saleté omniprésente, cette lèpre qui dégoulinait du dernier étage des *insulae* (immeubles) pour se répandre à nos pieds. Si une perspective rassurante me permît d'apercevoir au loin le Capitole, ce n'est qu'après avoir traversé le Tiberis que le faste devint évidence. La colonne Trajane dépassa mes prévisions, en la croisant je me fis la promesse de revenir sous peu afin d'en scruter les bas-reliefs. L'épopée de l'empereur soldat me fascinait. Il était mon modèle et je me félicitais de la possibilité d'honorer sa mémoire en étudiant les détails du prestigieux monument érigé en son honneur. Mes yeux, ma tête ne savaient où donner tant la magnificence, le grand ou l'incroyable surgissaient à leur rencontre. Je n'eus que le temps d'entrevoir la silhouette du Colisée avant que notre guide nous fasse bifurquer en direction des forums impériaux. Nous étions attendus dans la *domus* (résidence) d'un sénateur dont la disgrâce récente puis l'exil « libéraient » le logis. Engoncée dans la rectitude infinie de la *via Lata*, la foule encombrant cette artère m'impressionna. Comment pouvait-il y avoir autant de monde ? Une certaine oppression m'envahit bien que nous soyons toujours à cheval, en fendant cette fourmilière bigarrée. Des matrones invectivaient à tout va ceux qui osaient les frôler, un invalide en fit l'expérience lorsque dans ce tohu-bohu une épaule le propulsa en outrageante posture. De ce flot fait de visages venant des quatre coins de l'Empire surgissait toute la complexité d'un monde en pleine mutation. Moi, Rome m'envoûta instantanément : j'y vivrai comme les Romains et, si possible, comme le premier parmi tous.

Bien qu'édifiée dans un jardin au centre de la *Regio VII*[1], la demeure où nous allions séjourner jouxtait le mausolée d'Auguste en bordure du *Campius Martius*. Cette monumentale construction bordée d'admirables peupliers deviendrait le berceau de ma curiosité. Sa rondeur, tout comme la beauté de ses marbres en ce paradis tranquille, reflétaient la paix que le grand empereur avait su imposer. L'accueil insipide de notre hôte, une certaine Vopisca, préfigura la teneur des rapports futurs. La crainte gouvernait la parcimonie de ses apparitions et semblait l'unique étincelle de vie encore décelable chez cet être flétri. Mon père eut beau s'évertuer à la rassurer, mettre un point d'honneur à intervenir en sa faveur, rien n'y fit et elle préféra se reclure dans une annexe. Je sais qu'il veilla à ce que cette femme et sa fille ne manquassent jamais de rien, ni de quelconque soin, ni de protection.

Notre installation rimait avec le départ de Syagrius. Sa mission terminée, il lui fallait rejoindre l'armée. Je m'étais attaché à lui, voyant en ses qualités toutes les vertus propres à la sauvegarde de l'Empire. C'est avec des hommes de sa trempe que notre civilisation perdurerait. Au moment de nous quitter, et alors qu'allait s'évanouir son ombre, l'épatant soldat tint à m'offrir une dague hunnique. Trophée de guerre, il l'avait prélevée au soir de la bataille sur la dépouille d'un noble. Probablement afin d'abréger ses souffrances, l'homme l'avait plantée dans son cœur. Pour l'extraire, Syagrius me raconta avoir dû dégager le bras du défunt, tant sa main froide et recroquevillée y était

---

1. Selon l'organisation augustéenne, il s'agit de l'une des quatorze régions administratives divisant Rome. Elle est située au nord de la ville.

agrippée. L'image de cette fusion de givre, entre le fer et la chair devenue roide, tenaillera mes songes, mais ce cadeau restera à ma ceinture ou blotti sous ma toge.

M'accoutumer à cette nouvelle vie ne m'imposa guère de sacrifices. Hormis les parties de chasse désormais trop rares pour que je m'en satisfasse, mon quotidien exauçait toutes les aspirations qu'un jeune provincial éprouve en pareilles circonstances. Élève assidu, j'assistais avec entrain aux cours de grammaire d'un prestigieux professeur. Ce maître, empreint de philosophie classique, méprisait les injonctions éducatives à la mode et, faisant fi de l'autorité chrétienne, nous abreuvait d'œuvres latines. Après Virgile, ce vieillard à la barbe lisse et blanche dérivait vers sa véritable passion vouée aux auteurs grecs. Dois-je confesser que mon voyage me prévalait d'une certaine expérience pour commenter l'*Odyssée* ? Un avantage qui me conférait de la popularité auprès de mes camarades. Les mois passèrent ainsi, partagés entre l'étude et la joie de flâner à la découverte de l'*Urbs*. Barzane en usait la semelle de ses *caligae* à me suivre ainsi de l'Arc de Constantin à la caserne des prétoriens, cela souvent après avoir effectué trois fois le tour de l'amphithéâtre Flavien. Une autre marotte m'incitait à gravir le Palatin puis à me faufiler dans une ruine attenante au palais impérial afin de venir surplomber le *Circus Maximus*. Combien d'heures passées ici à y savourer d'étranges rêveries ? Car si j'eus vite la possibilité d'assister à des courses de chars, l'engouement né dans le feu de l'action éloignait les chimères. Autrement calme et discrète, ma cachette palatine possédait, elle, toute la candeur propice à m'emporter vers la gloire.

La situation de l'Empire

Parfois des nouvelles du pays venaient apaiser nos inquiétudes. Les troubles qui secouaient la Gaule épargnaient encore l'Arvernie (l'Auvergne), et ma mère ne pâtissait pas outre mesure de la situation. À l'automne suivant notre départ, Stilicon avait envoyé une armée aux ordres du général Sarus pour lutter contre les deux usurpateurs. Mais après un succès initial, ce prince wisigoth échoua à prendre Valentia (Valence) où Flavius Claudius Constantinus et Constant s'étaient réfugiés. Sarus dut refranchir les Alpes en hâte, car lassé des promesses non tenues par l'empereur, Alaric et ses hordes menaçaient l'Italie. Un échec lourd de conséquences tant il fragilisait la position du régent. Jalousé par la cour et haï par l'essentiel des élites sénatoriales, Stilicon cristallisait la rancune des uns pour son pouvoir et la répulsion des autres par ses origines semi-barbares. Nombre d'aigreurs s'affûtaient dans son dos et cela préoccupait mon père : notre sort dépendait trop de lui pour qu'il en fût autrement. Nous vivions dans l'inconfort d'une position où le quidam est à la fois l'otage et le protégé de son ravisseur. Une ambivalence comprise au Sénat, où loin de s'attirer des animosités, Flavius Julius Agricola nouait des liens tout en démontrant ses hautes qualités d'homme d'État envers la curie.

De ses « grandes journées », si décisives pour l'avenir de l'Empire, je garde le souvenir des débats qui opposèrent Stilicon à la vindicte des sénateurs. Mon père plaidait la cause d'Alaric, afin que l'on lui versât le tribut promis par l'empereur Honorius pour avoir levé une armée prête à marcher contre Constantinople. Par son impartialité, cette intervention se révéla cruciale et Stilicon obtint l'or indispensable à la paix. Mais cette victoire cachait mal la rancune ! À peine le danger éloigné, des fous galvanisés d'ambition arrêtèrent le régent puis le firent décapiter. Comme si ce crime, cette faute politique, risquait de dissuader le roi des Wisigoths. L'année suivante, Alaric ravagea les greniers d'Ostia et mit le siège devant Rome ; affamant sa population jusqu'à ce que le Sénat cède et prononce la déchéance de l'Empereur.

Et pendant ce temps, chez les Huns

La neige, toujours abondante l'hiver aux confins de la Pannonie[1], étouffait le bruit des sabots. Attirée par ce groupe de cavaliers, une femme âgée couverte de haillons déposa au sol le petit fagot qu'elle tenait en s'interrogeant. D'où venaient-ils, mais surtout qui étaient-ils ? La sueur des chevaux s'évaporant dans le froid et les traces d'écume autour des tapis posés sur le dos des chevaux indiquaient la difficulté de l'effort, tout Hun savait cela ! Si deux des hommes cavalant en tête appartenaient à son peuple, l'accoutrement du reste de la petite troupe ne lui disait rien qui vaille. Elle n'aimait pas ces Germains ; grands comme des monstres, leurs chevelures couleur soleil l'effrayaient. Tout en soufflant entre ses doigts pour les réchauffer, la vieillarde remarqua une silhouette plus frêle parmi eux. Ses mains calleuses ne craignaient guère le gel, elle se baissa pour ramasser son cotret. Le campement n'était plus loin, ses voisins finiraient bien par lui apprendre de quoi il s'agissait. Et si d'aventure la nouvelle revêtait une quelconque importance, elle irait clamer de foyer en foyer avoir été la première à en être témoin.

L'émissaire du roi Alaric s'inclina devant le roi des Huns, Rugila. Ce présent qu'offraient les Wisigoths valait à double titre, et Rugila en mesura parfaitement la portée. En livrant leur otage, le jeune Aetius, ils donnaient un gage de paix et lui fournissaient un moyen de pression sur l'Empire. Cela faisait trois ans déjà que ce noble élevé à la cour impériale leur avait été remis. Bien que semi-barbare, l'enfant était un captif de choix ; sa mère tenait de la plus haute aristocratie romaine et son père, Flavius Gaudentius, officier d'origine scythe, avait été *magister equitum* (maître des cavaliers) avant de devenir comte d'Afrique. Le garçon avait alors treize ans. Sa dignité plut au roi Rugila, d'ailleurs son regard ne trompait pas tant il émanait une certaine grandeur chez cet adolescent. On apprendrait forcément de lui

1. Ancienne province romaine de l'Europe centrale.

et il ferait un excellent compagnon à son bouillonnant neveu. Sans le savoir, le roi des Huns venait d'entériner le destin de son peuple.

La rencontre eut lieu le soir même. Comme à tout retour de chasse, les hommes fêtaient l'opulence dans cette allégresse virile où les exploits du jour servent de mise en bouche au banquet du soir. Le jeune prince avait encore une fois excellé ; comme à l'accoutumée, ses compagnons se pressaient autour de lui pour l'encenser. Souriant au milieu des louanges, le prince Attila ne doutait plus de sa supériorité et bien qu'il fasse aimable figure, l'attitude de cet essaim l'agaçait. Une silhouette se tenant aux côtés de son oncle l'attira, lui donnant prétexte à se dégager. Qui était donc cet étranger qui l'observait ? Nulle animosité dans son expression, mais ce détachement, cette superbe qu'aucun des courtisans n'aurait osé manifester. L'audace lui plaisait ! Il l'apostropha en latin, parlant fort afin que l'assistance s'émerveille de ses progrès. Personne ne séjourne pour étudier en la cour de Ravenne à l'invitation de l'empereur Honorius sans en tirer quelques bénéfices… Mais, à la stupéfaction de tous, c'est en grec qu'Aetius lui répondit. Les paroles devinrent plus lentes, les mots hésitants, pourtant le Hun entama la discussion.

— Pardonne-moi de moins maîtriser cette langue que la tienne. As-tu fait bonne route ?

— Je ne voulais pas t'offenser ! C'est à moi de te présenter mes excuses, j'imaginais sottement que le grec te serait plus coutumier. Quant au voyage, aucun de mes gardes ne soupçonnerait ne serait-ce que l'existence d'Athènes…

Attila esquissa un sourire. Sous son apparence monstrueuse, ce garçon était d'une rare subtilité. Il reprit :

— Tu aimes chasser le cerf ?

— Oui, mais nous autres romains sommes plus experts au sanglier.

— Qu'importe ! J'ai remarqué de belles traces dans la forêt. Demain nous partirons ensemble, seuls.

Après le temps de la connivence, viendrait celui du respect puis de l'amitié.

Puis vint le sac de Rome, fin 409

J'entrais dans ma quatorzième année lorsque, répondant aux exigences d'Alaric, le Sénat investit Priscus Attalus de la pourpre impériale. Homme de lettres, musicien à ses heures, le nouvel empereur ne risquait pas de faire ombrage à son mentor. En choisissant ce fantoche, le roi des Wisigoths – par ce truchement devenu chef des armées romaines – espérait asseoir son pouvoir sur l'Empire. Mais qu'attendre de bon d'un si médiocre pis-aller ? Incapable de prendre Ravenne où Honorius s'accrochait au trône comme une maquerelle à ses ouailles, l'empereur Attalus décevait ! Pas que l'idée de trahison ne l'effleure, mais son incompétence le campait dans l'erreur perpétuelle. Les colères du roi Alaric n'y changeraient rien et, après l'avoir destitué publiquement à deux reprises, il reporta sa haine contre l'*Urbs* (Rome). Un siège qui nous affama et dura plusieurs semaines. Sans machine de guerre ni réelle tactique contre des fortifications, les Wisigoths se limitaient à des intimidations peu convaincantes. De ces escarmouches, remonte à ma mémoire l'orgueil qu'éprouve un novice face à sa première expérience militaire. Je passais des heures, et souvent jusqu'au crépuscule, à observer l'ennemi nous défier. Ici, trois fantassins s'approchaient du rempart en poussant des borborygmes, là un groupe d'archers surgissait au galop pour décocher plusieurs flèches avant de s'enfuir dans un nuage de poussière. L'officier de garde trompait son ennui en m'enseignant les rudiments de ce combat ; sa patience à m'inculquer l'art d'attaquer ou de défendre une fortification valait tous les cours magistraux. Un soir, un de ces soirs où la lumière romaine se tamise à en devenir aussi douce que du miel, agacé de se morfondre à ma suite sur le chemin de ronde, Barzane emprunta un arc pour viser un Wisigoth trop braillant. L'homme se croyait hors de portée, cela faisait un moment qu'il gesticulait comme un singe en haranguant nos sentinelles. Aucune n'aurait pris le risque de perdre une munition : à cette distance ! Mais Barzane appartenait à cette caste de seigneurs qu'on ne nargue jamais impunément. Le regard plus sombre que d'accoutumée, il retint son souffle puis ses doigts lâchèrent la corde tendue à l'extrême. L'horreur d'un cri déchirant l'horizon nous confirma son adresse. Cuisse traversée par la flèche, ce guerrier claudiquait en suppliant le ciel qu'un autre projectile ne vienne pas abréger ses souffrances. Par chance, son bourreau s'était rassis et seule comptait désormais la paire de dés avec laquelle il se distrayait.

Ce que le roi Alaric ne pouvait obtenir de force, la providence – qui parfois dissimule ses atours sous le voile de la trahison – le lui offrit par la voie de tractations secrètes. L'*ante diem nonum Kalendas Augustus* de l'an 1163 *Ab Urbe condita*(1), alors que la famine rongeait les ventres jusqu'à pousser d'honorables matrones à offrir leur poitrine en échange d'un quignon, ces barbares déferlèrent sur Rome. Ils entrèrent par la *porta Salaria* aux abords de la caserne des prétoriens puis se répandirent comme la peste. Pillant à ne savoir plus quoi faire de leur butin, incendiant le Sénat, outrageant les mères devant leurs filles, cette calamité mit trois jours et trois nuits pour se repaître. Ivres de vengeance après tant de frustrations, les Wisigoths s'en donnaient à cœur joie, piétinant sans vergogne l'essence même de leur cocagne. Comment dans un tel tumulte, l'ordre du roi Alaric d'épargner les vies et les vertus pouvait-il être respecté ? Au moins ces brutes craignaient notre Seigneur et préservèrent les édifices consacrés à sa gloire. Autant de havres où se réfugièrent femmes, enfants, vieillards ou tous ceux qui eurent la possibilité de s'y agglutiner. Quant aux temples du passé, ces rustres en profanèrent les murs jusqu'à la déraison, commettant

1. Soit le 24 août 410. Ce calendrier *Ab Urbe condita* (à partir de la fondation de la ville) débute en l'an 753 av. J.-C.

leurs débauches après avoir uriné sur les statues jetées à terre. L'effroi du peuple, clameur lancinante qui parcourait les rues, balayait la ville en emportant à sa traîne des volutes de fumée noircie. Par mesure de protection, mon père convia nos deux hôtes à nous rejoindre. Hagardes, celles-ci sanglotaient de terreur en incriminant le sort de s'acharner contre elles.

Pourtant, en cet ouragan, le désordre n'était que superficiel. Une gigantesque main de fer paraissait régenter le sac de la ville, lâchant ses molosses aux points cruciaux. La colline de l'Aventin, où résidaient beaucoup de sénateurs romains, fut ravagée, tout comme le Forum et tant d'autres bâtiments publics. Bien qu'éloignée du centre et plutôt en retrait, notre *domus* (demeure) bénéficiait d'un étonnant désintérêt. Il apparut vite raisonnable que des ordres avaient été donnés en notre faveur. D'ailleurs nous entendions fort bien comment, juste à côté, la soldatesque s'excitait à démolir le mausolée d'Auguste. À moins qu'une poignée de chiens errants ne se glissent en catimini, nous ne risquions rien. Barzane veillait, nos deux gardes aussi. Que des ivrognes s'aventurent et leur sang giclerait sur les colonnes bordant l'*atrium*[1] ! De ces nuits d'épouvante, je garde la sensation glacée du poignard de Syagrius glissé sous ma couverture.

Au matin du troisième et dernier jour de profanation, nous eûmes la surprise d'une visite royale. Sans animosité mais avec cette rudesse qui caractérise les peuples germains, le roi Alaric fit irruption chez nous à la tête de sa garde personnelle : des géants à la peau claire, muscles saillants et armes étincelantes. Alaric me fit forte impression. Son air jovial ressemblait à celui d'un chasseur repu de gibier qui va s'attabler pour le banquet. Le respect qu'il imposait n'était pas feint et je fus très étonné de

---

1. Pièce centrale à toiture ouverte, l'*atrium* est réservé aux hôtes et il commande la distribution de la maison. En son centre, un bassin (l'*impluvium*) recueille l'eau de pluie.

ses manières, autrement moins grossières que nos préjugés les eussent imaginées. Malgré sa taille qui se dénotait par comparaison à celle de ses cerbères, Alaric impressionnait par son physique. La jambe courte mais puissante supportait un buste de lutteur qui ne dépareillait pas avec son crâne chauve. Une moustache généreuse et des yeux vifs parachevaient la description d'un visage qui m'apparut d'emblée sympathique. Comme nous l'avions supposé, le roi avait bien pris des précautions quant à notre tranquillité. Ne badinant pas, il en vint vite au motif de sa présence. La situation en Gaule – toujours en proie à l'usurpation du général Flavius Claudius Constantinus – l'inquiétait et il tenait à prendre des gages. La neutralité de mon père qui œuvrait au profit de l'Empire et non à celui de l'empereur Honorius le rassura. En cette époque troublée, les hommes de parole et de conviction devenaient rares... Trois bons mots à se gausser d'Honorius et déjà il tournait les talons. En se retirant, Alaric me gratifia d'une tape amicale sur l'épaule puis de son large sourire. Celui que j'aurais dû haïr me séduisait.

Au crépuscule, l'armée d'Alaric avait évacué la cité éternelle, emportant à sa suite le butin de trois jours de rapines. Parmi les monceaux d'orfèvrerie, de vases précieux ou d'artefacts, trônait Galla Placidia, la demi-sœur de l'empereur Honorius que le roi des Wisigoths tenait captive. Il l'abandonnerait en otage à son beau-frère et successeur avant de mourir des fièvres trois mois plus tard. Du sac qui bouleversa le monde, autant le traumatisme en fut profond que les leçons à en tirer décevantes. Le chant du cygne venait d'entamer son dernier acte.

L'insolence de la chance sourit parfois aux niais et Honorius sauva son *imperium*. Aux conjonctures favorables, l'émergence d'une nouvelle main de fer, en l'occurrence celle du patrice Flavius Constantius, le débarrassa de l'essentiel des maux qui encombraient l'Occident. Dès l'année suivant la prise de Rome, il intervint en Gaule à la tête de ce qui restait de l'armée pour y régler le sort de l'usurpation. Sa fortune voulut qu'en cet instant, mon grand-père Flavius Claudius Constantinus soit lui-même en proie à un certain général Maxime proclamé en Hispanie. Leurs légions se rencontrèrent devant Vienna (Vienne) où celles de mon oncle Constant furent écrasées. Lui fait prisonnier, ses bourreaux le décapitèrent sans autre forme de procès. Quant aux survivants, ils se retranchèrent en Arelate afin d'y soutenir un siège. Ceux qui les talonnaient n'eurent guère le temps de s'établir car c'est à ce moment précis que les forces de Flavius Constantius firent irruption. Affolés par ce que Rome comptait de meilleur, ils se débandèrent pour toujours, obligeant Maxime à trouver refuge au fin fond de sa maudite péninsule. Faute d'échappatoire, mon grand-père Flavius Claudius Constantinus négocia sa reddition en échange de la vie. Mais autant faire confiance au serpent plutôt qu'à Honorius. Ni parjure, ni trahison n'effrayait ce renégat qui ordonna que ses sbires lui présentent la tête de l'usurpateur plantée sur une perche.

Ainsi l'accalmie revint dans l'Empire. Une paix trompeuse dont tout un chacun se félicitait et qui, pour nous les habitants de l'*Urbs*, rimait avec un retour de prospérité. L'écho du cataclysme passé résonnait encore aux confins du monde, nous seuls en faisions abstraction. Les relents d'un tel acte n'acéreraient-ils pas quelques griffes avides ? Celles des peuplades issues des steppes ou d'ailleurs n'envisageraient-elles pas de se repaître, le moment venu ?

Vie romaine, 411-414

Nos vies reprirent dans l'insouciance du lendemain, la mienne au service d'études qui, mois après mois, s'annonçaient plus brillantes. À l'âge de dix-sept ans j'étais devenu ce qu'on appelle un beau jeune homme. D'une stature fine mais élancée, je me distinguais par un port de tête que ne risquait pas de contredire la noblesse de mes intentions. Décrire le quotidien d'un étudiant en droit issu de la classe sénatoriale reviendrait à l'énumération de bien des futilités. Celles que tout père réprouve mais s'abstient de commenter, préférant se souvenir qu'après l'orage point toujours l'éclaircie.

De cette époque joyeuse où enfin le vol des colombes supplantait celui des corbeaux, remonte un événement dont l'évocation m'a toujours fait tressaillir. Dans l'espoir de se réconcilier avec l'opinion romaine qui le haïssait, l'empereur ordonna l'organisation de grandes *venationes* (combats contre des animaux sauvages dans les jeux du cirque). L'événement, auquel ce pleutre n'assista pas de peur de se faire huer, débuta au deuxième jour précédant les ides d'octobre[1] et cela afin de faire suite aux fêtes célébrées en l'honneur d'Auguste. Six journées de réjouissances qui, en se clôturant la veille de l'*Armilustrium*, voulaient symboliser la filiation d'Honorius au grand empereur et surtout le retour à la paix louée en l'occasion de la cérémonie de purification des armes. Qu'importe de mécontenter le Pape en instaurant des festivités païennes si tel était le prix pour amadouer le peuple ! Mais la plèbe, si versatile soit-elle, ne fut pas dupe et ne se laissa pas corrompre.

Comme il se doit pour un personnage de mon rang et à l'instar de mes camarades, je ne me rendis qu'à l'ultime représentation. Celles antérieures, réservées à des excentricités où un boa pouvait affronter une hyène et un léopard dévorer un phoque, me révulsaient. Des exhibitions sanguinaires qui ne flattaient que la bassesse et l'ignorance. Venus des territoires lointains d'Afrique ou d'Orient, ces animaux méritaient une tout autre attention que celle d'agoniser en d'atroces pugilats. Méprisant les attractions de matinée, nous nous installâmes dans la tribune réservée à la classe sénatoriale après la traditionnelle distribution de pain. Une scène affligeante tant elle mettait en

1. Donc le 13 octobre 412.

évidence la manière avec laquelle le commun des mortels se laisse abuser.

Bondé à l'extrême, l'amphithéâtre Flavien bouillonnait comme une gigantesque marmite. Au brouhaha de la foule répondaient des clameurs s'élevant à l'apparition d'un montreur de félins ou du char d'une quelconque déesse orientale soumise à l'Empire : de quoi faire patienter l'essaim en attendant le pinacle des jeux. Puis l'arène se vida pour laisser place à quarante-huit vierges qui y pénétrèrent par la *porta triumphalis*. Formant deux colonnes, elles avançaient lentement pour, d'un geste suave, répandre des pétales de chèvrefeuille et de roses. La synchronisation parfaite du geste, chacune puisant sa poignée puis la semant au diapason de ses sœurs, sublimait toute la majesté d'un mouvement ô combien esthétique. Par la magie de rondes et d'arabesques, le sable fut recouvert de cette féerie aux subtils effluves. Ainsi purifiée, la terre pouvait s'abreuver du dernier sang.

Les servantes de Diane éclipsées, le *taurocenta* (matador) entra dans l'arène au son des *cornua* (trompettes romaines). Saluant le public en levant la main vers le ciel, il marcha lentement jusqu'à s'immobiliser au centre de l'amphithéâtre. Le bruit des acclamations faisait vibrer tous les gradins. Désormais rendue incandescente à l'égale des cratères de l'Etna, la splendeur des splendeurs flattait l'éternité. Armé d'un épieu métallique très fin, le célèbre *taurocenta* portait un casque de thrace à rebord qui laissait apparaître son visage. Un étroit bouclier complétait cette tenue spartiate plus appropriée aux dérobades qu'à soutenir un choc frontal. Puis au signe du maître de cérémonie, les musiciens entonnèrent un signal. De l'hypogée émergea la cage en fer qui contenait l'animal : un taureau noir, majestueux, dont les frémissements dévoilaient la furie. Dès qu'il fut libéré, fou de lumière, il entama une course pour démontrer sa puissance et sa vitesse. À ceux impressionnés par la dimension des cornes, les plus connaisseurs préféraient commenter l'attitude de cette prodigieuse masse de muscles. Elle se mouvait, sensuelle et violente, avec le panache de ses origines : cette caste née dans le berceau du Minotaure et que seul le héros doit affronter. Toujours immobile, l'homme observait chaque mouvement de la bête, sa manière de courir, tout comme sa corne maîtresse afin d'en évaluer le danger. Elle, n'ayant pas encore remarqué ce « piquet » en train de la jauger, calmait sa rage en de vaines cavalcades. Mais de l'atmosphère trop lourde à l'agaçante fourmilière qui la surplombait, rien ne permettait d'apaiser sa colère. Faute de cible, le taureau s'arrêta pour gratter le sol en signe d'énervement. Un cri, un geste du *taurocenta* suffirent ! Preuve de sa valeur, l'animal chargea tête basse sans hésitation. Une attitude qui perdura jusqu'à la fin du duel.

Impassible, son ennemi eut le courage de supporter cet amas de force qui fonçait sur lui. Simplement il se baissa puis agita son *scutum* (bouclier rectangulaire) pour attirer la pointe effilée des cornes. Le leurre fonctionna, un bond de côté suivi d'une rotation et la foudre frappa le vide, emportée dans son déchaînement. Une volte-face, puis le monstre se rua avec la même frénésie ; la parade fut identique mais cette fois l'homme utilisa son arme. Il s'en servit comme d'un rasoir pour lui zébrer le flanc. Une égratignure plus qu'une blessure mais le premier sang commençait à s'épancher. Pas qu'il s'agisse de meurtrir l'animal mais plutôt de l'affaiblir et d'éprouver sa bravoure. Dès la troisième passe, le public comprit la domination du *bestiarus* (gladiateur) sur la bête. Sans que sa combativité n'en souffre jamais, elle se voyait infliger une blessure à chaque tentative. Maître de l'esquive, celui qui était déjà l'idole de la plèbe magnifiait son art en de multiples ruses. Une incitation suffisait pour que le taureau attaque et subisse le nouvel outrage. Au mieux ses cornes frôlaient l'adversaire, son corps le bousculait, vainement. Désormais, l'épieu qui l'avait lacéré lui navrait la base du cou. Épuisé, le taureau tirait la langue, secouait la tête mais ne renonçait pas. Le sang et la sueur souillaient sa jolie robe noire, ses forces s'amenuisaient tout comme l'espoir d'encorner ce diable qui le martyrisait. Cependant il honorerait sa lignée jusqu'au dernier instant. Puisse l'estocade finale lui transpercer le cœur et lui offrir cette mort sans peur qu'exige le courage. Baroud suprême, puis d'un coup précis le *taurocenta* exauça ses vœux. Terrassé, il s'effondra de toute sa masse, meugla avant de trépasser. Son vainqueur l'honora d'une pensée silencieuse puis éleva un bras triomphateur en direction du public. L'ovation m'envoûta. Pourtant, aux réflexions nocturnes qui s'ensuivirent, mon esprit gêné s'épuisa aux confins de la morale.

Sac de Rome : victorieux, les Barbares entrent dans la ville.

- IV -
Que la lumière soit !

Au cœur de l'*anno Domini* 415, en sa quatorzième année de pontificat, le Pape Innocentius affichait la satisfaction d'un homme qui a réalisé l'essentiel. Lassé des voyages, ce défenseur du canon biblique passait désormais le plus clair de son temps cloîtré dans sa demeure. Là, assis au centre du *tablinum* (bureau), les yeux rougis par la flamme des chandelles, il se consacrait à ses recherches théologiques. Quel ne fut pas mon étonnement d'apprendre qu'il me conviait à un entretien. Dois-je aussi avouer l'inquiétude qui me traversa à cette annonce ? Mes excès de jeunesse ou mon paganisme notoire me valaient-ils déjà des ennuis ? J'avais beau figurer parmi les éphèbes les plus convoités de l'*Urbs*, que Sa Sainteté me mande à lui rendre visite pouvait surprendre. La tête pleine d'interrogations, je parcourus le chemin jusqu'à la *Domus Faustae* (le palais du Latran, résidence principale des papes à Rome). Connaissant mal ce quartier de Rome situé aux abords de la *porta Asinaria*, je m'y présentai après mes flâneries.

Après m'être fait annoncer, un clerc m'introduisit dans le bureau du Pape. Mon arrivée ne perturba nullement l'homme en bure qui, assis et me tournant le dos, s'affairait en de méticuleuses annotations. Immobile, il me fallait m'accommoder de ce silence trop lourd pour être fortuit, trouver une parade à cette attitude déstabilisante. Après tout « ce n'est qu'un moine » me dis-je dans un sursaut d'optimisme. Mais soudain Innocentius se retourna, me toisa puis d'un geste me fit signe de m'asseoir. Son aspect, le contraste qui émanait de ce visage aux traits juvéniles mais prématurément vieillis, cette ossature puissante bien que décharnée, ce crâne chauve parsemé de cheveux en bataille... Tout étonnait en ce physique d'homme dans la force de l'âge à l'allure de vieillard. Seuls les yeux emplis de douceur apportaient sérénité à ce portrait. S'il était usé et austère, un feu puissant alimentait pourtant les convictions de ce patriarche. Au soir de sa vie, s'en doutait-il déjà, le Pape Innocentius utilisait ses ultimes forces à parachever une œuvre dédiée à renforcer l'autorité liée sa charge. D'un ton péremptoire, il engagea un dialogue où malice et omnipotence intellectuelle s'amusaient à me séduire. Cette conversation, dirigée à faire mûrir ce qui ne pouvait encore éclore, mit moins de temps qu'il m'y parut avant d'influencer ma conscience. Ses arguments frappaient avec justesse. En voici la retranscription, ses mots tels que ma mémoire les conserve :

— La province de tes ancêtres te manque-t-elle, jeune homme ?

— Aussi cruellement que ma mère qui est restée au pays et que je n'ai pas revue.

— L'Arvernie n'est-ce pas ? Mais on me dit que tu te serais parfaitement accoutumé aux mœurs de l'*Urbs*, depuis tout ce temps...

— Une terre rude mais attachante ! Généreuse pour qui sait la flatter, que je n'oublie pas malgré l'éloignement et l'immense privilège de vivre à Rome.

— Oui, une terre revêche... N'est-ce pas par-là que César fut vaincu par ce chef gaulois ?

Innocentius n'en prononça pas le nom, pourtant il était évident qu'il ne l'ignorait pas : innocence feinte d'un prédateur qui tisse sa toile avec expérience. Insidieusement, il m'entraînait à son bon vouloir avec subtilité. Loin du discours bigot auquel je m'attendais, le Pape continua sa démonstration. Et moi, j'entrais dans la danse.

— Gergovie ! Mais une victoire inutile, hormis pour la gloire de mon peuple. Alésia a ensuite scellé le destin de la Gaule.

— Un mal pour un bien, en somme…

— Pour la grandeur de l'Empire, afin que la Rome éternelle, ma Rome, rayonne sur le monde à notre satisfaction.

— Mirage, mirage, cette Rome-là n'est plus qu'illusions ! Je loue ta fidélité et celle des Arvernes à l'Empire, mais combien d'autres peuples suivent cet exemple ? Bretons, Lusitaniens, Numides, partout des défections : légitimes ou pas d'ailleurs. Et tous ces barbares qui nous étranglent, tant de l'intérieur qu'en pesant sur nos frontières ?

— Respectons nos promesses et, au moins chez les fédérés, les plus puissants resteront nos alliés.

Constatant que je ne sourcillais pas à l'allusion directe d'usurpation, il poursuivit :

— Balivernes, mon garçon ! La situation est plus complexe que tu ne le crois et les Wisigoths sont à leur tour en proie à des convoitises externes.

— Sans doute mais…

— Quant aux promesses non tenues, n'est-ce pas là l'ultime signe de déliquescence ?

Cette critique au pouvoir impérial me surprit. Elle traduisait pourtant sans équivoque la grandeur du personnage.

Lui restait à poursuivre sa diatribe :

— Vois-tu, dans ce monde qui s'effondre, qui tôt ou tard finira par s'écrouler totalement, il n'existe qu'un pilier capable de sauver ce qui peut l'être encore. Le vois-tu ?

— La foi ? me hasardais-je dans un souffle.

Il passa outre et poursuivit avec autorité :

— Allons, pas du tout ! La foi soutient les âmes, les transporte. Mais chaque jour davantage, elle s'éloigne du pouvoir temporel. Les travaux d'Augustin d'Hippone le confirment !

Ma méconnaissance flagrante des penseurs de l'Église ne le heurta pas. Notre tête-à-tête prenant une tournure de leçon, je m'inclinais en élève studieux. Le charisme du maître, sa finesse et l'insistance de son regard me troublaient :

— Avitus, bien que je sois le garant du dogme, pour que la *Cité céleste* s'épanouisse, perdure, il faut que les murs de la *Cité terrestre* soient solides. Voilà ma mission !

— Un sursaut de l'Empire ? La bête est malade mais elle est encore capable de mordre quiconque la nargue.

— Certes, elle montre les dents... Non, depuis le sac de Rome, tout est différent. Au-delà de la blessure, c'est un profond cataclysme auquel nous assistons.

— La fin du monde ?

— Peut-être pas encore. Mais avec l'inéluctable chute de l'Empire, qui sait jusqu'où nous mènera la déchéance ? Notre salut, le seul espoir qui perdure, consiste à fortifier le pouvoir de l'Église, à le centraliser, à intensifier l'emprise papale et cela autant que possible.

— Créer l'État dans l'État ?

— Mieux ! Un empire dans l'Empire, avec un État qui en tiendrait les brides.

— Ainsi qu'importeraient les défaites territoriales, les barbares finissent toujours par oublier leurs idoles et se convertissent à plus ou moins brève échéance.

— Oui mais à condition qu'une main de fer évite aux évêques de pactiser selon leurs propres intérêts.

— Et astreigne les ascètes libres penseurs ou autres pourfendeurs de schismes à rentrer dans les rangs !

Surpris de ma réplique, qui pourtant le confortait dans sa volonté d'avoir tenu à me rencontrer, Innocentius prit un air grave puis une longue inspiration avant de me répondre.

— Hélas, ce projet présente bien des difficultés, l'arianisme wisigoth ou burgonde n'étant pas des moindres...

— Ils sont chrétiens eux pourtant, dis-je d'un ton interrogateur.

Le Pape leva les yeux au ciel, puis, comme conscient de manquer à tous ses devoirs, il ordonna qu'on nous serve à boire. Une coupe de falerne étancherait nos soifs et aiguiserait nos esprits.

— Un païen se convertit plus docilement qu'une brebis égarée cherche à rejoindre le troupeau. En rejetant la Sainte Trinité, ces barbares (adeptes de l'arianisme) contrarient mes desseins. Le danger vient de là et, puissants comme ils le sont, d'autres peuples tomberont dans leur escarcelle. Alors méfie-toi d'eux.

Las, mon hôte me congédia en me souhaitant que la lumière éternelle guide mes pas et soit une fidèle compagne de ma conscience.

Cette nuit-là, le sommeil se fit paresseux. Aux paroles d'apparence iconoclaste du Pape, se mêlaient mes considérations sur le concile de Constantinople dont mes maîtres m'avaient jadis enseigné l'essentiel et qui proclamait la divinité du Saint-Esprit, confortant de fait la vision trinitaire. La brume surgie de cette rencontre nécessita plusieurs années à se dissiper.

Pannonie, été 415

Ils étaient plusieurs à se battre dans les hautes herbes de la steppe. En cette échauffourée entre gosses, un jeune prince surpassait tous les mâles de son âge. Son crâne énorme et son allure de fauve le distinguaient entre tous. Les plus téméraires, ou simplement ceux que le hasard de la course jetait contre lui, regrettaient vite de s'être laissés emporter. Bien sûr il ne s'agissait que d'un jeu, mais les courtes triques en noisetier maniées par cette poigne féroce striaient douloureusement les peaux. Attila, ce fils du roi Moundzouk, n'épargnait jamais sa sueur ; l'unique loi à laquelle ses sens obéissaient consistait à se mesurer aux autres afin de les vaincre. On avait volontairement empêché le bétail de paître ici pour que l'herbe entrave les jambes et complique l'exercice. À la fois rêches et gras, les herbages des plaines sacralisaient l'amour divin chez ce peuple venu des steppes. Don de Tangra, Dieu éternel du ciel, la prairie s'offrait aux vivants comme indissociable à leur chair, à leur âme : elle était en eux. Cette mère nourricière, ce cordon ombilical, régissait tout. Du quotidien d'un pasteur au devenir d'un prince, elle seule disposait des commandements. Alors comment ne pas comprendre sa mainmise sur ces tournois initiatiques entre adolescents ? De ce tumulte n'émergeaient que des torses en sueur aux odeurs acides. Celui d'Attila attirait inexorablement le regard tant une fougue extrême animait ses mouvements. Au loin, Moundzouk, aussi fier qu'attentif, s'interrogeait ; un tel fils de quinze ans trouverait-il un jour créature capable de l'égaler, ou au moins de rivaliser…

Rome, an 416

Débarrassée des Vandales et des Suèves partis au-delà des Pyrénées, la Gaule jouissait enfin d'une relative tranquillité. Vint alors le temps des consensus, et, suivant les recommandations de son conseiller, l'empereur Honorius nomma mon père préfet du prétoire des Gaules. Il quitta Rome pour Arelate (Arles) où notre mère l'attendrait avec le reste de la famille. Barzane, vieilli mais l'œil toujours vif, l'accompagna avec une escorte digne de son nouveau statut. Les deux gardes, eux, durent rester à mon service puisque j'avais l'obligation de poursuivre mes études. Après le décès de notre hôte, Vopisca, d'une crise d'apoplexie consécutive au mariage de sa fille, je devins le seul occupant de la *domus*. Aux délices du lieu, qui ressemblait à l'image que l'on se fait du paradis, j'offris ceux des plaisirs. Discret, luxueux et loin de la plèbe, l'endroit se prêtait à merveille aux jeux d'amour et de séduction. Combien de vices s'assouvirent en ce théâtre consacré ? Quelle nuit d'été fut assez longue pour rassasier ce qui ne se peut, cette jeunesse oisive qui, dans son inconscience, se gargarise des fruits du péché ? Un panthéon voué à la débauche où mon cousin Priscus Valerianus s'illustrait avec l'agilité d'une reine de Saba en ses palais africains. Sous prétexte d'études, il m'avait rejoint et compensait depuis son manque d'assiduité intellectuelle en procurant à son corps les indulgences qu'il refusait à son âme. La vie romaine le tourmentait de ses mirages, au cours de ces banquets sans fin où les ébats des danseuses et des prostituées agrémentaient notre décadence. D'abord secrètes, ces orgies évoluèrent peu à peu en réceptions. L'amateur y croisait tout ce que l'*Urbs* comptait de joyeux drilles et de féminités sans scrupules. Aux beautés immatures dont raffolait mon cousin, répondit vite ma préférence pour les matrones à la sensualité autrement dévastatrice. Qu'elles soient jeunes veuves ou splendides épouses délaissées, ces femmes se donnaient avec l'unique élégance du désir. J'en ai gardé le goût de la sophistication, je le préfère à la fougue, fut-elle sincère.

L'excès de plaisir engendre sa banalité. L'argent et la notoriété aidant, nous abusâmes. Cette pléthore de relations, où l'obscénité prenait souvent le pas sur l'érotisme, m'amusa un temps, puis la surenchère finit par me lasser. Le plus dommageable de cette expérience se concrétisa bien des années plus tard : ma réputation en pâtirait lorsque les Romains se souviendraient de mes écarts.

Retour en Gaule

Au printemps suivant (nous étions donc début 417[1], au commencement du second consulat de Flavius Constantius), j'avais vingt-deux ans et quittais Rome afin de rejoindre ma famille. Nous fîmes le voyage à cheval en suivant la *via Aurelia* le long du littoral tyrrhénien. La compagnie de mes deux gardes ne m'enchantait pas mais la perspective de revoir la Gaule les rendait moins acariâtres. Avaient-ils des épouses au pays ? Les attendaient-elles ? Quelles qu'en soient les réponses, je me

1. Par souci de facilité, toutes les dates seront désormais indiquées en fonction de l'*anno Domini*. Le lecteur pardonnera l'anachronisme de cette légère anticipation.

souviens avoir souri en pensant au manque à gagner de certaines « louves » de la Subure : c'est dans les tavernes crasseuses de ce quartier qu'ils dépensaient l'essentiel de leurs soldes.

La route jusqu'à Pisæ (Pise) n'était que splendeur. Aux contrastes bleutés des immensités liquides, aux reflets du ciel, répondait la sérénité de cette campagne italienne, une douceur où effluves marins et senteurs végétales se croisaient au bonheur des narines. Luca (Lucques) dépassée, nous modifiâmes notre itinéraire en continuant à longer la côte. Était-ce plus dangereux ? Je n'en avais aucune idée ! Seule certitude : en évitant le long détour qui contournait les Apennins par la *via Julia Augusta*, nous gagnerions du temps. L'insouciance de la jeunesse, cet entrain aussi bouillonnant qu'indomptable, méprisa ce que la sagesse eut voulu, et nos chevaux foulèrent ce pays tenu par le Goth ou les révoltes bagaudes. Mais la fortune sait parfois se montrer magnanime envers l'impétuosité et nous dépassâmes Gemia (Gênes) sans encombre. L'étroite ligne nuageuse qui séparait les cimes alpines de leurs contreforts contraria mes illusions, moi qui m'enthousiasmais à l'idée d'apercevoir les neiges éternelles. Pourtant, ce ne sont pas les tombes qui bordaient la voie qui me firent oublier notre nature éphémère. Certaines, fort anciennes – qu'elles fussent mieux construites ou moins ravagées par le barbare –, avaient bien résisté aux aléas, alors que d'autres, déjà couvertes par le lierre, se figeaient dans l'abandon. Puis ce fut comme un air nouveau, comme une magie imperceptible où les sens s'entremêlent pour agir sur l'âme : la Gaule souriante ! J'avais quitté mon terroir enfant, j'y rentrais fier et en homme.

Après la joie des retrouvailles se substitua celle, plus profonde, de renouer avec l'intimité des liens familiaux. Ma mère avait vieilli, mais de son visage émanait cette tendresse à laquelle tout fils peut prétendre et dont le souvenir ne s'était jamais altéré, même au terme d'une si longue séparation. Sa fragilité, qu'auparavant je n'avais su déceler, me serra le cœur, et que dire des larmes qui embrumaient son regard ? Retrouver la complicité de mes sœurs, découvrir ce frère que j'avais quitté trop jeune pour en apprécier la personnalité, captivèrent mes premières semaines en Arelate. Devenue une femme accomplie, Padusia vivait dans une luxueuse *domus* (résidence) de la ville. Maman d'un garçon de deux ans, Flavius Probus (qui, adulte, deviendrait proconsul d'Afrique), elle avait épousé un haut gradé dont j'appris vite à me défier. Hautain, celui qui aurait dû tempérer les penchants naturels d'une femme insatiable ne faisait au contraire que les attiser. L'arrivisme de ce couple pouvait révulser et, une fois passé le plaisir de nous revoir, il advint clair que mon arrivée les ennuyait. Des distances réciproques s'instaurèrent ainsi, et cela avant même que les liens du sang ne puissent cicatriser nos incompréhensions.

Aux défaillances de cette aînée répondait la lumière d'une adolescente de seize ans dont l'éclat plein de vertu ravivait son entourage. Ce que sa sœur prenait, Eparchia le rendait au centuple. Lorsque la première pensait bénéfice, la seconde se voilait de pudeur pour faire don d'elle-même. Le chardon et la rose ; et bien que les deux piquent, qui soutiendrait que leur morsure soit identique ? Eparchia me séduisit. D'elle émanait une béatitude rassurante à laquelle s'ajoutaient une hauteur d'esprit peu commune et une instruction remarquable.

Mais celui dont les yeux brillaient à l'idée de retrouver un grand frère dont sa maman ne tarissait pas d'éloges, fut mon cher Ommatius. Garçonnet de douze ans, il était à cet âge qui navigue entre joies d'enfance et velléités d'adultes. Rieur et intelligent, rien ne lui paraissait plus agréable que de m'accompagner pour m'assaillir de questions : Rome, l'amphithéâtre Flavien, avais-je vu des gladiateurs ? Rangé d'avance à mon opinion, Ommatius imitait mes postures et assurait à qui voulait l'entendre que les oracles me prédisaient un brillant avenir. Seule Palladia, ma sœur cadette, manquait à l'appel. Ses admirateurs la décrivaient comme l'une des plus jolies femmes de l'Empire et, après avoir épousé le tribun Pétrone Maxime, elle résidait à Ravenne : son époux venait d'y être nommé comte des largesses sacrées, soit l'équivalent d'un très haut fonctionnaire fiscal.

Arelate (Arles), 417-418

Adoptant les habitudes professionnelles d'un père *præfectus prætorio* (préfet du prétoire), ma vie se résumait à la chasse et aux nombreuses réceptions auxquelles les notables me conviaient. Devenu bel homme, agile d'esprit et surtout célibataire, j'avivais certaines appétences. La richesse familiale laissait présager de fructueuses alliances, confirmées par le futur qui me semblait promis. Existait-il meilleur parti ? Sans doute pas, à en juger les efforts déployés pour m'attirer auprès de la fine fleur de l'aristocratie locale. Un *bis repetita* de festins, d'opulence outrancière, de raffinement ou parfois de grossièreté, jusqu'au moment fatidique où le maître des lieux et son épouse me prenaient à part. Commençait alors la revue barbante des « indéniables » qualités de leurs filles, litanie mêlant dot, clientélisme et impatience parentale... Rien n'y fit, et encore moins lors de ces occasions où jeunesse se croise et se découvre. Combien de paupières fardées clignèrent pour m'appâter ? Pas que les poitrines qui se dressaient en signe d'allégeance furent laides ou les visages dépourvus de charme mais mon cœur stagnait, froid comme du marbre. Au mieux je papillonnais d'une colombe à l'autre...

***In Perpetuum et Unum Diem*[1]**

Puis ce fut comme une aurore printanière. De ces visions fugaces qui vous subjuguent, émeuvent vos sens au frisson puis vous abandonnent pantois, la tête perdue dans les nuages. Don du hasard, cet instant de grâce suspendu à l'éternité m'ouvrait les portes de l'amour accompli : celui capable de soulever les âmes, de consoler leurs peines puis de les rendre invincibles. Une ardeur fragile où le sentiment devient lumière pour se répandre

1. « *Pour toujours et un jour* », fameuse locution romantique latine.

avec la frénésie du coquelicot dans le blé : l'immense tapis blond se couvre soudain d'une incomparable rougeur. Alors la pierre devient or, l'eau saumâtre se change en vin, le jour en nuit ou la nuit en jour et cela sans que rien n'apparaisse étrange. Je le sus au premier regard, et ceux qui aperçurent Severiana Roscia à cette époque comprendront cette fulgurance.

C'était une soirée pareille à tant d'autres, je déambulais au milieu de la foule lorsque nous nous croisâmes. Elle marchait en compagnie d'hommes, le plus âgé des trois – mais je l'appris ultérieurement – étant son père. Pas que la jeune femme soit hautaine mais son allure troublait, imposait l'intérêt. Insouciante aux regards, sereine, elle ressemblait au Sphinx et chacun s'écartait naturellement sur son passage. L'instant fut si puissant qu'il me fallut bien des nuits blanches pour en démêler les fils. Pouvais-je concevoir telle beauté ou femme si séduisante ? Son visage, l'indulgence qui en émanait, une chevelure brune et détachée qui tombait en vagues aux épaules, rien ne me laissa insensible. *Quid* de ses yeux apparemment noirs, eux seuls eussent suffi à triompher de mon âme. De leurs prunelles, pourtant si mates jaillissait un éclat, une lueur bleutée comparable au scintillement d'une étoile. Un autre aspect captivait l'attention, sa démarche ! Élégante à forcer le respect, cette onde voluptueuse donnait de l'émoi à ses formes, avec à sa traîne des effluves de parfums pour en sublimer le mouvement. Le temps d'en saisir l'arôme et déjà la jeune femme avait disparu. L'odeur, cette caresse olfactive, flotta encore un instant puis peu à peu se perdit dans les relents de la rue. Severiana Roscia ne me remarqua même pas.

Dois-je dire que je ne pus dormir cette nuit-là, ni la suivante d'ailleurs ? L'avantage de ma situation me permit de découvrir l'identité de cette déesse puis d'en savoir sur elle plus que nécessaire. Venant d'avoir dix-sept ans, Severiana Roscia était la fille d'un notable italien muté en Arelate. On le disait fort apprécié et homme de grand talent. Ayant au préalable exercé sa fonction aux abords du *limes*, il s'était marié à une esclave barbare. Cette femme si douce et de grande beauté appartenait au peuple des Suehans, et personne ne savait au juste comment elle se retrouva assujettie. Ainsi s'expliquait le mélange issu de cette union : des origines latines de son père, Severiana Roscia portait cette féminité subjuguant les hommes depuis le temps des Sabines. De sa mère venait la brillance polaire qui éclairait son regard. Mes amis m'assurèrent de sa vivacité d'esprit capable de foudroyer le premier insolent, tout comme de son instruction. Ils m'apprirent également son goût des arts et la douceur de sa voix. Je fis de mon mieux pour l'approcher, attirer son attention mais le dédain d'un être si convoité me renvoya à mes écuries. Ce qu'Héraclès ne pouvait obtenir, *lui* irait le conquérir, quitte à se changer en Pâris et courir jusqu'à Sparte !

Les coutumes eussent voulu que l'affaire se règle le temps d'en faire la demande. Quelle famille refuserait une main au fils du préfet ? L'inconcevable d'une telle effronterie ôtait toute saveur à la conquête, qui devait se mériter. Une captive en ma demeure ne m'intéressait pas, c'est son cœur qu'il me fallait ravir. Les rumeurs défavorables liées à mon comportement ne risquaient pas d'aplanir les choses, et je dus m'employer à en faciliter l'évaporation car il était évident que de mauvaises langues ne s'étaient pas privées d'en relater l'essentiel. Face à ces ragots qu'elle ne pouvait ignorer, Severiana Roscia se méfiait, évitant de soutenir mon regard. Mais force et conviction, pourvu de servir le bien, finissent toujours par porter leurs fruits, fussent-ils ceux du jardin des Hespérides. Le dix-septième jour avant les calendes de juin, elle consentit au premier sourire ! Puis vint le temps des odes galantes ; celui où l'on se découvre, où l'on se parle et s'émerveille. Une danse fabuleuse qui nous entraîna d'abord à la complicité puis vers une intimité plus langoureuse.

Nos pères s'arrangèrent aisément des modalités du mariage. Celui de Severiana Roscia appartenait au rang équestre, position qui facilita l'entente entre les deux hommes et surtout qui permit d'aplanir les éventuels obstacles à notre union. La date du septième jour avant les ides d'octobre fut arrêtée, soit en plein milieu des *Augustalia* (fêtes célébrées en l'honneur d'Auguste). Pouvions-nous choisir époque plus propice ? Les fiançailles, avec l'échange des anneaux, en sacralisèrent l'ouverture.

O Mores, la cérémonie débuta au domicile de mes beaux-parents. Nous étions rassemblés dans l'*atrium* face à l'autel domestique, juste les familles et les invités de marque. Vestale vêtue de blanc, la mariée entra aux bras de son père. Elle portait la traditionnelle tunique, un nœud d'Héraclès soulignant délicieusement sa taille l'en délivrerait l'heure du coucher venue. Chaussée de sandales assorties à son manteau safran, Severiana Roscia s'était fait coiffer selon l'ancienne mode, avec six tresses en guise de couronne. Digne et belle, elle avançait la tête couverte du *flammeum* orangé (voile nuptial). L'interprétation des augures nous ayant été favorable, la *pronuba*, une matrone amie de sa mère et marieuse réputée, joignit nos mains droites pour signifier l'union devant témoins « *Te isti uirum do, avicum, tutorem, patrem* » (Je te donne à elle pour mari, pour ami, pour tuteur et pour père). À l'issue de cette *dextrarum iunctio* qui scellait notre engagement et nos devoirs de fidélité mutuels, Severiana Roscia posa avec délicatesse sa main sur mon épaule puis se laissa couvrir la tête du second voile. Le prêtre chrétien qui se tenait à l'écart vint aussi nous offrir sa bénédiction, prononça les paroles liturgiques. En égard à ma mère, l'archevêque d'Arelate, Patrocle, n'avait quant à lui pas été convié... Créature du patrice Flavius Constantius, il avait intrigué à la perte de son père et de son frère : nous ne pardonnions pas !

Du banquet, où d'autres convives assistèrent, je garde le souvenir de la dernière coupe d'un vin fruité ; celle qui, à la nuit tombante, précéda l'appel de la mariée. Les cris de la rue l'exhortaient à sortir en se lamentant que sa pudeur ne la retienne.

La noble Severiana Roscia se fit attendre, encore et encore. Lorsqu'elle apparut enfin, contre sa mère et entourée des siens, les acclamations de cette jeunesse turbulente, tous nos amis, s'enflammèrent. L'un d'eux se précipita et tenta de l'arracher à la protection maternelle. Il dut s'y reprendre à plusieurs reprises, et sans l'aide d'autres bras, ne serait jamais parvenu à ses fins. Implorant celle qui lui avait donné le jour, la mariée se laissa emporter par le cortège. Aux chants satiriques, parfois licencieux, d'un public en liesse, répondait la grâce absolue. Offrande à la fécondité, celle que j'aimais traversa la ville pour rejoindre la maison conjugale, une modeste *domus* qui constituait sa dot. J'étais déjà là, sur le seuil, à l'attendre, admirant sa prestance, savourant l'ultime distance. Puis ce fut le silence ! Je lui demandai son nom et d'une voix dont la puissance m'étonna, elle déclama la sentence « *Ubi tu Flavius, ego Severiana Roscia* »[1]. L'eau et le feu l'attendaient à l'intérieur et après avoir visité sa chambre puis écouté les derniers conseils de la *pronuba*, elle s'abandonna contre moi. Le temps d'une prière puis l'obscurité fut le seul témoin de ce que deux corps qui s'aiment peuvent s'offrir.

Et pendant ce temps, en territoire des Santones…

Bien qu'il ne s'agisse que d'escarmouches, la confrontation avec des guerriers aussi redoutables inspirait toujours la crainte. Sans ruse mais taillés dans un marbre de bravoure, les Wisigoths refusaient rarement le combat, et encore moins face à un *manipule* (compagnie de soldats) squelettique aux ordres d'un jeune centurion. Mais Aetius tenait bien ses hommes, leur insufflant sans cesse le courage nécessaire. Gaillard sur son cheval, le chef barbare les observait, hésitant à se ruer dans une bataille inutile. Par un traité, son peuple venait d'obtenir l'Aquitaine seconde[2] afin de s'y établir définitivement,

---

1. Selon le paradigme : « Là où tu seras *Gaïus*, je serai *Gaïa* ». Formule rituelle où l'épouse revendique sa nouvelle identité.

2. Ancienne province romaine qui, à cette époque, s'étend de la région toulousaine à l'embouchure de la Loire.

alors pourquoi mourir pour un domaine de plus ? Aetius rengaina son glaive en signe de défiance. Il n'avait pas peur. Fier, narguant les Romains de sa splendeur, le Wisigoth s'éloigna au pas, suivi par sa troupe. Même leurs chevaux s'amusaient à mépriser le danger en offrant des croupes charnues et moqueuses au regard des légionnaires. L'officier maudit le sort de ne disposer d'aucune cavalerie ; un escadron d'archers huns aurait suffi à leur faire ravaler leur morgue. L'évocation des fils de la steppe, ses « hôtes » d'autrefois, le renvoya aux confins des forêts de Pannonie : c'était du temps de sa jeunesse, lorsque, encore captif, il courait bois et campagnes en compagnie d'Attila, chassant ou guerroyant à en perdre haleine. Devenus inséparables, les deux garçons rivalisaient d'audace, surpassant de loin ce qu'en prouesses mémoire d'anciens racontait aux veillées, comme l'histoire de cet ours en colère qui les attaqua aux abords d'une clairière. Ils ne se défilèrent pas et le combattirent avec hargne. L'animal vendit chèrement sa peau, obligeant à ce que la victoire ne s'acquît qu'à la férocité du sang versé. De ces exploits d'hommes qui scellent l'amitié, la transforment en fraternité puis rendent indéfectibles les liens forgés, découla un serment : celui de ne pas se trahir, de ne jamais devenir ennemi. Par nature, les aiglons savent qu'une fois adultes leurs aires se heurteront et que dans un combat de Titans, chacun laisse trop de plumes ou de chair pour que le bénéfice de la victoire prévale sur les maux consentis.

C'était chaque fois le même faux-fuyant ! Lorsque rodait le péril à en menacer sa vie, instinctivement la pensée d'Aetius s'envolait vers l'époque de sa jeunesse chez les Huns. Trois années, sans doute les meilleures, qui le marquèrent à vif et suffirent à ce que, face à la mort, son esprit divague à leur rencontre. Étonnant paradoxe, ce fut durant cette captivité qu'il éprouva la puissance du véritable sentiment de liberté.

En Arelate, 418-419

L'*ante diem decimus Kalendas Lunius* de l'an de grâce 418[1], soit cinq mois avant mon mariage, mon père avait reçu de Ravenne l'Édit d'Honorius et de Théodose II. N'en déplaise au prestige accordé à la ville, voilà qu'un renouveau entre l'empereur et son préfet se confirmait. Par ce décret, Arelate accueillerait chaque année l'assemblée des Sept-Provinces ; un concile où se rassembleraient gouverneurs, dignitaires et évêques des provinces de Gaule sous l'égide du *præfectus prætorio* (préfet du prétoire). La première réunion débuta aux ides d'août. J'y fus convié comme juriste. À vingt-trois ans, j'entrais dans la vie politique, et qu'importe si mon rôle restât consultatif. Cette mesure de bon sens – la seule qui n'eut jamais surgi dans l'esprit d'Honorius – s'attachait à unifier pouvoir civil et religieux au sein d'une tentative de gouvernement. Voilà qui en disait long sur l'état de l'Empire, sur cette Gaule divisée qui était pourtant son dernier pilier. Un mois durant, j'eus le loisir d'écouter, d'observer puis de comprendre les enjeux et divisions. Haines, jalousies, rivalités s'y révélèrent comme les ingrédients du désordre. Aux discordes entre provinces, s'ajoutait la lutte fratricide brouillant les députés des curies. Le conflit opposant Arelate et Massilia (Marseille), alors tranché par le Pape en faveur de notre archevêché, couvait de mille feux et seule la sagesse de mon père évita qu'on en ravive les braises. Portées contre l'évêque Patrocle, les accusations de tolérance envers l'arianisme servaient de prétexte aux affaires de découpage ecclésiastique. Voilà qui me rappelait cet entretien avec le Pape Innocentius, trois ans plus tôt... Il avait donc raison : si la religion comptait s'imposer en dernier rempart, fasse qu'il soit solide ! Comme le mortier liant la pierre, seule l'autorité papale garantirait l'unité. Le préfet et ses collaborateurs appliquèrent mes conseils en restant neutres. Prudence dont ils me félicitèrent

---

1. Le dixième jour avant les calendes de juin, soit le 23 mai 418. Le lecteur acceptera l'emploi anticipé (et donc anachronique) du terme *an de grâce*.

dès l'année suivante, après l'avènement d'un nouveau Pape qui infirma les décisions prises par ses prédécesseurs !

Cette clairvoyance me valut un poste à la préfecture du prétoire, sachant que l'intégrité de mon père refusant les passe-droits n'aurait pas accordé de promotion à son fils à moins qu'il ne le méritât. Ainsi s'ébauchèrent les jours heureux, ceux d'un apprenti dévoué à sa tâche comme à son couple. À l'amour d'une épouse, dont chaque aube me révélait la douceur, vint se greffer la tendresse d'une seconde mère. L'âme *barbare* savait donc se faire belle : la preuve en cette femme exquise.

Ce retour en Gaule me permit de renouer avec mon délassement favori. Mais ici, aux abords d'Arelate, la colline me désespérait ; trop aride pour être giboyeuse… Peut-être les gros sangliers préféraient-ils une nature plus avenante ? En ces terrains où, l'été, la chaleur écrasait le sol, où l'air se refusait au mouvement à moins que *Circius* (le Mistral) ne décide d'une colère et emporte tout, naquit l'amertume des forêts de mon pays. L'Arvernie me manquait, viscéralement ! Pourrais-je seulement un jour y respirer à nouveau l'odeur de lichen sous les fayards ? La déception de n'effaroucher que le lièvre m'entraîna vers un autre type de chasse. Barzane, le laconique, en serait mon complice. Ni les rides émaciant son visage, ni le muscle asséché de l'athlète vieilli, n'obéraient sa puissance ; il gardait dans les yeux cet éclair qui le distinguait. Par le hasard d'une rencontre, nous nous initiâmes ensemble à la fauconnerie. Admirer l'oiseau guerroyer dans l'azur à la poursuite de ses frères, le voir fondre, triompher serres en guise de mâchoire puis revenir au gant procure une étrange satisfaction. Où l'homme régnait sur l'animal par ruse, là, il le dominait par l'esprit. La plume chassait la plume au plaisir du maître, suprême apothéose ! Ces heures passées figés sur nos chevaux immobiles, scrutant l'horizon à guetter un envol, figurent parmi les plus sereines de mon existence. Et lorsque mon épouse me gratifiait de sa présence, sa fascination et le plaisir de la sentir si proche compensaient sans peine le *qu'en-dira-t-on*. Près d'elle, rien n'avait plus d'importance.

Aux ides d'août de l'*anno Domini* 419, et comme initié l'année précédente, les représentants de toute la Gaule se rendirent en Arelate afin d'assister à l'assemblée des Sept-Provinces, animant la ville d'une effervescence colorée. Chacun s'affairait de son mieux : marchands d'étoffes, foulonniers, parfumeurs et tant d'autres échoppes se préparaient à recevoir le faste. La rue s'embaumait de délices aux odeurs de cuisson : pain, fumet des volailles ou les arômes d'épices. Colporteurs et charlatans, venus d'ailleurs, lorgnaient quant à eux l'embauche.

L'assemblée s'ouvrit sous le signe de la grogne. Cette « unanimité » offrait l'inespéré : l'union ! La chose étant si rare, si précieuse et quelles qu'en fussent les raisons, la sagesse poussait à en faire bon usage. Lorsque gronde la colère, habile celui qui fédère, réaliste et malin celui qui l'exploite ! Mon intervention marqua les esprits, au point que plusieurs hauts personnages, impressionnés par mon éloquence, insistèrent auprès du préfet afin qu'on soumette ma candidature. Comme les hirondelles reviennent au printemps, le retour à la paix en Gaule avait aiguisé l'appétence de Ravenne. Trop excessif pour ne pas soulever l'indignation, l'impôt exigé s'acharnait sur nos territoires avec une rapacité jamais vue. C'est à ce fond de tourmente fiscale que je dus mon élection à l'assemblée provinciale des Gaules. Mon épouse m'accompagnerait à Rome où ma députation me conférait la responsabilité de plaider notre cause après du Sénat et de l'Empereur. Le soulagement d'y rencontrer Honorius plutôt qu'en sa cour de Ravenne occulta d'abord le poids de la charge qui ne tarderait cependant pas à m'effrayer.

Cette fois nous prîmes le bateau à Massilia. Le froid de janvier et un ciel lourd de mauvaises promesses accompagnèrent une traversée qui ne procura du plaisir qu'en son achèvement. Brumes, vents et vagues furent les complices de nos craintes au milieu des mers démontées. Malade, les yeux vides, l'inquiétude rongeant son visage, Severiana Roscia n'émit jamais la moindre plainte. Aux moments incertains, lorsque les assauts frappaient la coque et que le navire semblait rompre, elle me tendait sa main chaleureuse comme une offrande. Ce simple contact emplissait mon âme d'absolu, et la sensualité du geste exprimait l'amour entre deux êtres.

Un rayon de soleil à l'approche d'Ostia (Ostie) raviva le sourire de Severiana Roscia, à moins peut-être qu'il ne s'agisse du contraire... Nous arrivâmes dans l'*Urbs* à la nuit tombée, si bien qu'elle n'en découvrit l'esquisse qu'à la lumière de torches. Prisme espiègle qui, sous la chape des bruits et odeurs de la fourmilière endormie, tantôt amoindrissait le gigantesque, tantôt exagérait l'infime. Par un investissement familial, la *domus* où nous avions séjourné jadis, mon père et moi, nous appartenait ; j'eus plaisir à la réinvestir, surtout en y constatant la satisfaction de mon épouse. Severiana Roscia s'acclimata sans peine à sa nouvelle vie ; tandis qu'elle jonglait entre artisans et travaux de décoration, moi, je fourbissais mes armes. L'empereur se faisait désirer ! Pensait-il m'exaspérer afin de faire fléchir ma détermination ? Ses conseillers ne me connaissaient pas, et chaque jour au contraire m'apportait un sursaut de confiance. Je consacrais les rares moments de détente à combler ma femme, lui faire visiter la ville, aller main dans la main au théâtre de Pompée à l'autre extrémité du *Campius Martius*. Nous aimions déjeuner devant l'amphithéâtre Flavien ; il y avait là une taverne fameuse pour ses fruits de mer et pour sa recette de poisson au fenouil. Cela suffisait à son appétit de mésange, le mien se rattraperait plus tard. Qu'elle était belle, resplendissante avec son sourire et ses cheveux attachés à la mode romaine. Depuis peu, son ventre s'était légèrement arrondi.

Enfin le grand jour arriva, aux nones de mars 420[1]. La veille, un messager m'avait prévenu que l'audience de l'empereur Honorius serait fixée au lendemain. Je me rendis au Sénat

1. Soit le septième jour de l'année de l'ancien calendrier républicain.

où il me fit attendre ; les friandises gorgées de miel prévalaient alors sur le maintien de l'Empire. C'est la bouche et les mains encore poisseuses qu'il me fit introduire. La simple vision de cet être ôtait le doute à celui qui se serait senti intimidé : bien que mon aîné d'une dizaine d'années, l'empereur ressemblait à un enfant au visage prématurément vieilli. Il émanait de lui tout ce que le pouvoir recèle de sournois, et ses rictus ne trompaient pas. Dissimulant mal un corps disgracieux, sa toge ne suffisait pas à lui octroyer une quelconque grandeur. J'avais face à moi une vipère capable de mordre par caprice ou à la moindre contrariété. Autrement plus jovial, Pétrone Maxime, devenu préfet de Rome[1], demeurait à ses trousses comme un petit chien. Je ne le jugeais pas, il avait dû lui falloir apprendre à survivre auprès du danger, mais comment ne pas trouver affligeant le spectacle d'un homme issu de la haute aristocratie romaine, obligé de faire le pitre pour pouvoir glisser un mot sérieux à l'empereur ? N'étant plus aux finances, l'époux de ma sœur Palladia m'épargnerait une opposition trop coriace, et puisque nous faisions connaissance, peut-être se montrerait-il affable ?

D'un geste agacé, l'empereur Honorius m'invita à lui exposer mes doléances. Apprendre à plaire à celui que l'on méprise d'instinct n'est pas si aisé, mais je fis de mon mieux : j'expliquais que ruinée, mise à genoux par tant d'années de troubles, la Gaule, fidèle fille de l'Empire, n'arriverait jamais à s'acquitter d'un impôt si lourd. Ses fils ne s'y refusaient pas mais, meurtrie, leur terre n'en avait plus les moyens. Mon humble plaidoirie, évitant la menace alors que couvait la rébellion, parvint à convaincre plutôt qu'à brusquer. Dissipant l'injustice d'un impôt grotesque, ma victoire me valut la reconnaissance de mes pairs et finalement l'estime de l'empereur Honorius qui, somme toute, s'achetait une tranquillité à bon compte. Le manque à gagner dans les caisses

1. *Præfectus urbi* dont la charge consiste à la gouvernance de Rome.

Un mariage traditionnel à Rome.

de l'État nuirait moins aux dépenses publiques qu'une nouvelle sécession de la Gaule.

Plusieurs sénateurs (la majorité d'entre eux détestant l'empereur Honorius) vinrent m'avouer le soulagement de l'assemblée. L'inquiétude que l'empereur balaye d'un revers de main tous les efforts consentis à l'union venait de s'estomper. Et, bien que la remise accordée soit jugée trop généreuse par certains, ils me surent gré de ma réussite. Les mois défilèrent sans autre contrainte. Au bonheur d'assister à l'épanouissement d'une grossesse s'opposait l'anxiété grandissante concernant les couches. La quiétude de Severiana Roscia me tranquillisa ; sereine, elle s'offrait au destin. Persuadée que la nature lui serait clémente, à peine acceptait-elle de boire sa potion aux cendres de porc-épic. La sage-femme en levait les bras au ciel de désespoir, mais mon épouse refusa de prendre les autres mixtures qu'elle lui préparait : fi donc du lait de chienne et des décoctions à base de testicules de coq. Un bel enfant naquit aux aurores, un garçon qui, à peine sa mère délivrée, se rua au sein de la nourrice. Ecdicius recevrait le baptême. La joie d'avoir un fils, que ma femme ait survécu et de lire son bonheur au quotidien m'éleva l'égal de Jupiter. Et la lumière fut.

- V -
Audaces fortuna juvat[1]

MES PARENTS ARRIVÈRENT à Rome à la fin du mois de décembre 420. Il faisait exceptionnellement froid, par une de ces fins d'après-midi grisâtres où le soleil d'hiver se voile de pudeur et où l'air glacial transperce les épaules. À cause du vent et de la pluie, les péripéties du trajet en *carpentum*, ce grand char réservé aux classes aisées, les avaient éprouvés ; ma mère surtout m'apparut fatiguée. Son teint livide en disait long, pourtant nul ne pouvait douter des bons soins de Barzane. Emmitouflée dans une peau d'ours, elle n'avait, paraît-il, ni rechigné ni proféré la moindre plainte. La mauvaise toux qui la suivait comme son ombre m'inquiétait. Notre médecin nous assura que le printemps romain, toujours si précoce, la soignerait. D'ici-là, ses prescriptions de silphium, cette plante ombellifère médicinale, suffiraient et il se chargerait de nous procurer le remède. Un tracas de plus pour mon père, dont l'inhabituelle lassitude ne s'expliquait pas que par les affres du parcours. En le mandant à Rome, l'empereur Honorius venait de lui tendre un redoutable piège, un de ces traquenards dont l'idée ne se conçoit qu'au tréfonds d'un esprit

1. La fortune sourit aux audacieux.

retord. Le préfet Flavius Julius Agricola n'avait pourtant jamais failli ! En exigeant sa présence pour l'inauguration de l'année consulaire[1], l'empereur bafouait l'abnégation d'un grand commis de l'État dévoué à la fidélité et ne méritant pas un tel mépris. Ainsi l'empereur Honorius se défiait de celui qui, par sa sagesse, avait obtenu l'unité des Sept-Provinces. Craignait-il que la Gaule, redevenue plénière, fasse à nouveau sécession ? Que, fort de son succès, mon père devienne un nouvel usurpateur capable de le renverser ? Quelle méconnaissance, quelle sottise envers un préfet dont la dévotion à l'Empire dépassait la honte d'en servir un si piètre représentant ! En le faisant élire consul pour l'année 421 – tâche désormais plus honorifique qu'exécutoire – l'empereur Honorius éliminait un adversaire imaginaire pour le remplacer par un dévot à sa solde. Double erreur : en privant la Gaule d'un homme d'expérience, Honorius offrait cette terre aux mains d'Exuperantius, un fanatique religieux. Comment la fragilité des accords, de cette concorde versatile entre romains et Wisigoths, résisterait-elle devant cette forfaiture ? Nous ne l'apprîmes que trop vite. Ce fou d'Exuperantius, car c'en était réellement un, aurait mieux fait de poursuivre ses prêches d'illuminé en Armorique plutôt que de se mêler de politique. Son intransigeance sema le trouble, puis la zizanie. L'affaire se solderait trois années plus tard par une mutinerie de l'armée puis par son exécution…

Ainsi ordonnées, les lois de la nature agencèrent le déclin du père à l'épanouissement du fils : l'asthénie dont souffrait mon père engendra chez moi un sursaut de maturité. Si douloureuse fut-elle, cette coïncidence me haussa à l'âge où un homme jeune prend en main, sinon l'autorité morale, du moins celle plus pragmatique du devenir familial. L'avènement du général Flavius Constantius, élevé à la dignité d'*Auguste* au mois de février

1. Par la réforme du calendrier julien instaurée par César, l'année consulaire débute au 1er janvier.

suivant, porta un coup fatal à mon père. Le venin d'Honorius tuait à petit feu, mais implacablement. En faisant co-empereur le bourreau de sa belle-famille, il le condamnait à vivre dans la peur : pire, dans l'inutilité. Outre les vicissitudes de sa charge, les brumes du Tiberis (Tibre) achevèrent de faire plier le grand Flavius Julius Agricola qui racornissait chaque jour davantage, comme une chandelle échinée. Il souffrait d'une brûlure qui le lacérait de l'intérieur en déformant ses mains, et n'avait sans doute rien à envier à celle, aussi insidieuse, qui rongeait son âme.

Quant à notre mère, sa santé s'étiolait au diapason de celle de son époux, irrévocable, sans plaintes ni reproches. Ils passèrent l'hiver, mais le soleil des beaux jours ressembla à celui d'un long crépuscule. La mort soudaine de l'*Auguste* Flavius Constantius en septembre ne permit pas d'infléchir ni cette ombre qui avançait, et mon père accueillit la nouvelle avec lassitude : les aléas du monde lui échappaient ; d'ailleurs il ne se faisait presque plus conduire au Sénat. Et la lueur perdura jusqu'au premier jour des *Brumalia*(1). Lorsque Barzane me rapporta ses soupçons d'empoisonnement de mon père, j'y vis un signe du destin. Tous deux burent pourtant du même vin vieux qu'on leur servit dans une taverne située face au Capitole, un lieu huppé où les sénateurs avaient l'habitude de se retrouver pour fêter l'inauguration de l'événement. Distrait un instant pour chasser un personnage apostrophant le consul, Barzane y suspectait l'occasion de verser du poison dans la coupe de mon père. Pris de malaises, celui-ci s'écroula peu après ; ramené chez nous, il rendit l'âme avant l'arrivée du médecin. Cœur ruiné en ce flou où peine et sidération se conjuguent, mes larmes renoncèrent à vaincre le désespoir. Meurtrie, Magna Constantina, sa chère épouse, ma tendre mère, ne lui survécut

1. Soit le 24 novembre 421. Il s'agissait des fêtes en l'honneur du solstice d'hiver qui, un mois durant, magnifiaient l'éveil de l'année nouvelle. Elles se terminaient le 25 décembre et on y célébrait Saturne, Déméter et Bacchus.

pas. Elle s'en alla par une soirée morose marcher dans le jardin avec une dame de compagnie, et qui peut dire la suite ? Était-elle trop accablée et ses jambes fourbues par le chagrin ? La chute lui rompit le fémur, ouvrant sa jambe aux hémorragies. Face à l'agonie d'une mère, l'expression faussement apaisante et les pleurs contenus d'un fils masquent difficilement les ravages qui le martyrisent. Le souvenir de sa main dans la mienne m'obsède. Je sens encore cette froidure qui l'envahissait gagner peu à peu du terrain, puis une glace inerte qui me transperça l'os et l'âme.

Selon leurs volontés, tous deux furent incinérés. Une fois les urnes déposées dans un tombeau fort simple, nous allâmes épancher notre douleur là où nul n'en serait témoin. Aux turbulences de l'esprit où souffrance, haine et résilience se mélangeaient, la réflexion se révéla sage conseillère. Il me fallait étouffer ma rancœur, penser à Severiana Roscia et à Ecdicius : les sauver ! Car nos vies restaient suspendues à l'arbitraire : un seul faux pas, des humeurs qui l'agacent, et l'empereur Honorius ordonnerait à ses sbires, une fange que ses serviteurs recrutaient dans les bas-fonds de l'*Urbs* de faire le nécessaire. Au mieux un esclave retrouverait mon corps dans les eaux glaciales du *Tiberis*, et je n'osais penser à ce qu'il pourrait alors advenir de mon fils et de mon épouse. Leur sort tenait à ma résignation ; soumission et sagesse seraient alors exemptes de déshonneur.

Fuir à tout prix, 422-423

Sans remous, j'usais de subterfuge et de mille ruses, veillant à n'apparaître ni trop ni pas assez méfiant : un excès de lumière m'aurait voué à la vindicte de l'empereur Honorius, mais un retrait trop marqué aurait nourri des soupçons de complot. Je dus louvoyer entre ces deux positions et surtout, malgré l'impérative volonté familiale de quitter Rome pour rentrer en Gaule, ne jamais en dévoiler le projet. La peur au ventre, mon quotidien fut régi par prudence et amertume. Ce poids qui pesait sur nos consciences, cet abattement perdurèrent deux longues années.

Enfin, l'*ante diem octavum decimum Kalendas Augustus* 423[1], une crise d'hydropisie emporta l'empereur Honorius avec la soudaineté d'un orage d'été, comme des eaux torrentielles auraient rincé la voirie. Libération ! Nous partîmes le mois suivant pour Ostia (Ostie) afin de nous embarquer ; un laps de temps éprouvant car je redoutais qu'on assimile notre départ à une fuite synonyme de culpabilité. Flavius Theodosius, l'empereur d'Orient et neveu d'Honorius, lorgnait déjà sur l'Empire occidental et nul besoin de consulter les oracles pour pressentir les difficultés de succession à venir. Quant aux troubles à venir, ils se démêleraient entre les prétentions occidentales de la princesse Galla Placidia en faveur de son fils et les visions hégémoniques de Constantinople. Quel parti aurait gain de cause ? Réfugiée depuis sa libération en la cour orientale avec sa progéniture, la demi-sœur du défunt empereur remuait ciel et terre afin d'amadouer son hôte, l'empereur Flavius Theodosius. La précarité de sa position délicate ne l'effrayait pas. Elle usait de malice, souvent de charme, afin d'influencer son neveu Theodosius et l'écho de ses manigances s'entendait jusqu'en Afrique où le comte Bonifacius soutenait sa cause. Croyant bien faire, Bonifacius promit d'affamer l'Italie en interrompant les approvisionnements en blé ; maladresse qui, loin de détourner l'appétit théodosien, ne fit que compliquer la donne. Telles deux sœurs se détestant mais qu'un héritage lointain rapproche, Rome et Ravenne réussirent à s'entendre. Les craintes de famine des uns s'accordaient aux inquiétudes de licenciements des autres ! Si l'affolement des sénateurs ou de la plèbe semblait légitime, que dire de celui des fonctionnaires de cour, uniquement inquiets de leur perte d'emploi en cas de réunification des deux empires ? La mesure opportune consista à proclamer le *primicerius notarii*, soit le *Premier des notaires* un dignitaire du palais en charge du département notarial, un certain Ioannes. Nécessité faisant foi, ce nouvel empereur tenta

1. Le 15 du mois, août ne comptant alors que trente jours.

de se faire reconnaître par son homologue d'Orient qui, fort de sa puissance, refusa la main tendue. L'insistance d'une mère pétrie d'ambition concocta le reste... La personnalité chétive de l'empereur Flavius Theodosius, homme certes raffiné mais sous la gouverne de femmes et d'eunuques, ne pouvait pas résister à la détermination de sa tante, Galla Placidia.

Par chance, et peu s'en fallait car notre destin aurait pu basculer, nous prîmes la mer assez tôt, avant que les navires du comte Bonifacius puissent organiser un blocus : lorsque troubles et incertitudes règnent, le marin hésite à lever les voiles. Il sait que profitant de l'aubaine, abrités dans une crique ou à l'affût derrière un récif, les pirates rôdent. C'est à bord d'une lourde *corbita* (cargo romain) que nous remontâmes la côte jusqu'à l'entrée du golfe de Gemia (Gênes) avant de bifurquer vers l'ouest, une fois le *cap Sacrum* dépassé (cap Corse). Les lenteurs de notre embarcation chargée d'amphores nous extirpèrent du guêpier avec nonchalance, ennui et appréhension. Quelle que fût la langueur qui embrumait nos espérances, chaque vague, chaque tangage ou roulis nous rapprochaient de notre but. Notre délivrance ne s'obtint qu'en pénétrant dans la rade de Massalia (Marseille). Celle de mon épouse fut autrement plus tardive, à quai et une fois remise de ses émotions maritimes.

La suite du trajet pour atteindre Arelate (Arles) n'eut aucun intérêt, sinon celui de nous offrir l'air de Gaule à humer. Une quiétude aux senteurs de résines qui emplissait nos poumons et les galvanisait d'un joyeux entrain. Barzane nous accompagnait ! Voûté, asséché, le regard sombre, mais ce que l'âge avait équarri, l'expérience le lui rendait au centuple. Sa présence rassurait Severiana Roscia qui, comme toute mère cheminant en compagnie d'un enfant en bas âge, ne connaîtrait de repos qu'une fois à bon port. Du haut de ses trois ans, Ecdicius ne concevait assurément pas le périple de la même manière. À l'inconfort et au changement d'habitudes se substituaient le bonheur de l'incessante découverte, la jubilation d'écarquiller les yeux face au monde.

Ainsi, aux affres de parents s'extrayant d'un bourbier répondait la félicité de l'innocence.

Nous arrivâmes sans encombre en notre *domus*, mais d'évidents manquements d'entretien conjugués aux fatigues du voyage provoquèrent l'abattement de mon épouse. Sans que j'aie d'instructions à donner, Barzane tança le responsable. C'était un vieil affranchi qui, pour sa défense, fit valoir une perclusion de rhumatismes tout comme sa faible emprise sur les esclaves. Ne l'ayant pas prévenu, il m'était difficile de punir un employé dont la seule faute tenait plus à l'âge qu'à la négligence. Ma bienveillance suffit à rétablir l'ordre dans la maisonnée : en moins de deux semaines, les haies furent taillées et chaque pièce prête à faire honneur au premier visiteur. Rénovations et embellissements avançaient de pair avec l'enjouement de Severiana Roscia ; surprendre son sourire suffisait à mon bonheur. Fort du prestige acquis à Rome, je repris mes activités au sein des instances locales.

Dès l'année suivante, lassé de jérémiades, l'empereur Flavius Theodosius finit par accéder aux requêtes de sa tante Galla Placidia et reconnut le fils de celle-ci, Valentinien, comme l'héritier légitime du trône d'Occident. Alors âgé de cinq ans, l'enfant avait hérité de la robustesse paternelle (l'empereur Flavius Constantius) et hélas, l'avenir le confirmera, des vices inhérents à la dynastie théodosienne. Fallait-il encore que l'empereur Ioannes et ses fidèles en acceptassent l'annonce. Aveuglé par le prestige, Ioannes, celui qui pourtant aurait été le moins médiocre des prétendants, s'accrochait à l'illusion de son titre. Rien ne le dissuadait, ni les injonctions venant d'Orient, ni les menaces du comte d'Afrique, Bonifacius. Apprenant aux prémices de l'hiver qu'une armada venait de prendre la mer et que des légions remontaient les Balkans pour le chasser, Ioannes s'affola sans toutefois renoncer. Au lieu de fuir, cet inconscient s'évertua à rassembler les maigres forces qui lui restaient fidèles. Mais sans armée, que pouvait-il espérer ? Faisant feu de tout bois, Ioannes fit affranchir des esclaves pour les armer puis il expédia Aetius, son ami et maître du palais, recruter des troupes chez les Huns.

En Gaule, suspendus aux nouvelles, nous suivions l'évolution du conflit mais notre incapacité d'action rendait l'attente angoissante. À nouveau enceinte, Severiana Roscia se désolait de mes absences dont elle pressentait les raisons. La peur du lendemain allait de pair avec celle des couches, une servante me rapporta l'essentiel du mal-être. Constatant les modifications qui agitaient son corps, elle craignait que son ventre et sa poitrine se flétrissent à m'en dégoûter. J'eus beau l'amadouer, lui jurer ma préférence pour un buste gaulois plutôt que grec mais la lourdeur de seins devenus trop nourriciers à son goût focalisait toute sa répugnance. Les moments passés à caresser cette bosse qui s'arrondissait de jour en jour n'eurent guère plus d'effet, pourtant je ne me résignai pas à m'en priver. S'inventant un futur dénué de joies amoureuses tant son aspect désormais me révulserait, Severiana Roscia s'effondrait régulièrement en pleurs, la tête contre mon torse. En un geste câlin je récupérais de l'index une larme pour la porter à ma bouche, puis, une fois rassasié du goût salé, je lui tendais un lacrymatoire opaque : un brin de tendresse, de ces petits riens qui font d'une femme d'une épouse, et d'une épouse une déesse... Le chagrin consolé, nous déposions le vase en verre auprès des statuettes domestiques. Lares et Pénates veilleraient sur les sanglots d'une mère bénie tout en choyant la destinée d'une épouse vénérée. Puisse notre Seigneur pardonner l'offense et m'accorder son indulgence.

Grâce à sa cavalerie, l'armée d'Orient qui progressait le long de la côte adriatique parvint à prendre la ville italienne d'Aquileia (Aquilée) par surprise. Cette victoire due à la fougue d'un jeune chef nommé Aspar resta sans lendemain puisque la flotte voguant vers l'Italie fut disséminée par les tempêtes. Chasseur devenu gibier, Aspar tentait de rallier ses forces lorsqu'il apprit le sort de son père, le malheureux généralissime Ardaburius, dont le navire amiral fut jeté par les vagues dans le port de Ravenne et qui comme un don du ciel, tomba aux mains de Ioannes. Quelle aubaine ! Mais celui qui est trop bon pour imaginer la perfidie commet des impaires : soucieux du traitement réservé à son prisonnier de marque, Ioannes astreignit seulement Ardaburius à résidence. Un cachot eut mieux valu, et l'âme barbare démontra le tréfonds de sa bassesse. Non content de la générosité de l'empereur Ioannes, Ardaburius conspira sans vergogne et put soudoyer quelques traîtres pour en faire ses messagers. Il fallait agir vite car Aetius approchait à la tête de soixante mille cavaliers huns. Rugila, le nouveau grand khan (roi), les avait accordés sans sourciller tant il considérait l'empereur Ioannes légitime, selon ses intérêts... Les forces d'Aspar, auxquelles se joignirent des milices recrutées par Galla Placidia, ne résisteraient pas ; et en cas de défaite, toute l'opposition à l'empereur s'évanouirait. Ce cortège de misérables tournerait vite les talons et, Ardaburius le savait ! Un félon guida Aspar à travers les marais, puis, nouvelle traîtrise, une porte s'ouvrit sans véritable combat. À l'intérieur de Ravenne, les cavaliers firent triompher le coup d'État fomenté par Ardaburius. Les envahisseurs ne s'attardèrent pas ; rassemblant leurs partisans, ils quittèrent la capitale pour rejoindre le gros de leurs forces resté à Aquileia. Traînant derrière eux l'empereur déchu Ioannes à qui ces brutes avaient coupé la main droite, soldats et mutins marchèrent sans relâche. Le temps de l'exhiber sur un âne puis de l'exécuter publiquement et, deux jours plus tard, c'était Aetius qui apparaissait avec sa formidable cavalerie. Pour qui n'avait jamais vu ces guerriers, leur allure sous la cuirasse produisit un effet de sidération puis d'effroi, nul n'imaginant qu'on puisse les vaincre. Dans Ravenne, on se bousculait sur les remparts pour les voir... Pouvait-on espérer pitié de ces Huns ? D'une main fébrile, les plus vertueuses caressaient la dague qui sauverait leur honneur... Parmi le contingent de la *Legio X Gemina* aux ordres d'Aspar, les fantassins tremblaient à l'idée du combat, ils seraient les premiers massacrés, suivis de peu par le millier de cataphractaires[1] dont le courage resterait vain.

Aetius tenait la victoire, mais qu'apporterait-elle désormais de bon ? « L'usurpateur » Ioannes mort, il deviendrait en lançant son armée le fossoyeur de l'Empire d'Occident. Cela, Aetius ne pouvait s'y résoudre ! La guerre qui en découlerait avec Flavius Theodosius ne sèmerait que ruines et désolation. De son côté, Galla Placidia ne songeait qu'au pouvoir, et, suivant ses intérêts, fit envoyer des émissaires. Les négociations durèrent plusieurs jours durant lesquels chaque camp observait l'autre avec défiance. La grandeur d'Aetius, général qui avait la puissance de tout balayer d'un revers, s'imposa à Galla Placidia. C'était un caractère de cette trempe dont elle devait s'attacher les services ! Qu'il renvoie ses guerriers et elle lui offrirait un poste à la hauteur de son talent. Voilà comment l'intérêt suprême l'emporta sur les inconsciences. Après une étincelante parade militaire où l'on s'attacha à flatter leur honneur, les cavaliers huns furent payés avant de reprendre le chemin des plaines pannoniennes. Une garde resta aux ordres d'Aetius qui, promu préfet du prétoire des Gaules, partit sur le champ pour Arelate où nous nous rencontrâmes dès son arrivée. Je l'avais imaginé d'une taille plus imposante mais la franchise de ses yeux clairs me fascina. Oui, il s'agissait bien de l'âme valeureuse et fidèle que l'on décrivait à travers l'Empire. Premiers regards, premières impressions ne furent que les prémices d'une amitié jamais démentie.

Devenue régente, l'*Augusta* Galla Placidia fit revêtir la pourpre impériale à son fils Valentinien l'*ante diem decimus Kalendas*

---

1. Apparus en Eurasie occidentale, cette cavalerie lourde intègre l'armée romaine durant la seconde moitié du IIIe siècle. L'homme et sa monture sont entièrement protégés par une cotte de maille et chargent munis d'une lance.

October 425[1]. L'enfant n'était alors âgé que de six ans et moi de trente. À l'accalmie dont tout citoyen se félicitait, aux conjonctures enfin favorables, se jumela la naissance de notre nouvel enfant : un fils ! Il fut prénommé Agricola en souvenir de son illustre grand-père. Vite remise de ses couches, Severiana Roscia renoua avec le sourire comme une fleur avec le printemps.

À cette époque, chez les Huns

Une nuit sous le ciel de la steppe ne ressemblait à aucune autre. Les étoiles y brillaient assez intensément pour qu'un naïf tende le bras dans l'espoir d'en saisir une ; ce qui le jour dépassait l'infini, soudain l'obscurité tombant le tassait sans raison. Ainsi le voyageur au bivouac se sentait moins minuscule face à l'immensité. Il faisait froid ; les hommes s'étaient rassemblés autour du feu, s'amusant à regarder s'envoler les escarbilles. Cinq ou six guerriers resteraient jusqu'à la fin du feu, puis à bout de sommeil et gelés, finiraient eux aussi par rejoindre les tentes. Un ragoût de chèvre accompagné de *koumyz* (lait de jument fermenté) les ayant repus, quel bonheur supplémentaire pourraient-ils invoquer ? Tout en leur terre d'origine les réconfortait. Ici Tangra veillait sur eux. L'expédition en Italie du Nord à la suite d'Aetius résonnait encore de son inutile inassouvissement : tant d'efforts pour rien ! Ceux qui rêvaient d'apercevoir Rome – un tour de force valait bien la cité éternelle – ravalèrent leur amertume. Mais frustration forge désir, alors pourquoi pas une autre fois…

Le jeune *tegin* (prince) Attila approcha ses mains au-dessus du feu, réchauffant ainsi ses membres comme sa conscience. En aucun cas il ne montrerait un signe de faiblesse devant ses compagnons de route, aguerris aux rudesses des steppes. D'une enfance raffinée trop loin des plaines et prairies à son goût, il conservait ce besoin de vivre en Hun, cette soif de sentir vents ou pluies

---

1. Le dixième jour avant les calendes de novembre, soit le 23 octobre 425.

battre son visage. Pas que son éducation l'eut heurté, mais à ces années soumises aux études, manquait l'inimitable saveur dont il ne voulait plus se priver. Attila n'était pas un homme de palais, et si les bibliothèques de Rome ou Ravenne l'avaient captivé, lui accordant de fait une culture prestigieuse et l'admiration de son oncle Rugila, il préférait sans hésitation se fondre aux us de ses frères. Cette tournée d'inspection au-delà de l'Oural tombait donc à point nommé. Prince de sang, il porterait la parole du roi ; cette puissance unificatrice qu'ignoraient encore les clans lointains. En se faisant reconnaître d'eux à la tête de sa petite ambassade, Attila emporterait leur adhésion plus efficacement qu'aucune armée : Rugila le savait !

Une dernière rasade de vin, puis il respira cet air pur et glacial descendu des montagnes. La luminescence des constellations s'étendait sur la steppe, il était temps de se coucher. Désormais la nuit appartenait à ceux en charge de veiller sur les chevaux et sur ce feu devenu braises.

Conséquences de la situation en Gaule, été 425

Les troubles qui agitaient l'Empire ne se limitèrent pas à la succession d'Honorius. L'incendie couvait en Gaule, alors le roi Théodoric avait profité du désordre pour chercher des noises à ses voisins. Comme si l'Aquitaine ne suffisait pas aux Wisigoths ! Ils avaient attaqué un peu partout, et la disproportion des forces avait fait céder nos élites. L'incertitude du dénouement au trône impérial n'avait pas incité à la résistance, et bien que ces sauvages échouèrent devant Arelate, notre préfecture – en accord avec les notables de la ville – leur avait accordé des otages afin qu'ils déguerpissent. La gravité de l'affront et l'importance des captifs constituaient un enjeu, l'Empire se devait intervenir… Ces faits se produisirent avant notre arrivée, pourtant ce fut Aetius et moi qui en assumâmes les conséquences. Lunatique et quinteux, le Wisigoth naviguait au gré de son humeur, risquant de venir fouler nos terres et les saccager à la première contrariété.

Plutôt qu'une guerre à l'issue improbable, il était préférable d'amadouer le fauve en parlementant, conservant ainsi l'espoir de maintenir son peuple comme fédéré. De préférence, mieux valait un « allié » turbulent qu'un nouvel ennemi. Des familles d'Arelate nous suppliaient : leur rendrait-on ce parent captif des Wisigoths ? Un de nos cavaliers partit pour Tolosa (Toulouse) où Théodoric tenait sa cour pour lui porter un message : en échange de la parole de Théodoric, un émissaire de haut rang lui serait dépêché pour ambassade pour négocier dans l'intérêt commun, et je fus pressenti pour cette légation.

En vain, Severiana Roscia m'implora d'y renoncer. Mais lorsque l'appel du devoir rime avec l'honneur de la confiance accordée, quel Romain se défilerait ? Le charismatique Aetius m'offrait la chance de me distinguer et en aucun cas je n'aurais déçu ses attentes. Les supplications d'une épouse inquiète n'y changeraient rien… Et notre demeure se transforma en palais d'Ithaque… L'odyssée du nouvel Ulysse serait tout aussi périlleuse et je compris que la Pénélope des lieux n'en ignorait aucun détour. Quelle menace me ravirait à son amour, le parjure d'un ours barbare ou le chant des sirènes ?

En route pour Narbo Martius (Narbonne)

Une escorte m'accompagna sur la *via Domitia* jusqu'en pays wisigoth. Pour une autre destination j'aurais préféré des gardes huns, mais le fiel répandu entre ces deux peuples me fit opter pour huit cavaliers gaulois. Appartenant à l'une des *turmes* (escadron) postées en Arelate, leur tenue assortie du bouclier hexagonal les distinguait entre tous. Ainsi, sans esprit de provocation, nous étions assez pour nous défendre contre des marauds et trop peu pour induire la crainte d'une quelconque opération militaire. Quant au sauf-conduit en ma possession, que valait-il au juste ? Les barbares que nous rencontrerions tôt ou tard seraient-ils capables, faute de le déchiffrer, d'en reconnaître la provenance ?

À Narbo Martius où nous fîmes étape, j'appris d'un édile que les Wisigoths lorgnaient sur la ville depuis que le général Constantius les en avait chassés une dizaine d'années auparavant. Le mariage de l'ancien roi Athaulf avec Galla Placidia résonnait encore dans toutes les têtes. Si citoyens romains et brutes blondes s'accordèrent sur l'infamie de cette union, chacun déplorant le mélange des sangs, les sujets du roi Athaulf n'en furent pas moins conquis par la cité : d'où leur désir d'en redevenir les maîtres. Une menace pesante puisque les murs de Narbo Martius privaient le Wisigoth d'un véritable accès à la mer. Sans port, comment envisager un avenir différent ? Aux explications du magistrat, je compris la mollesse des campagnes environnantes. En cette nature généreuse, ce que j'avais pris pour paresse n'était qu'insécurité. À quoi bon entretenir cette bâtisse ou tailler les arbres du verger si, le lendemain, tout doit disparaître, piétiné et ravagé ? C'est l'accablement qui pesait sur les âmes qui les incitaient à l'abandon. De prime abord, tout visiteur pénétrant *intra muros* se sentait conquis ; au faste du Capitole, équivalent à celui de Rome, répondait le prestige de l'Hôtel des monnaies ou celui d'un hippodrome où tant d'*auriges* (conducteurs de char) s'étaient affrontés. Marbres et statuaires rivalisaient d'audace, sublimant temples ou portiques à en étourdir l'œil vagabond. Mais la magnificence se fanait dès l'impression première évanouie. L'étincelant avait terni, et ce qui jadis fut doré palissait au désespoir du ciel, son miroir. Plus un arc de triomphe sans qu'il y manque bas-reliefs ou frises, pas un palais épargné par la négligence. À ce tableau sans gloire s'ajoutait le regret d'une sorte d'abdication, de fléchissement tant public qu'individuel. Que n'ai-je pas rencontré le gouverneur, pour lui insuffler ce sursaut nécessaire à la salubrité morale, un exemple venu d'en haut pour irriguer le desséchement des esprits ? Mais combattre un mal enraciné requiert plus que des sermons, et il me sembla souhaitable de rendre visite au commandant de garnison.

L'officier tenait ses hommes. Il était grand et sec, son visage émacié racontait sa vie de soldat mieux qu'une palabre. Partis marcher le long des remparts en compagnie d'un décurion, les sentinelles en factions nous saluaient avec respect : un signe qui ne trompe pas ! *Force et honneur*, eux se battraient jusqu'au dernier souffle. Relevant certains manquements dans l'entretien des fortifications, j'en fis le triste constat. Faute de budget, des rafistolages ponctuels avilissaient dangereusement la muraille. Mon interlocuteur avait pleinement conscience de ces lacunes, il savait que le courage ne suffirait plus à endiguer les prochaines vagues. L'état du fossé ceinturant la ville était tout aussi préoccupant, des herbes hautes y poussaient comme dans une mauvaise pâture. Là, il ne s'agissait que de main-d'œuvre et face à l'incapacité du gouverneur, je promis de faire un rapport qui partirait le jour même afin d'informer Aetius des mesures urgentes à prendre. L'approfondissement d'une dizaine de pieds(1) au minimum dudit fossé m'apparut de première importance ; il faudrait ensuite y creuser trous et tranchées où l'on enfoncerait chausse-trappes et pieux aiguisés. Autant de pièges propres à ralentir, sinon annihiler, la vigueur d'un assaut. *Cippi* et *lilia*(2) entraveraient toute tentative et déjà, sous la République, César en préconisait l'emploi.

L'unique bonne surprise de cette revue concerna les dispositions prises en faveur de l'artillerie. Connaissant les règles de balistique, notre homme avait avantageusement implanté ses pièces. Partout aux murailles, là où la pente opposée du fossé s'affaissait à en favoriser l'accès, des scorpions (arbalètes géantes) en position de tir tendu dépassaient du créneau. Placées par deux afin de prendre l'ouverture en tenailles, ces pièces d'artillerie dévasteraient le flux des entrants. Pour l'instant, les rapports entre

1. Soit 3 mètres environ. La longueur du pied (*pes*) étant de 29,44 centimètres.

2. Ceps et lis, surnoms respectifs donnés à ces pièges par les soldats romains.

la cité et les Wisigoths se limitaient à des échanges commerciaux, les marchands barbares devant s'approvisionner en sel, mais tôt ou tard…

Sur les pavés de la *via Aquitania*

Nous quittâmes Narbo Martius dès la certitude d'un soleil complice. Le territoire des Wisigoths commençait plus loin devant Sostomagus (Castelnaudary), mais indicateurs ou espions battant la campagne, je jugeai prudent d'avancer au grand jour afin que ni la nuit ni le brouillard ne sèment la confusion. Un de mes hommes manquait à l'appel : j'avais préféré lui confier la missive rédigée la veille à destination d'Aetius plutôt que de la remettre au *cursus publicus*. Le gouverneur n'ignorait probablement pas ma présence et, pour peu qu'il corrompe un employé de poste, ce courrier l'incriminant n'arriverait jamais.

Deux jours de marche à cheval étaient encore nécessaires avant d'atteindre les limites du royaume. Mes gardes m'accompagneraient jusqu'à ce que je puisse remettre le sauf-conduit à quelque autorité. Cette *via Aquitania,* par laquelle jadis transitait toute l'opulence produite en région narbonnaise, s'abâtardissait peu à peu en mauvais chemin, courbant l'échine aux quatre vents, soumise à la poussière et souillée de bouses éparses. Plus nous avancions, plus la terre criait son abandon. Les signes de vie, de présence humaine alentour confortaient l'idée du malheur : des familles y subsistaient chichement, se terrant comme des bêtes et scrutant, prêtes à s'enfuir.

Un bosquet d'arbres, facile à contrôler, nous offrit un gîte et, pour plus de discrétion, aucun feu ne fut allumé. La fraîcheur du matin ordonna notre départ et, je me souviens m'être réchauffé les mains en les posant sur l'encolure de mon cheval. En ce paysage inerte où seule l'allure de nos bêtes donnait du mouvement, en ce silence absolu à peine troublé par le cri d'un corbeau et le heurt des sabots, quelle âme ne se serait pas crue voyageant sur le Styx ? Peu à peu l'horizon se racornissait,

Femme barbare invoquant la puissance divine en guise de protection.

l'oppressante verdure semblant prête à nous digérer, le taillis et la ronce régnant sans partage. Entre qui-vive et réticence, mes hommes pourtant réputés sans couardise se montraient nerveux, et je dus les calmer. Plus loin, un convoi de charrettes mené par des marchands nous croisa. Ils faisaient la route en quête de sel, aucune de ces têtes blondes aux nattes hirsutes ne leva les yeux sur nous. L'étrangeté de cette rencontre me laissa perplexe : pas un mot ni une expression à notre encontre, juste le silence et l'indifférence.

Au soleil tombant, cinq silhouettes immobiles se détachèrent soudain au sommet d'une côte. À cheval, lances hautes, elles nous attendaient ! Comme nous approchions, elles demeuraient impassibles, leurs boucliers ronds posés sur le flanc gauche. Ne pas fléchir notre allure et que pour l'instant les glaives restent au fourreau ! La distance diminuant, je m'aperçus que le cavalier placé au centre n'était pas armé. Encore un pas, et il s'avança seul à notre rencontre. Étonnamment, l'homme me salua en latin puis, d'un signe familier, me fit comprendre de ranger le sauf-conduit que je m'apprêtais à lui tendre. Chevalier à la cour, il me conduirait auprès du roi. Son air distingué, qui d'ailleurs n'avait rien à envier à la prestance de ses cavaliers, m'intrigua au point de lui accorder confiance. Le temps d'un adieu à mes hommes, puis je cavalais vers ce destin que nul n'aurait pu prédire.

- VI -
À la cour de Théodoric, 425-426

Aquitania seconda, automne 425

La nuit tombant et mon cheval éreinté, nous fîmes halte au bord d'un vallon. Quel étonnement d'y découvrir un relais qui, en dépit de l'heure et des circonstances, fonctionnait encore. Sous la lumière du crépuscule, ce que de loin tout voyageur aurait pris pour une masure, se révéla un gîte accueillant. Les cavaliers confièrent nos montures à un palefrenier bedonnant qu'ils accompagnèrent à l'écurie. Mon envoyé, dont le nom, Gaisalec, voulait dire « celui qui fait danser les lances », m'invita à pénétrer le premier dans l'auberge. Sa courtoisie n'était pas feinte et, d'un geste non dénué de noblesse, il me fit signe de m'approcher du serviteur préposé à nous rafraîchir. L'homme me désigna une bassine où macéraient des pétales aromatisés. L'ablution des mains et du visage terminée, cérémonieux, il me tendit un linge. Gaisalec s'excusa : ici ce *manuterge* (et il insista sur ce mot-là) n'était pas tiède. Nous circulions aux confins du royaume, chez des rustres, alors il me pria de ne pas lui tenir grief de ce manque d'égards... Puis nous passâmes à table seuls, ses gardes étant conviés à part. Son rôle imposait la réserve et pourtant, au fil des causeries, Gaisalec se révéla d'une justesse étonnante. Tel le politicien roué aux manœuvres de sa fonction, il m'abreuva de détails tout en évitant l'essentiel. La bière servie en abondance ne réussit qu'à faciliter l'ingurgitation du repas mais pas à lui faire tourner les sens, et mes interrogations restèrent sans réponse. Que savais-je de ce peuple, de ses mœurs ou coutumes ? Plus tard, seul dans une chambre ordinaire, le sommeil emporta mes doutes, abandonnant aux songes le soin de les résoudre.

L'aube vint nous surprendre, nos chevaux encore engourdis marchant de guingois. Gaisalec lui-même était venu me réveiller, il tenait à prendre la route sans retard après une collation. Fendre l'obscurité, sentir la brise vous griser sans jamais infléchir sa marche, voilà quelles furent les pensées qui réglèrent ma conscience. L'inconnu, la peur de ne jamais revoir les miens ne surpasseraient jamais la honte de ne pas leur faire honneur.

C'est aux rayons du soleil inondant la campagne que s'éclipsèrent mes premières incertitudes. Partout opulence et calme confirmaient l'impression de la veille. La friche n'existait plus, le champ se labourait, les oiseaux égayaient les alentours. Hormis cette nature généreuse, ce furent les visages que nous croisions qui me frappèrent, car tous étaient Gaulois, à n'en pas douter. Aucune trace de soumission perceptible, comme si ces gens-là trouvaient quiétude sous le talon barbare, l'assumant sans vergogne ! Mes indignations firent cependant place à l'évidence : qu'importe Rome si l'abandon offre la plénitude, il faut admettre que seule la sécurité prévaut. En ces conditions, garder foi en un mirage relevait du sacerdoce, alors comment blâmer ceux qui s'en détournaient ?

Devenue capitale wisigothe, l'ancienne cité des Volques Tectosages[1] déployait son charme aux pérégrins (étrangers, libres

1. Originaire de Bohème puis émigré en Asie Mineure, ce peuple nomade s'installe en région narbonnaise au IIIe siècle av. J.-C.

mais ne disposant pas de la citoyenneté romaine) sans qu'ils eussent à en franchir les portes. À ma surprise, les tombeaux alignés le long de la voie – cela plus d'un mille avant les murailles – étaient intacts, apportant quiétude et sagesse aux environs. Trop anciennes pour être imputées aux Wisigoths, les destructions de plusieurs mausolées remontaient probablement à l'époque où le rempart avait été érigé. Ces ruines où seule la fondation affleurait l'herbe folle n'effrayaient pas car le temps leur avait offert cet aspect vénérable qui sied tant au vague à l'âme. La mousse et le buisson y couraient, libres du joli contraste qui allie la douceur du végétal à l'aridité de la pierre.

Flanquée par deux puissantes tours, la porte permettant l'entrée dans la ville me fit forte impression. Sa construction en brique et petits moellons de calcaire me rappela les enceintes italiennes ; ici la magnificence demeurait intacte. À suivre le *cardo maximus* (axe nord-sud) et à dévisager la foule, quel observateur se serait cru au centre d'une société barbare ? Chacun vaquait à ses occupations avec la même assiduité qu'au cœur de l'*Urbs* ou de toute autre cité de l'Empire.

Le palais de Théodoric avait été édifié en bordure de la Garunda (Garonne), légèrement en aval de l'endroit où cette rivière forme un coude. Sa proximité avec le théâtre et le temple d'Apollon lui conférait un prestige dont même Ravenne ne pouvait se prévaloir... Adossée aux murailles, cette résidence bâtie avec soin comprenait un corps principal et des annexes s'agençant en une double façade. C'est là que se situait ma chambre. Un serviteur m'y conduisit et m'y installa avec déférence, il était romain ! Le roi recevant plus tard, Gaisalec me proposa une visite du lieu. Contrairement à ce que laissait supposer l'importance du complexe, la modestie du bâtiment où résidait Théodoric apportait une certaine légèreté. Planté au centre de cet ensemble plutôt spartiate, il détonnait tant par ses dimensions que par son style fin et sans fioritures. Nous n'y pénétrâmes évidemment pas, mais en fîmes le tour par les jardins. Chacun s'ouvrant sur une colonnade en demi-cercle, ces lieux me donnèrent la sérénité d'une flânerie entre plantes et statues. Un endroit qui, lors de mon séjour, accueillerait souvent mes déambulations ; d'autant qu'un escalier permettant d'accéder aux remparts offrait la contemplation des flots courant vers l'océan. Là, seul face à mes songes, les couchers de soleil n'eurent jamais autant d'éclat.

La manière dont Gaisalec mesurait ses paroles tenait du prodige et tandis qu'il m'honorait de sa compagnie, je scrutais ce qui pouvait l'être. Ces Wisigoths n'étaient pas des bâtisseurs ! Un rapide examen des murs du palais révélait le réemploi systématique de matériaux, briques ou blocs de calcaire provenaient d'un prestige révolu. Afin de donner le change, un enduit de chaux imitait un bel appareillage en pierre. Ces barbares étaient des combattants, mais capables aussi de faire leur la culture des peuples soumis. Le choix des statues m'intrigua tout autant. S'agissait-il uniquement d'un vœu artistique ou fallait-il y voir certaines superstitions ? Gaisalec connaissait nos divinités païennes et, au fil de notre promenade, s'arrêtait devant chacune pour me gratifier d'anecdotes la concernant, si bien que j'en déduisis l'étendue de sa culture latine. Chemin faisant, je remarquai une poterne et me promis d'en découvrir le secret. Selon mes calculs, elle donnait accès aux berges. Les jours suivants m'en rendirent justice, la solitude du bord de l'eau affirmant ses attraits.

Auprès de Théodoric

Le roi Théodoric m'accorda audience dès le lendemain matin. Se levant avec l'aube, il travaillait jusqu'à l'heure du déjeuner puis se consacrait à ses plaisirs avant de reprendre son labeur la nuit venue. Lorsqu'un domestique m'introduisit dans la salle du trône, les yeux baissés par respect, je fus ébahi en avançant vers lui. Ce colosse au beau visage me sourit, et d'un geste, me signifia de m'approcher. Il était mon aîné d'environ cinq années. Le contraste qui émanait entre sa puissance musculaire et la finesse des traits m'intrigua. Et comment ne pas être frappé par cette ressemblance avec les effigies de l'empereur Constantin ? Lui aussi possédait ce même nez aquilin, cette bouche étroite aux lèvres charnues d'orientale. Mais Théodoric se démarquait du romain par ses cheveux enduits d'une sorte d'huile qui, nonobstant l'effet de brillance, les brunissait considérablement, et lui donnaient l'air d'une divinité assyrienne. Drue mais s'arrêtant au-dessus de l'épaule, cette crinière tenait de Sphinx. Jamais prince n'eut boucles si ondoyantes !

Glabre de nature, Théodoric accordait à sa barbe le loisir de s'épancher sous les tempes. Cette fine bande de frisottis blonds, éparse, divagante et brouillonne, s'arrêtait à mi-joues. La curiosité de ce soin m'amusa. Pourtant, à dévisager le roi, chacun saisissait que l'absence de poil intensifiait l'éclat du regard et la franchise de ses profonds yeux gris. Alliée à la blancheur d'une dentition parfaite, l'énergie de l'expression parachevait tout ce brio.

Au charisme d'Alaric, le nouveau roi rajoutait une grandeur, un raffinement. Fi de mes *a priori*, Théodoric n'avait rien de ces parvenus aux insupportables mignardises.

Politesses accomplies, le Wisigoth m'engagea à lui exposer mes doléances. Il les connaissait mais, par courtoisie, m'en laissa terminer la narration. Narration diplomatique convenue, comme il se doit envers tout monarque. Théodoric me répondit en latin. Sa langue était belle, quoiqu'il en fît usage avec lenteur :

— J'attendais quelques espions plus ou moins habiles, et voilà que Rome m'envoie un fils de consul !

— Pas Rome, mais Aetius ! Et je viens à toi de ma propre volonté.

— Aetius est Rome ! me coupa-t-il avant de reprendre : J'admire ton courage, tu as plus de valeur que tous les otages réunis et pourtant tu es là à plaider leur cause.

— Quel courage ? J'avais ta parole : si celle d'un roi ne vaut plus, quoi espérer en ce monde...

Nous restâmes muets un instant puis il reprit cette fois plus chaleureusement :

— Ta présence ici est un gage de paix. Si Aetius désirait la guerre, il ne se serait pas séparé de toi et je connais ton mérite.

Ma surprise ne l'étonna pas et il reprit son monologue non sans malice :

— Traversant mon royaume, ma capitale, tu as pu en constater la romanité. Nous n'avons rien changé, sinon d'apporter un glaive solide pour maintenir une société chancelante. En cette ville, vois-tu, le barbare a non seulement entretenu l'égout mais aussi relevé les ruines du temple d'Apollon pour les offrir consacrées à la gloire de notre Seigneur. Fonctionnaires, artisans, serviteurs, tous sont gallo-romains et désormais fiers de leur sort. Alors crois-tu que nous puissions ignorer les débattements de l'Empire ? Sans la Gaule, le minuscule petit prince de Ravenne (Valentinien) ne serait que pacotille, cendre soumise au vent ! Ce vent qui tôt ou tard nous balaiera, et tu sais pertinemment d'où il vient…

Que pouvais-je rétorquer ? La fragilité de Valentinien et le danger d'une invasion hunnique ne souffraient d'aucune contestation. Théodoric avait raison, il connaissait son sujet. Quant au sort des otages, il me signifia qu'il ordonnerait la libération de certains. Puis le roi me congédia, m'invitant à l'accompagner pour une partie de chasse.

Un affranchi du palais vint me prévenir le moment venu. Mon hôte m'attendait aux écuries, admiratif du magnifique alezan qu'un valet lui présentait. Tant l'homme que la bête piaffaient d'impatience. Un autre cheval, autrement moins agité, se laissait préparer avec grâce. Finalement nous ne chasserions pas, mais gambader dans les collines ne manquait en aucun cas de charme. Deux soldats nous emboîteraient le pas mais en restant à distance. Théodoric traversa la ville au galop, son impétueuse monture bousculant tout ce qui obstruait sa course. Gare aux étourdis ! Jeux et privilège de roi que de rire d'une charrette renversée ! Cette folle équipée ne s'arrêta qu'aux lisières des solitudes, là où le fleuve entame une courbe. La fougue devint philosophie, amertume :

— La contrée de mes ancêtres était froide, sa terre rendait bien mal les efforts consentis et néanmoins nous l'aimions. Mais nous en fûmes chassés par les Ostrogoths... Depuis mon peuple cherchait à s'établir et enfin, ici, le ciel nous a souri.

Nous marchions côte à côte, nos chevaux accordant leurs pas en un mouvement parfait. Sans que cela s'explique, j'eus soudain la sensation qu'il ne s'agissait plus d'une conversation entre un roi et son obligé mais de celle, libre, entre deux proches. Les bords du fleuve étaient déserts. Parfois une branche d'arbre gênant le passage nous obligeait à courber le dos pour l'éviter. Je ne compris tout d'abord pas l'étrangeté de cet itinéraire, mais chez Théodoric, chaque acte semblait avoir un sens. La symbolique du lieu s'imposa au fil du courant. Nous le descendions et ce n'était pas un hasard.

— Vois-tu cette souche qui danse sur l'eau, Avitus ?

— Un orage l'aura probablement arrachée.

— Maintenant elle vogue vers l'océan. Un obstacle la retiendra peut-être mais rien ne lui fera rebrousser chemin. Inexorable ! Le sort a jeté mon peuple sur un chemin, lui non plus ne peut revenir en arrière.

— Parfois la souche parvient à consolider le barrage. Au détour d'un bras mort ou de rochers affleurant, l'Empire la sauverait...

— Sauver ! Qui sauve qui ?

Ma moue, lisible sur mon visage, le poussa à surenchérir :

— L'Empire est moribond, Avitus. Quant à mes sujets, ils n'aspirent qu'à la prospérité, pourvu que Ravenne la leur accorde.

Nous fîmes halte sur la rive et, tandis que nos montures s'abreuvaient, le roi m'invita à contempler le paysage. Survolant l'horizon, sa main caressait la nature comme s'il se fut agi des courbes d'une parturiente. La tendresse qu'éprouvait Théodoric envers cette générosité me toucha, il le comprit. Franchise et respect, l'amitié ne se conçoit pas autrement. Aux principaux litiges l'opposant à Rome – arianisme (doctrine rejetant la Sainte Trinité) et velléités de conquête du littoral narbonnais –, sa sincérité ne pouvait se discuter. Quel puissant négocierait sa religion ou le port vital à sa survie économique ? Voilà qui me replongeait dix ans plus tôt lors de cet entretien avec le Pape Innocentius. S'il y a un point sur lequel il ne m'avait pas convaincu, c'était quant à son sectarisme. Ma foi s'épanouissait, mais de là à devenir bigot… Et puis j'étais trop attaché aux anciennes croyances pour ne pas tolérer certains accommodements. Le Pape Innocentius se trompait, une Église intransigeante nous nuisait.

Théodoric apprécia. Ma tolérance envers sa religion et mes doutes d'une solution pacifique concernant Narbo Martius lui parurent raisonnables. J'étais Romain, et plutôt mourir que de trahir ma patrie !

— Ton courage t'honore, mais comprends-tu que je ne renoncerai jamais à ce port vital à mon peuple et à refuser cette Sainte Trinité à laquelle nous ne croyons pas ?

— Cela me semble légitime, grand roi.

— Alors oublions un instant les aléas du pouvoir et cavalons dans la plaine. Ce soir je te présenterai à mes enfants et à mon épouse.

Puis, sautant sur son cheval, il rajouta en criant :

— Demain nous irons chasser l'ours en montagne. As-tu déjà chassé l'ours ?

Théodoric n'entendit pas ma réponse, un panache de poussière masquait déjà la croupe de son alezan. La lumière tombait lorsque nous refranchîmes le porche du palais, instant où il me glissa une preuve de confiance :

— Choisis toi-même les otages ! Demain j'ordonnerai de libérer la moitié d'entre eux.

Puis, comprenant mon embarras, le roi me précisa de lui désigner les plus utiles, et que la responsabilité de ce choix resterait évidemment secrète.

La famille royale dînait en toute simplicité. Théodoric me présenta les siens, m'enjoignant de prendre place dans l'étroitesse du *stibadium*, salle à manger romaine où les divans sont disposés en demi-cercle. Seuls sa nouvelle épouse et ses deux fils aînés étaient allongés sur les sofas. Tous m'attendaient... Euric, un garçon d'environ cinq ans, et sa sœurette à la démarche encore balbutiante, n'en finissaient pas de tourner autour des plateaux, jacassant comme des pies. Grosse, la reine Amalaberge attendait sa délivrance dans une délicieuse lascivité. Vêtue de voiles assez translucides pour suggérer le désir, son épanouissement de femme confinait au divin. Ce que toute romaine eut détesté pour poitrine, ici se confondait en cette furtive vision d'aurore. À la complexité de sa coiffure, où nattes, chignon et mèches rivalisaient de soins, s'ajoutait la pâleur d'une peau offerte au contraste de l'or. Quelle reine, sinon celle de Saba, brillerait avec cet aplomb ? La finesse de ses bijoux rajoutait séduction à la beauté et magie à l'envoûtement. Assurée de son pouvoir, celle qui n'en usait pas gratifia mon arrivée d'un sourire. Thorismund, l'héritier du trône, se leva pour m'accueillir et me présenta Theudred le jeune (futur Théodoric II), son cadet. Deux adolescents pleins de vigueur et aux têtes intelligentes qui, et je l'appris plus tard, étaient issus d'une première union avec la reine Pédauque. Nous mangeâmes comme à Rome, la viande de mouton découpée servie par un domestique, les doigts de la main droite servant à piocher dans divers mets.

— Départ à l'aube ! Thorismund nous accompagnera ; à quinze ans, il doit tuer son ours.

La lueur qui assombrit le regard de la reine ne pouvait se décrire, elle se ressentait. J'y lus cette crainte blasée, celle du dévouement et de la résignation.

Bander un arc comme celui qu'il brandissait demande une force peu commune et j'en fus admiratif : Thorismund décocha ses flèches avec adresse, et la cinquième acheva l'animal. Terrible agonie ! L'ours en colère grognait, se dressait pour charger à nouveau, puis retombait sur ses pattes en fuyant. Bavant et gémissant, il s'épuisa en d'inutiles tentatives, les chevaux tournoyant à distance ne lui laissant aucune chance. Furieux, ne sachant sur quoi se ruer ni comment esquiver les coups, le fauve se démena tant et plus. Soudain, un énième hurlement et l'affreuse expression se figea, s'offrant au trépas sans simulacre avant de s'effondrer. Tous mirent pied à terre afin de contempler sa dépouille, puis deux valets sortirent leurs lames et commencèrent à le dépecer. Mieux valait faire vite, d'épars flocons virevoussaient déjà dans la grisaille.

Nos mains poisseuses et rougies sentaient l'onglée les envahir. J'enfouis les miennes à l'intérieur d'une peau de bête que le roi m'avait proposé de revêtir et qui me donnait l'apparence d'un des siens. La nuit tomberait sous peu, et le bruit étouffé des sabots accompagna notre course jusqu'au refuge. C'était une sorte de hutte de pierre et de bois, dont la couverture en terre me rappela les logis d'indigents qui peuplaient les hauts plateaux d'Arvernie. Nous y restâmes trois journées, avec pour unique confort ce foyer où rôtissait la viande. Loin des intrigues de cour, Théodoric appréciait cette atmosphère simple de camaraderie : chasser dès le lever du soleil, boire et manger en vantant les exploits du jour suffisaient à son bonheur. La chaleur du brasero avec ses effluves de graisse cuisante nous enivra, aiguisant nos appétits comme si Vulcain l'eut ordonné. Qu'importe que la chasse fût bonne ou pas, l'essentiel résidait dans ce partage, en cette rencontre.

Ce plaisir de bavarder une fois les ventres repus s'éternisait jusqu'à ce que le sommeil nous assomme. Thorismund intervenait peu, se contentant avec esprit d'écouter nos échanges et de ne s'y immiscer qu'à l'invitation de son père. Nous ne parlions ni politique ni religion. Curieux de nature, le roi s'intéressait surtout à l'ingénierie ou aux techniques de navigation dont il ignorait l'essentiel. *Nosce te ipsum !* (Connais-toi toi-même !) Conscient des atouts – puissance militaire en tête – mais aussi des faiblesses de son peuple, Théodoric exprimait une admiration ô combien légitime envers Rome. Sa soif de romanité aurait déconcerté les méprisants de Ravenne ou d'ailleurs. J'en fus convaincu, mais qu'un pouvoir incapable refuse de comprendre l'opportunité à saisir tenait de l'ignorance ou d'une parfaite bêtise, et probablement des deux à la fois. À en juger l'état de l'Empire, les Wisigoths représentaient un espoir.

Le soir même du retour à Tolosa (Toulouse), le roi m'offrit l'honneur de conter la chasse à son cadet. Captivé d'avance, Theudred m'écouta avec cette délectation propre aux garçonnets qui rêvent de prouesses et s'émerveillent de celles de leurs aînés. Il jubila à la férocité de l'ours tué par son frère. Lion de Némée dont nous lui présentâmes la peau, non sans en avoir exagéré les vertus… L'enfant ne se lassait pas, insistant pour connaître d'autres détails, en rendant chaque fois l'animal plus sombre, cruel ou dangereux. Je parlais avec lenteur, soignant ma diction afin qu'il assimile mes mots, son latin bredouillant et naïf méritant des égards. À l'attention du fils conflua celle d'un père. Visiblement différente, elle dépassait le fil de ma narration, si brillante fut-elle.

Au lendemain, le roi me fit mander, on m'assura plus tard qu'il semblait lointain lors des auditions précédant ma venue.

— Avitus, reste en ma cour le temps d'instruire mon fils ! Il lui faut un précepteur et je n'en vois pas de meilleur.

— Ta proposition m'honore, mais je suis l'homme de ton ennemi et tu connais ma fidélité à l'Empire…

Théodoric éclata de rire puis reprit d'un ton léger :

— Qu'un noble cœur de ta trempe vive chez *le barbare couvert de peaux* ne desservirait pas l'intérêt de Rome, ni les miens d'ailleurs !

— Que veux-tu dire ?

— Thorismund me succédera et je me charge de lui apprendre l'art de la guerre. Son frère le secondera, je le veux diplomate.

— À en introduire le ver dans le fruit, le romain en ton palais ?

— Il n'est poison que pour celui qui l'ignore… J'ai confiance en toi.

— Mais au-delà de ton amitié qui me flatte, quel bénéfice y trouverais-je ?

— Rome ne t'a accordé aucun mandat. En acceptant mon offre, tu la servirais avec finesse. Et plus besoin d'otages…

— Laisse-moi deux jours de réflexion mais quoi que je décide, ma famille restera en Gaule.

Théodoric acquiesça puis m'offrit de partager son repas, moment durant lequel nous n'abordâmes plus le sujet. Il avait compris le sens de mon souhait envers les miens.

Pouvais-je refuser, sinon par égoïsme ? Le roi accepta mes conditions, les jugea raisonnables mais surtout les vit comme preuves de loyauté. Je devais rendre compte à Aetius et resterai à sa disposition. Il m'assura que sa poste fonctionnait à l'égale de l'impériale, un courrier arrivait d'Arelate en moins de trois jours. Ainsi je pourrais correspondre à ma guise, que ce soit avec le préfet du prétoire ou mon épouse. Afin de ne jamais me trouver en situation de porte-à-faux, je lui demandai qu'elle quitte la ville et regagne l'Arvernie. Demeurant au service de Rome, j'insistai pour ne recevoir aucun salaire mais seulement de quoi subvenir à mes frais. Afin d'y pourvoir, Théodoric me tendit une poignée de *solidi* en or (monnaie romaine en cours au début du IVe siècle). En les glissant dans ma bourse, je reconnus le buste de ce pleutre d'Honorius sur l'avers. Tous les revers semblaient aussi représenter une scène identique : debout, pied gauche posé sur un captif, l'ex-empereur tenait de la main droite le *labarum* (étendard militaire impérial), brandissant de l'autre un globe nicéphore (qui porte une statue de la Victoire). S'agissait-il de monnaies authentiques provenant des ateliers de Rome et Ravenne, ou de copies telles qu'en réalisaient les Wisigoths ? À en juger par leur finesse de frappe, j'optais pour la première hypothèse :

— Nous en possédons beaucoup ici, ajouta mon hôte en souriant.

Et pendant ce temps à Ravenne, décembre 425

Galla Placidia maudissait le sort. La colère qui ravageait son visage n'ôtait pourtant rien à sa beauté, rendant seulement ses traits redoutables. Aux cris qu'elle poussait, chacun se défiait. Gare à l'affranchi, esclave ou fonctionnaire qui, la croisant en son palais de Ravenne, l'aurait alors contrariée. Si coriace soit le sentiment, l'instinct de mère ne se transforme pas en sagesse une fois son rejeton devenu adulte. Désormais régente, celle qui s'était tant démenée au bénéfice de son fils Valentinien en précipitait la chute, creusant sans relâche le gouffre qui un jour l'aspirerait. Mon sang fut mêlé à cette déchéance, et bien que la honte ne se dissipât jamais, je me dois d'en relater les faits.

Ne se fiant qu'à ses favoris, Galla Placidia gouvernait au son de leurs caprices, pourvu qu'ils fassent écho à ses désirs du moment, sans aucune sapience mais avec l'avidité du pouvoir et l'opportunisme en guise de conscience. Ô désespoir, l'influence majeure en cette tétrarchie de poulailler revenait à ma sœur aînée, Padusia. Lorsque la moralité envers l'État ne dépasse pas celle d'une femme vouée aux manigances de son époux – Flavius Felix, le second coq de l'enclos – le feu couve partout. L'ambition de l'une se vautrait dans l'inconsistance au profit de la médiocrité de l'autre ; tel était ce couple à vouer aux gémonies. Quant au troisième larron, un diacre nommé Grunnitus dont l'histoire oubliera vite le nom, il ne valait guère mieux. Félon et comploteur de cour, il appartenait à ce genre d'individus que l'on écarte plutôt que l'on écoute. Tout bon prince sait cela !

Attisée par ce trio, la rancœur de Galla Placidia visait l'archevêque d'Arelate. Je craignais ce Patrocle qui jadis avait œuvré à la perte de mes aïeux[1]. Mais par sa tolérance envers leur religion, il

1. Il s'agit des deux usurpateurs : Constantin III et son fils Constant.

aurait été injuste de ne pas lui reconnaître une capacité à maintenir des relations avec le royaume wisigoth, si fragiles fussent-elles... Loin d'une situation qui les dépassait, donc incapable d'en mesurer les tenants et surtout les conséquences, nos trois serpents s'activèrent à sa perte. En poussant Galla Placidia à lui confier la rétractation des évêques soupçonnés de pélagianisme (doctrine hérétique), ils aiguisaient leurs couteaux. L'archevêque Patrocle s'acquitta de cette mission sans sourciller, or cela n'empêcha pas que Ravenne le considère trop laxiste. Le fameux diacre, Grunnitus, extrémiste et borné, ne tolérait pas son attitude conciliante avec l'arianisme, il fallait se débarrasser de lui ! Les raisons motivant mon beau-frère Flavius Felix étaient encore plus sournoises. Jaloux de l'emprise d'Aetius et trop faible pour l'attaquer frontalement, il trouva ce stratagème pour semer la discorde en Gaule. Comme si l'Empire avait besoin de cette inconscience... Quant à Padusia, elle n'agissait que comme un long poison au service du mal, son mari.

Tout ce monde s'agitait, élaborant des théories toujours plus consanguines, étroites et inconséquentes. Galla Placidia possédait un don pour survivre, mais malheureusement pas celui de gouverner, se souciant surtout de veiller au devenir de sa progéniture. Une relation au barbare poussée au paradoxe et qui se jouait entre haine et soumission ; son mariage forcé avec le roi wisigoth Athaulf, puis l'assassinat de ce dernier par son peuple auraient meurtri n'importe quelle jeune femme.

Tolosa, février 426

Vents et pluies d'hiver se fracassaient contre les fenêtres sans distraire mon disciple. Une accalmie, et nous sortions rompre le prosaïsme des heures de classe. Flânant dans les allées, nos échanges devenaient informels, spontanés et surtout sans Virgile ou Sénèque pour les diligenter. Theudred le jeune ressemblait à son père. Studieux, il progressa rapidement en latin mais sa curiosité et ses goûts le poussaient à s'intéresser davantage aux sciences.

Pline l'Ancien et Vitruve devinrent assurément les complices de nos divagations. Ce garçon avait une âme, il le prouvait au quotidien en me gratifiant d'attentions, s'efforçant de se montrer digne de mes efforts. N'ayant pas été instruit à la pédagogie, je dus improviser et me référer aux méthodes qui m'élevèrent jadis. Lorsque mon élève éprouvait des difficultés, plutôt que d'affermir l'apprentissage et risquer de le rebuter, je pris systématiquement le parti de contourner l'écueil en l'abordant sous un angle favorable. Ainsi nous déjouâmes les pièges grammaticaux et confondîmes les embûches de la rhétorique.

Les nouvelles de Gaule confirmèrent mon inquiétude. L'ébullition que je pressentais s'avéra justifiée lorsque j'appris la vérité : l'armée de mon hôte assiégeait Arelate. Cela n'avait aucun sens, quelle mouche l'avait donc piqué ? Une opération militaire en plein hiver n'était pas coutume mais Théodoric n'en pouvait plus des promesses portuaires de Ravenne non tenues… Au fait du manège joué entre la régente et le nouveau Pape, le roi profita de l'absence d'Aetius, parti à la cour, pour lancer ses troupes.

Infaillible en rase campagne par sa puissance de choc, l'armée wisigothe perdait toute habileté face aux murailles. L'art du siège lui échappait. Les machines ne manquaient pas, le courage ne faisait pas défaut, mais la manière de les utiliser et de coordonner leurs actions gâchait souvent l'entreprise. S'agaçant de cette inefficacité, des groupes de cavaliers soulageaient leur frustration en de hasardeuses tentatives. Des galopades sous les remparts qui, outre le loisir de délasser les chevaux, se soldaient d'ordinaire en échanges d'insultes. Et lorsqu'une volée de flèches s'abattait, c'était une façon de dissiper les ardeurs téméraires.

Empêtrés, et incapables d'affamer la ville tant les défaillances du siège se multipliaient, les Wisigoths se laissèrent surprendre par l'arrivée de renforts venus d'Italie. Rome faisait face avec ses légions ! Aetius contempla l'étendue du champ de bataille : comprenant que son plan serait le bon, il rejoignit ses troupes. Les fortifications intactes, le fleuve coupant l'ennemi en deux, le sort lui serait favorable ! Mettant à profit l'effet de surprise, le tribun Aetius ordonna aux cohortes palatines d'avancer. Celles de la *Herculiani seniores*[1] (légion palatine) marcheraient vers les assiégés afin d'établir une jonction synonyme de délivrance, laissant derrière elle la seconde légion pédestre en réserve. Le tribun sortit son glaive, la poigne de l'aquilifer s'accentua sur sa précieuse hampe et, d'un mouvement, toute cette puissance s'ébranla. Protégée sur chacune de ses ailes par des cataphractaires, elle n'éprouva quasi pas de résistance ; d'autant que les turmes (escadron) de cavalerie légère battaient la campagne pour suivre au plus près le retrait des Wisigoths. La raison supplanta leur courage, « aventurés » sur cette rive ils se seraient fait massacrer. Ceux qui ne le comprirent pas en subirent les amères conséquences. Les consignes d'Aetius furent respectées et la confrontation tourna plus en démonstration de force qu'en bataille. Il s'agissait de les presser tout en leur laissant la possibilité d'une échappatoire. Qu'une tentative de renfort vienne de la rive opposée et les légionnaires équestres de la *Lanciarii Sabarienses*[2] ou l'impressionnante garde hune du tribun l'annihileraient... Aetius voulait ménager son adversaire, lui offrir une chance à la paix. Les négociations durèrent le temps d'une éclipse ; palabres, enchères et moyennant rançon, Théodoric accepta de se retirer. Ni vainqueurs ni vaincus mais des promesses dont le roi se souviendrait. Il regagna sa capitale, *in fine* pas mécontent de la tournure des événements. « Arelate sera pour une autre fois ! » se murmura-t-il en talonnant son cheval.

Dans la liesse qui suit immanquablement la levée d'un siège, les habitants s'en prirent à leur archevêque, Patrocle. Jugeant son

1. Élite de l'armée romaine tardive, les légions palatines se composent d'environ 1500 hommes.

2. Au Ve siècle, alors formée de Gaulois, cette légion palatine est la seule sous le commandement direct du maître de cavalerie des Gaules (*magister equitum per Gallia*).

attitude trop conciliante envers les barbares, ils le traquèrent de ruelles en palais. La foule l'agrippa dans un recoin puis traîna sa dégaine à la vue de tous. Huer ou maltraiter ne suffit pas, cette populace réclamait son dû. Elle l'obtint en suppliant la soldatesque de lui abandonner ce malheureux qui, faute de roche Tarpéienne, fut lynché aux remparts. Odieuse fin que celle d'un homme offert à l'ivresse des vengeances !

Les guerriers ne s'indignèrent pas de ce *statu quo*. Épargnés d'une grande bataille, qui se serait déroulée sur l'autre rive où stationnait le gros des forces wisigothes, tous savouraient ce crépuscule qui à l'aube leur paraissait encore incertain. Aetius, lui, ne se faisait aucune illusion quant au véritable vainqueur. Avec l'élimination de Patrocle et son remplacement par un suppôt, le trio de Ravenne imposerait le fanatisme, semant les graines d'un futur voué au chaos.

Solitude

Severiana Roscia me manquait. Que de douceur en ses courriers, et si parfois au détour d'une formule pointait un soupçon d'amertume, aurais-je pu l'en blâmer ? Cœur serré qui s'abstient du reproche quand couve le sanglot… Ce que ses lignes n'osaient exprimer, l'extrême dignité d'une épouse sublimant sa peine pour ménager son conjoint, ma raison le devinait. La douleur de l'absence se mesure aussi en broutilles. Au quotidien, son souffle, son odeur ou simplement ses regards suffisaient. Tout cela n'existait plus ! Ces souvenirs d'épanouissement me hantaient, fidèles compagnons de ma solitude. Alors les nuits et leurs maux annoncèrent la trahison comme une tempête qui se profile : d'abord insignifiants, l'appel de la chair et le désir inassouvi grossirent pour devenir ce fleuve en crue que l'homme peine à dompter. Reste une sorte de dégoût de soi, péché qui se confesse en baissant les yeux.

Un courant d'air se glissa dans ma chambre. La finesse d'une silhouette aux pieds nus fendant l'obscurité et ce parfum d'aubépine suffirent à la victoire, il n'en fallait pas plus ! Sens en éveil, j'entendis choir une étoffe puis le froissement du lin que l'on soulève. Pas une parole, mais un être qui se blottit, chaleur contre chaleur. La jeune femme s'étira avec délicatesse puis resta longtemps immobile, toute collée à moi. Sa respiration et son cœur tapant révélaient l'essentiel. Avait-elle peur que je la chasse, d'être punie de l'intrusion ? Un baiser sur le front dissipa ses craintes ; je sentis son corps devenir suave et onctueux, et l'exquise fraîcheur d'une peau enfin sereine. Nous nous apprivoisions. Ses doigts légers aux ongles pointus effleurèrent mon torse, puis, rassurée, elle se mit à me murmurer des choses en sa langue. Une frénésie à laquelle je ne compris pas grand-chose et beaucoup à la fois... En cette première nuit, nous nous endormîmes de la sorte, apaisés et exempts d'autres plaisirs.

Ce n'est qu'aux frémissements de l'aurore que je découvris la beauté d'un visage barbare. Celle qui jusqu'alors évitait mon regard resplendissait à la pâleur du soleil levant. Elle dormait sourire aux lèvres, belle comme un ange aux cheveux d'or. Fille de la cour, comment n'avais-je pas remarqué son embarras en ma présence ? La noblesse de ses traits m'aurait ému. Ne voulant pas la réveiller, j'osais non sans pudeur soulever le drap. Car il n'y a aucun vice à admirer une nudité dormante... Détail auquel je n'avais pas prêté attention la veille : ses bijoux ! Elle les portait tous, colliers, bracelets ou bagues qui, dans la moiteur de la couche, soulignaient l'ombre de ses courbes.

Les nuits devinrent sans soucis ; quant aux remords du matin, ils m'appartiennent. Je consolais ma faute en ne m'attachant pas, et puis à trente-et-un ans, quel homme retiendrait sa ferveur ! Notre discrétion servit de paravent à ce que plus personne n'ignorait. Le roi ne s'en offusqua pas, ni la reine d'ailleurs. L'engouement de leur fils les comblait, c'est avec bienveillance qu'ils fermèrent les yeux... Theudred progressait. Notre affection mutuelle facilitant les apprentissages, il devint le disciple que j'attendais. Avec la belle saison, nous reprîmes les parties de

Soir de banquet à la cour de Théodoric.

chasse. Plusieurs jours à parcourir les montagnes et à se délecter, le soir, de chevreaux grillés et de galettes. L'immensité des paysages, l'odeur du foin, cette vie rude et simple resteront gravées en moi, j'en éprouve encore le bénéfice.

- VII -
Aetius

Aquitania seconda

Je quittais la cour de Théodoric en plein hiver, la neige couvrait la campagne. Nous étions aux nones de janvier 427[1] sous le consulat débutant de Flavius Ardaburius. Le roi m'offrit honneur et richesses afin que je reste auprès de lui mais, fidèle à mes principes, je refusai. Il ne m'en estima que plus. Après une année à la cour wisigothe, la séparation avec Théodoric et sa famille s'effectua sans heurt, avec respect et pudeur. Prince de sang, Theudred dut contenir son émotion, alors que la pâleur de sa figure en révélait l'étendue.

Une escorte m'attendait, quatre hommes de la garde du roi m'accompagneraient jusqu'aux portes de Narbo Martius (Narbonne), et nous prîmes la route dès l'aube. En son royaume, je ne courais aucun risque, mais au-delà ? Des bagaudes, bandes de miséreux, rôdaient, on les disait affamés. Nous marchions au pas et seul le bruit feutré des sabots rompait le silence. Emmitouflé dans une peau d'ours, j'écartais la joie de retrouver les miens, elle me rattraperait chemin faisant.

---

1. Soit le 5 janvier 427.

Aux limites de l'Empire, en ce vague d'entre deux mondes jadis abandonné, régnait maintenant une effervescence. Ce n'était que celle des troupes occupées à battre le terrain et dont tout un chacun comprenait la signification. Romains et Wisigoths s'épiaient, préfigurant les belliqueux lendemains dont nous redoutions l'issue. Ici la guerre couvait ; quelle folie embraserait ce que sagesse et bon sens auraient pu éviter ?

Aetius exigeait mon retour rapide, si bien que les chevaux ne connurent aucun répit. Nous les abandonnâmes couverts d'écume aux relais et, le temps d'ingurgiter une tasse de vin mélangé à l'eau, la cavalcade continua. Une course effrénée où l'esprit s'épuise en incertitudes, une idée chassant l'autre. L'unique intermède à mes préoccupations s'esquissa aux portes d'Arelate (Arles). La traversée du Rhône sur le pont de bateaux me fascinait depuis l'enfance, et, à la manière des embruns caressant un visage, elle raviva en moi la mémoire de mon père. Bonheur éphémère qui s'évanouit à l'enceinte de la ville ! Mon épouse, à qui j'avais écrit de me rejoindre, savait que l'heure des retrouvailles dépendrait du bon vouloir de l'Empire. À peine descendu de cheval, et mes pas résonnaient sur le dallage du pouvoir. Aetius m'attendait les bras ouverts, et nous nous donnâmes l'accolade. Sans autre formalité, il en vint aux faits :

— Je savais que tu me rejoindrais promptement. Combien de chevaux sont morts d'épuisement sous ta trique ?

Comme il n'y avait aucune réplique possible, sinon l'humilité d'un sourire, le général reprit :

— Quelle est la situation chez les Wisigoths ? Les imagines-tu en mesure d'attaquer dans l'immédiat ?

— Ici non ! Mais à Narbo Martius, ce n'est qu'une question d'opportunité…

— Oui je le sais. Ce qui m'importe pour l'instant, c'est que Théodoric ne regarde pas ailleurs.

— L'or que tu lui expédies semble le satisfaire ; quant au reste…

— Alors qu'il s'en délecte et puissent les murs de Narbo Martius lui résister et surtout l'occuper. J'ai des choses plus urgentes à régler.

Voyant mon ignorance, Aetius poursuivit :

— Je dois partir séance tenante pour Ravenne et je compte sur toi pour veiller sur la Gaule.

— Combien de temps vas-tu t'absenter ?

— Qui le sait ? Une occasion se présente d'affaiblir le comte d'Afrique Bonifacius, il faut la saisir.

— Tu haïs donc plus Bonifacius que cette flétrissure de Flavius Felix ? Bien qu'il ait soutenu la régente Galla Placidia contre l'empereur Ioannes, il a pourtant une autre trempe.

— Oui mais si l'Afrique faisait défection… D'ailleurs Bonifacius est influençable et mal entouré. Comprends-moi, Avitus, si l'Empire veut survivre il lui faut une poigne, seulement une, et non pléthore.

— Je saisis mal les intentions de Galla Placidia…

— Diviser pour mieux régner ! Et quitte à s'affaiblir pour y parvenir.

— Ce gâchis me révulse. Ces incapables de Ravenne causeront notre perte.

— Leur tour viendra, n'aie aucune crainte. Mais de deux ennemis, terrasse toujours le plus fort en premier.

Comme j'acquiesçais, il m'expliqua les dessous de cette affaire. Depuis son mariage avec la princesse Pelagia, le comte d'Afrique Bonifacius errait à nouveau. Tourmenté par sa foi, il inquiétait en haut lieu. Les rumeurs le disant converti à l'arianisme de son épouse trouvaient une fâcheuse résonance à la cour, il fallait exploiter ce ressort. Bigote plus que de raison et encouragée par son entourage, Galla Placidia lui demanderait des comptes. Sous prétexte de plaider l'envoi de troupes supplémentaires pour tenir la Gaule, Aetius devait se rendre à Ravenne et y semer une graine de discorde. Qu'importait la véracité des faits pourvu que Flavius Felix tombe dans le piège et manœuvre l'impératrice afin qu'elle somme Bonifacius de s'expliquer. Face à cette défiance venue d'une femme qui lui devait son trône, le comte se heurterait, refuserait la soumission. Une désobéissance à jeter l'opprobre... Aetius s'interrompit un instant et porta une coupe à ses lèvres. L'avenir dévoilerait bientôt la pertinence de ses projets.

Severiana Roscia m'accueillit à l'entrée du bassin de l'*impluvium*. Elle était adossée au marbre d'une colonne avec la lumière des candélabres pour magnifier sa silhouette. Toute sa noblesse s'offrait en séduction, sa beauté se répandait avec grandeur. Je ne l'avais jamais vue aussi belle, l'éclat de son âme rayonnait en son corps. Campée dans une extrême dignité, elle me sourit. Ses dents magnifiques, sa longue coiffure faite de vagues soigneusement élaborées, son regard éclatant, ses bras fins et distingués où s'enroulait un pan de robe furent parmi les merveilles qui me ravirent. Nous nous enlaçâmes avec pudeur. Yeux fermés, je la respirais, emplissant ma chair de chaleur et de douceur. Otage de ces délices, il me fallut du temps pour desserrer l'étreinte puis l'embrasser. Un goût de framboise, son cœur tapant et sa peau suave m'emportèrent vers d'autres cieux. N'en franchissons pas le seuil, les voluptés de cette nuit-là n'appartiennent qu'à nous deux.

Après la joie des retrouvailles, mon retour à la vie civile s'effectua en délicatesse. Au prestige d'avoir obtenu la libération des otages s'opposa une ombre. Si les concernés m'en furent redevables et m'apportèrent leur indéfectible soutien, la haine du Wisigoth personnifiée par Théodoric – d'ailleurs entretenue avec ferveur par le nouvel évêque Eladius – compliquait amplement ma tâche. Là où toute sagesse eut recommandé d'apaiser les esprits (sans toutefois négliger la prudence), cet ancien moine s'agitait dans l'espoir d'attiser les foules. Distribuant à la plèbe les richesses amassées par ses prédécesseurs, cet « illuminé » s'attacha une popularité à bon compte, rendant l'animosité qu'il proférait difficile à contrer. N'eût-il pas été mieux sur Lérina (devenue

Saint-Honorat), son île de malheur à chasser les serpents et à faire jaillir des sources plutôt que de se mêler de politique ?

Gaule, printemps 427

Jamais les premiers beaux jours ne furent plus resplendissants. Après le temps des fourrures venait celui de l'aubépine et du fenouil. La Gaule respirait dans une quiétude retrouvée et chacun se félicitait que les querelles de l'Empire concernent plutôt l'Afrique. Comme Aetius le prévoyait, le comte Bonifacius avait refusé d'obtempérer aux injonctions de Galla Placidia et, désormais rebelle à Ravenne, il déchaînait contre lui toute la vindicte de la cour. Ces genres de meutes se grognent longtemps dessus avant que leurs mâchoires ne mordent, il nous apparut judicieux d'en profiter. Des troupes furent levées et parmi elles, seul un petit contingent d'infanterie fut dirigé pour renforcer la garnison de Narbo Martius (Narbonne). S'agissant d'un renfort « diplomatique », nous limitâmes ses effectifs à trois centuries (soit environ 210 légionnaires). De quoi signifier notre volonté à Théodoric, tout en évitant qu'il craigne quelque offensive... Ces troupes firent d'ailleurs le voyage en grande pompe afin que nul n'en ignorât la présence. Et puisque l'espion wisigoth rôdait partout, nous procédâmes de même avec le gros des forces. Elles aussi quittèrent Arelate sans discrétion à destination du *limes* rhénan. Ainsi, Théodoric saurait que le glaive romain ne le voulait pas pour ennemi.

Retour en Arvernie

Le choix de regagner la terre arverne s'imposa avec félicité. Loin du pouvoir, notre couple s'épanouirait à la faveur de nouveaux lendemains. Après l'exaltation des dernières années venait donc le temps de se consacrer à la gestion de mes domaines, pour le plus grand bonheur de mon épouse. J'avais trente-deux ans – cet âge charnière où tout citoyen se demande quel sens donner à sa vie – et ne voyais pas d'un mauvais œil les perspectives oisives d'une existence provinciale. Chasser en ma contrée ou m'adonner aux lettres classiques, tout cela me laissaient entrevoir un bien-être fort enviable. L'ombre parfumée de Severiana Roscia serait l'incitation à ce que tombent les crépuscules...

Faite de ces privilèges, l'année 427 s'écoula sans anicroche. Hormis un léger regain de sa population, Arvernis (Clermont) n'avait guère changé. Les notables se flattèrent de ma présence ; pas une réception sans que le maître des lieux me convie et m'assaille de questions. Mon avis semblait nécessaire. Quant aux matrones, leurs yeux n'avaient pour miroirs que la silhouette de Severiana Roscia ; scrutant ses robes, bracelets ou manières, toutes cherchaient à l'imiter. En Gaule profonde, Rome et sa mode éclairaient toujours les esprits ! Que le gouverneur de la cité nous invite et ces gens ouvriraient les meilleures amphores ; qu'il me prie de le suivre à la chasse et nous cavalerions après des cerfs aux ramures dignes de rois, ainsi fut mon retour en Arvernie.

Avec la paix, une certaine prospérité embellissait chaque domaine. Cultures, vignes et vergers accrochés aux plaines et coteaux confortaient la richesse des pâtures de montagnes. Mes régisseurs s'honorèrent à me présenter des comptes satisfaisants, ce qui leur valut le renouvellement de ma confiance. Barzane, vieux mais l'œil encore redoutable, n'avait pas failli... Au plaisir de courir monts et forêts à pourchasser le sanglier répondait au soir la satisfaction de sentir les mains de mon épouse se poser sur mes épaules.

Un matin d'été, je gravis le Dumias (puy de Dôme) comme autrefois, nostalgie en sus. La solitude du sommet ne me dérangea pas, seul le ciel m'attendait. Contempler l'infini où que l'on se tourne procure un sentiment de puissance. Là-bas vers le levant, Rome se pressentait tel un sourire : l'espérance. Dompté par une force supérieure, le vieux Mercure somnolait, satisfaisait de voir nos cœurs lui accorder encore respect et tendresse. La lumière du Christ nous absoudrait pour ces recoins d'ombre du passé. De cette époque perdure l'aise des moments passés en notre domaine d'Avitacum (Aydat). Je me félicitais que les travaux d'enjolivures de la *villa* séduisent mon épouse et qu'elle prenne plaisir à s'y rendre. En ce début d'automne, nos corps s'évanouissant dans les brumes du matin quand nous nagions nus dans le lac.

Puis l'hiver s'abattit d'un coup sur la Gaule. L'amoncellement de catastrophes que je pressentais depuis plusieurs mois trouva son dénouement avec ce froid. Le Rhin gelé venait d'être traversé par des tribus franques. Elles se répandaient à la conquête de contrées plus accueillantes. Il fallait les intercepter avant qu'elles ne franchissent la *Carbonaria silva*[1] (en Belgique) puis ne s'éparpillent. Notre crainte envers ces peuplades que nous ne haïssions point se bornait à ce qu'elles pactisent avec leurs cousins saliens à qui l'empereur Julianus avait jadis octroyé la Toxandrie, cette région sablonneuse qui s'étend entre l'Escaut et la Meuse. Un courrier d'Aetius remis en main propre me commandait de le rejoindre à Augusta Treverorum (Trèves). Le gros de l'armée y stationnant encore, il insistait pour que j'arrive avant fin janvier. Je devins ainsi général à l'âge où notre Seigneur fut crucifié... L'émoi de quitter Severiana Roscia se cristallisa en ce que l'éphémère offre d'intensité à l'amour, nos ultimes étreintes en portèrent le sceau.

Campagne contre les Francs, hiver 428

L'effervescence manifeste me surprit. D'ordinaire à cette période, les garnisons ronronnaient, engluées de froidures, limitant leurs mouvements au minimum ; seule la fumée des foyers montant droit vers le ciel indiquait encore un semblant de vie. Mais ici, dès les abords de la ville, le raffut des convois de ravitaillement et des estafettes secouaient l'engourdissement habituel. De grandes choses se préparaient, nul besoin de consulter les oracles pour en deviner l'imminence. À l'image d'un Hercule planifiant ses travaux, Aetius me gratifia d'un rictus de satisfaction

1. La forêt Charbonnière se trouvait en Belgique. Elle servira de frontière entre Francs saliens et Francs rhénans (ripuaires).

en m'accueillant. Il ne s'agissait pas à proprement parler d'une invasion, mais plutôt d'une vague de migration induite par le climat. La neige annihilait pour l'instant leur progression, mais ces Francs déferleraient sur nous à la faveur du redoux. Dépêchés en urgence, des cavaliers s'évertuaient à circonscrire leurs incessantes tentatives de reconnaissance et à localiser l'emplacement des colonies. Nous devions les prendre de vitesse ! Ce qui s'avérait impossible face à des guerriers le deviendrait vis-à-vis d'un peuple entier se déplaçant. Au plus tôt, dès nos préparatifs terminés, l'armée se scinderait en trois corps et marcherait sur eux. Nous allions les envelopper pour les contraindre. Avec trois légions, l'infanterie se porterait en position défensive afin d'interdire toute percée, et une cavalerie légère serait là pour parer à d'éventuels débordements. Mais la décision se ferait ailleurs !

Venant du septentrion (le nord), Litorius attaquerait avec ses cavaliers gaulois et ses archers à cheval. À lui de semer la dévastation. Sans jamais livrer de grandes batailles – la modestie de ses effectifs ne le permettant pas –, il inciterait les Francs à glisser vers le midi où Aetius les attendait.

La mise en œuvre de ce plan débuta deux semaines plus tard. Plus lente, l'infanterie s'ébranla la première, quittant Augusta Treverorum (Trèves). En raison de la distance à parcourir et du détour nécessaire pour obtenir la surprise, les chevaux de Litorius la suivirent de près.

Dix jours après le départ de Litorius, c'est encore rempli d'illusions que je quittais Augusta Treverorum à la tête de notre puissante cavalerie. Aetius, pour qui j'officiais comme légat, marchait à mes côtés. Sa garde composée de guerriers huns servirait de réserve pour attaquer le moment venu, là où il le jugerait opportun. Hélas ! Le ciel maudissait Rome. La tempête s'accrochait à nos pas, et cette bise nous martyrisa au-delà de l'acceptable, nous souffrions ! Que la neige englue les sabots, que les rafales rompent l'échine ou que le grésil dévore leurs faciès, bêtes et humains subirent l'épreuve sans faillir. Nous n'étions plus qu'ombre dans la tourmente, spectres vacillants couverts de pelisses et soumis aux appétits des bourrasques. L'abnégation face à la difficulté poussa mes hommes à se surpasser et à puiser dans leur volonté. Et si certains sentaient poindre le désespoir, la simple vision du supplice des chevaux suffisait à leur insuffler un peu de vaillance. Pauvres animaux, leurs robes étoilées de givre faisaient pitié. Chacun sublima son calvaire, se fondit dans la masse jusqu'à ce que l'armée devienne osmose.

Le troisième jour fut plus terrible. L'assaut glacial redoublait, et Aetius remonta les colonnes de soldats, hurlant dans l'intempérie afin de galvaniser nos troupes :

— Les légions de César ont bien franchi les Cévennes enneigées pour surprendre les Arvernes, frayons-nous un chemin et marchons à leur égal !

Et le sursaut se produisit ! Si âpre fut l'effort, les troupes reprirent l'avancée. Au lendemain, le soleil récompensa l'opiniâtreté. Notre avant-garde parvint à l'orée d'une immense forêt où nous attendait le convoi de ravitaillement parti au préalable. Les hommes firent des feux et surtout distribuèrent le fourrage essentiel à la poursuite. Combien d'éreintés cédèrent au sommeil en cette nuit d'étoiles ? Peu, car la terre gelée interdisant tout terrassement, nous avions renoncé à la construction d'un camp. Aetius fit ordonner que chaque décurion rassure ses cavaliers, le risque d'une attaque nocturne restait mince. Les Francs n'en auraient pas l'audace ! Nos éclaireurs les certifiaient toujours engoncés dans la plaine et incapables de se mouvoir à moins d'abandonner les leurs sans protection. Ces paroles suffirent-elles ? Pas que je sache, car beaucoup passèrent la nuit, tête posée sur leur selle à cornes, prêts à jaillir en cas d'alerte. Cette nuit de frissons ne peut s'oublier, l'aube tardait. Enfin, elle surprit notre campement aussi calme que le crépuscule l'avait décrit. Jamais le soleil ne nous parut à ce point flamboyance et, comme l'accalmie se confirmait, les esprits se ragaillardirent. Je revois Aetius se frottant les mains pour les réchauffer, décidé à en découdre. Des messagers venaient de lui transmettre leurs plis : de bonnes nouvelles, car les deux autres corps s'étaient positionnés.

Selon ses instructions, le général Litorius avait commencé de presser l'ennemi. Il portait le ravage en des actions rapides avant de s'esquiver, et deux groupes venaient de subir cette foudre : une charge par surprise, le saccage puis l'incendie avant que les Francs ne se ressaisissent. Ainsi commença cette guerre.

Nous avions vaincu la glace, restait à affronter l'épouvante. L'ennemi nichait deux jours de marche au-delà et il fallait franchir cette forêt pour l'atteindre. L'armée s'y engouffra la peur au ventre. Depuis le désastre de Varus quatre siècles plus tôt[1], tout légionnaire répugnait à traverser les futaies, et scruter ces troncs où se heurte la vue épuisait les nerfs. Parmi la rocaille et ses mousses, en cet enchevêtrement du tortueux où la racine s'insinue entre les blocs, qui ne craindrait pas de se faire happer ? L'opacité aiguisait le frisson, ici le répit n'existait pas. Dans ce carcan végétal, le soldat en proie au malaise ne s'aventurait qu'aux aguets, un œil surveillant l'humus, l'autre les flèches embusquées. La forêt s'apprêtait à nous digérer. Aetius, ordonna de former plusieurs colonnes qui, compactes, avancèrent en un flux parallèle.

Atteindre la lisière, et bien que cela annonce le début des hostilités, fut notre soulagement. L'armée se rassembla, fit une pause puis s'ébranla à nouveau dès le retour d'une petite troupe partie en exploration. Accompagné de ses architectes et arpenteurs, le *præfectus castris* (responsable du génie et des fortifications) venait de découvrir le lieu où établir notre camp. Ce replat, situé à bonne distance entre l'orée du bois et un glacis découvert, convenait idéalement à son édification. Essentiel, un ruisseau serpentant la prairie permettrait d'abreuver les chevaux. En s'étiolant, le névé leur abandonnait une litière d'herbages moribonds, rien de

1. En septembre de l'an 9 ap. J.-C., trois légions menées par le légat Publius Quinctilius Varus furent anéanties par les Germains lors d'une série d'embuscades dans la forêt de Teutobourg.

mieux... Puis les soldats se mirent au travail dans un fourmillement où chacun s'entrecroisait avec concision. Alors qu'un quart de l'effectif fut dévoué à la protection des abords et à la garde des animaux, le reste s'employa à la construction. Tandis que des légionnaires débroussaillaient, creusaient un fossé profond de cinq pieds[1] ou élevaient l'*agger* (levée de terre) pour y planter la palissade, d'autres s'affairaient aux agencements intérieurs. Peu à peu le sol se couvrit de tentes. Des tours en bois s'élevèrent et des embases pour disposer nos engins balistiques furent maçonnées. L'aspect défensif se peaufina les jours suivants avec l'édification de redans intercalés aux remparts puis la construction de trois clavicules afin d'être prêts à effectuer une sortie en ordre de bataille. Un *castellum* fut également implanté en direction du septentrion, il couvrirait cette aile d'incursions ennemies.

L'aube révolue, des rubans de brouillard sillonnaient la plaine lorsque nos escadrons s'alignèrent face au campement. Lances pointées vers le ciel, soleil leur réchauffant le dos, les cataphractaires attendaient le signal. Surpris par notre apparition, les guerriers francs se rassemblèrent précipitamment. Nous les laissâmes faire, la disproportion des forces excluant toute incertitude quant à l'issue du combat. Selon les ordres d'Aetius, seuls les soldats subiraient nos foudres. Combien étaient-ils ? Cent cinquante tout au plus, et leur résignation ne suffirait pas à endiguer la désolation qui allait déferler. J'en avais conscience lorsque, d'un geste, j'ordonnai la charge. Une première ligne se détacha au trot, des hennissements montèrent et ce fut la ruée. Les Francs ne se débandèrent pas. Ceux munis de lances attendirent l'instant précis pour les lancer, puis, respectant la manœuvre, firent trois pas en arrière tout en dégainant leurs scramasaxes (coutelas semi-long). Plusieurs cavaliers s'effondrèrent, des chevaux furent touchés mais une bordée de javelots ne briserait pas l'élan. Le

1. Soit 1,472 mètre.

choc me fascina. De cette matrice où la sueur, le sang, la terre et les cris se mêlèrent en désordre, où muscles animaux et humains se mutilèrent, émergeait une œuvre propre à ravir le diable.

L'enchevêtrement se dénoua en peinture mouvante. Brisant la pâleur du décor, le soleil utilisa la trouée des nuages comme un soupirail pour y lancer ses rayons, pointant la *spatha* (épée longue) en train de frapper, éclairant ce flot pourpre jaillissant d'une plaie. La hauteur du sacrifice consenti m'étonna. Ici aucune crânerie, et, contrairement aux habitudes barbares, ces guerriers francs s'immolèrent avec austérité. Ceux ayant survécu à l'impact initial essayaient avec leurs *angons* (javelot muni d'un harpon) de crocheter la broigne des cavaliers afin de les faire choir. Gare aux malchanceux qui se laissèrent agripper ! La violence des coups de francisques, si elle ne les tuait pas sur le coup, leur infligeait des blessures trop profondes pour espérer en réchapper. Puis le combat s'arrêta, nos cavaliers entourant un dernier carré. Selon ma volonté, tous eurent la vie sauve. Ainsi, les yeux hagards, ils purent contempler nos chevaux et nos torches infliger le désastre. Piétinant, dévastant ou incendiant au hasard, Rome appliquait la sentence. Femmes, enfants et vieillards furent aussi épargnés, mais abandonnés à la misère ou à l'exode.

Nous repartîmes sans emmener de prisonniers, priant que la peur semée suffirait à la raison. Une graine vivace mais porteuse d'un autre mal : la haine... Combien d'attaques similaires se reproduisirent-elles ? Ma mémoire ne le sait. Quoi qu'il en soit, trop pour qu'elle en oublie l'amertume et assez pour que les Francs se résignent au départ. Reste le sourire d'Aetius victorieux avec la révélation du courage de ce peuple que nous n'avions pas massacré et qui, le jour venu, s'en souviendrait.

Printemps 428

La soumission des Francs rhénans, acquise grâce à la précocité du dégel qui avait brusqué nos intentions, conforta Aetius en protecteur de la Gaule. Cette victoire démontra l'ampleur de ses qualités stratégiques et, d'un point de vue plus personnel, elle permit d'affermir nos liens. Cette paix promettant un répit, nous confiâmes l'armée à Litorius puis prîmes le chemin d'Arelate (Arles). Le consulat de son ennemi Flavius Felix n'augurant rien de bon, mieux valait ne pas s'éloigner trop longtemps du pouvoir.

Sur la route du retour, confrontés aux réalités, mes rêves de gloire s'étiolaient. La détresse d'un peuple battu se mesure aussi dans le dégoût qu'elle génère. Tôt ou tard, une vague gigantesque s'abattrait sur l'Empire, notre obstination à seulement combattre l'écume qu'elle poussait nous serait probablement fatale. Aetius le savait, mais à Ravenne le pouvoir en place n'en avait pas conscience.

Arrivée une semaine auparavant, Severiana Roscia se languissait en Arelate. Elle m'accueillit avec un regard intense, la douceur de son visage exprimant son soulagement. Sa bouche encore pincée d'angoisse trahissait tout ce que le cœur et l'âme venaient d'endurer…

La saison passa dans l'assouvissement des joies conjugales. Abandonnant nos lassitudes aux paresses, tels Encolpe et Ascylte[1] nous badinions en des dérives superficielles donc insatisfaisantes. Vins, théâtre et banquets devinrent les inséparables d'un quotidien fait des fadeurs de l'inaction. Comme un gourmand de *garum* (condiment fait d'entrailles de poissons) augmente chaque jour la dose, ce désœuvrement poussait à la recherche de distractions toujours renouvelées, mais s'amuser au bord du précipice, qu'on le nomme décadence ou insignifiance, comporte des risques. Le pied sûr de mon épouse nous épargna cette ultime glissade : les orgies où tous les crapulards de la ville se livraient au stupre la révulsaient. Severiana Roscia se serait damnée plutôt que de s'y fourvoyer. Alors elle tint mes sens en éveil, veillant chaque

1. Les deux protagonistes décadents du *Satyricon liber*, le roman de Pétrone.

jour d'apparaître plus séduisante que la veille. Effigie absolue de beauté, élue de mon cœur, elle y régnait sans partage.

Les mœurs des uns et la bigoterie des autres enflammaient assez les âmes pour que l'Éternel trouve à y redire. Manifesta-t-il sa colère, ou, comme l'affirmèrent plusieurs aristotéliciens, s'agissait-il d'un séisme naturel ? Cela arriva le jour où les habitants d'Arelate célébraient le martyr d'un greffier décapité sous l'empereur Dioclétien, soit au firmament de l'été 428. Les fidèles se pressaient pour traverser le fleuve et obtenir une meilleure place face au sanctuaire : une simple colonne que l'on avait oubliée là, au pied d'un mûrier... En un lieu si exigu, il y avait de quoi s'inquiéter d'accueillir autant de monde. L'afflux fut tel qu'il fit chavirer le pont flottant suite à un mouvement de foule. Fort heureusement, la clémence divine épargna les vies.

La reconstruction de l'ouvrage dépendrait de moi. L'ampleur du chantier, tout comme les détails d'ingénierie relatifs à sa mise en œuvre, m'inquiétèrent peu. Ce qui m'irritait releva davantage du symbolisme de cet effondrement. Un pont, concorde entre deux mondes, ne peut céder sans agiter les oracles. J'y vis de funestes visions, et cela en dépit de la bonne tournure prise par les travaux. Les basses eaux de cette fin d'automne permirent d'exécuter le nécessaire avant les crues printanières.

Arelate, mai 429

J'appris le séisme de la bouche d'Aetius, car il vint me l'annoncer à mon domicile où je me délassais sur un divan en compagnie de Severiana Roscia, buvant du vin en observant un majestueux coucher de soleil.

— Les Vandales et les Alains viennent de traverser les Colonnes d'Hercule (détroit de Gibraltar), ils envahissent l'Afrique !

Me voyant bouche bée, Aetius continua :

— Cet inepte de comte Bonifacius leur aurait ouvert les bras.

— Pour se venger de Galla Placidia ?

— Ou faire pencher la balance en sa faveur. Quel fou !

— Voilà qui complique notre situation. Le loup vient d'entrer dans la bergerie.

— Tu as raison, Avitus… me dit-il d'un air soucieux.

À scruter son visage défait, je compris la portée de sa désillusion. Se laissant aller à l'inconcevable, le comte d'Afrique Bonifacius venait de ruiner tout son stratagème. Comment lui, Aetius, l'homme de Rome, aurait-il pu imaginer telle félonie ? En ne chassant pas ces brutes, non seulement Bonifacius exercerait une pression alimentaire sur l'Italie mais en sus, il déstabiliserait la Gaule(1). Débarrassés de leurs ennemis, les Wisigoths oublieraient un temps le soleil de Bétique (actuelle Andalousie) pour se retourner contre nous…

Éclairant la scène de solennité, un fond de lumière tamisée d'un rouge inhabituel imposa le silence. Un affranchi se présenta afin d'allumer les lampes à graisse suspendues puis il nous servit à boire. Le vin avait la couleur foncée de l'astre disparu, et sans doute aussi un arrière-goût de sang :

— Avitus, la braise couve encore aux frontières de Germanie mais l'urgence est ici. Pars demain et reviens avec trois des légions qui y stationnent.

— Mais n'est-ce pas trop dégarnir ce front ?

— Nous n'avons plus le choix ! Agis vite. L'armée doit quitter Augusta Treverorum (Trèves) avec discrétion mais ensuite, que brillent vos cuirasses !

— J'agirai selon tes ordres. N'aie crainte, Théodoric saura que l'armée approche.

Je m'acquittais de ma mission et, conscient des difficultés à venir, en fis part à mon épouse. Contre mon avis, elle décida

1. Par volonté romanesque, nous soutenons ici la thèse de l'historien constantinopolitain Procope de Césarée (VIe siècle). La faute imputable au comte Bonifacius s'avère ardue à définir avec précision et la logique voudrait que, fort conscient de la menace, il n'ait pas incité les Vandales à débarquer en Afrique.

de rester en Arelate. La meurtrissure des séparations passées se conjuguait toujours au présent.

Dieu nous accorda un répit. Alors que l'Hydre vandale ravageait déjà sa terre d'accueil au grand dam de Bonifacius, sa queue fuyante cherchait encore à s'extraire d'Hispanie. De quoi occuper les guerriers suèves et surtout distraire ceux qui étaient encore leurs alliés en cette contrée, les Wisigoths aux aguets. Mais que faire sinon prier ? En général, chaque coup de glaive entre tes ennemis te renforce ; là, nous assistions au contraire ! Par effet de vases communicants, l'abandon vandale les rendait plus puissants. D'un côté de la mer, leur départ libérait des effectifs qui sous peu se retourneraient contre nous et, de l'autre, il propageait la vigueur vandale. Celle contre qui Bonifacius ne pourrait rien, sinon contempler l'étendue de son erreur.

Tandis qu'en cet automne 429 l'évasion des Vandales se consommait devant Hispalis (Séville), Galla Placidia et ses conseillers jugèrent opportun de rappeler Aetius. Une promotion pour le neutraliser plutôt que de le laisser défendre ce qui pouvait encore l'être. L'Afrique ne tiendrait pas ! Comment croire ceux de Ravenne capables d'en prendre la mesure ? Ses gardes huns veillant sur lui, Aetius accepta de se rendre à Ravenne où il fut investi comme *magister utriusque militæ* (commandant général de l'armée). Et pendant qu'à la cour, Galla Placidia se réconfortait en distribuant les honneurs – poussant le vice jusqu'à élever Flavius Felix à la dignité de patrice – la sauvegarde de la Gaule m'échoyait.

L'Empire aux abois

430 vint : l'année nouvelle débuta avec le calme aux frontières et l'Afrique à feu et à sang. Écho lointain du massacre, les courriers d'Aetius insistaient sur la torpeur du pouvoir. Tous confirmèrent mes craintes. Au lieu de s'élever face aux Vandales, ces misérables de Ravenne s'entêtaient à l'éliminer *lui*. Je devinais sa défiance, mais en cette cour suintant le complot, comment se prémunir ? Lames effilées derrière les tentures ou poisons au

creux des bagues ne peuvent indéfiniment se déjouer. Sa garde ouvrait l'œil, mais l'omniprésence du danger compliquait la tâche. Je n'appris le dénouement de cet entrelacs qu'aux derniers jours de mai. Un messager se présenta et me remit ce que je n'aurais jamais voulu lire : ce qui se tramait depuis des mois venait d'être démasqué, et seule une maladresse de l'assassin le fit prendre avant d'avoir pu agir contre Aetius. Préférant l'aveu aux tourments, il obtint une mort rapide en livrant les commanditaires… Il ne restait qu'à les punir.

Eu égard à son rang, Galla Placidia échappa à la sentence, les autres pas. Des fidèles d'Aetius firent le nécessaire et enfoncèrent promptement leurs poinçons en la basilique Ursiana où les comploteurs s'étaient embusqués. Flavius Felix s'effondra le premier. Cœur transpercé, son sang gicla sur le marbre. Les yeux stupéfaits, il expira dans une illusion de gloire. L'étonnante vivacité du second incriminé lui évita une mort si subite : criant, se débattant comme un goret qu'on égorge, le diacre Grunnitus succomba sans pudeur.

Quant à la troisième victime, c'est en sa fin qu'elle retrouva un semblant de grandeur : comprenant l'inéluctable, celle qui avait accepté les pires compromissions fendit d'un geste sa robe, désignant l'endroit où frapper. Ainsi mourut Padusia Flavia Agricola, fille d'un grand consul et, ô désespoir !… ma sœur aînée. Puisse notre Seigneur lui pardonner ses offenses.

Les preuves en possession d'Aetius l'avaient malheureusement contraint d'agir ainsi. Sans le feu aux quatre coins de l'Empire, Padusia vivrait encore, en exil… Une seconde lettre m'éclaira quant à la situation en cours. Redevenu libre de ses actions, Aetius se préparait à intervenir en Rhétie (entre Tyrol, Valais et Bavière). Les Juthunges, un peuple fédéré par les Germains, s'y agitaient et, dès l'armée en ordre, elle marcherait sur eux. Il me conseilla la vigilance. Son successeur, le nouveau *magister militum per Gallias*, s'épouvantait pour un rien ; en cas de complication, ce serait à moi d'agir. La campagne contre les Juthunges serait vite menée. Disposant d'effectifs suffisants, Aetius me confia plusieurs turmes qui nous rejoindraient sous peu. Mais son principal étonnement venait de Ravenne où Galla Placidia déjouait le sens commun. Incapable d'accorder confiance à celui qui venait pourtant de l'épargner, cette Pandore implorait l'Afrique à son secours. Comme si le comte Bonifacius n'avait d'autres soucis avec les Vandales ! Oubliant l'intérêt suprême de l'Empire, elle lui assurait le pardon du moment qu'il rapplique avec des troupes. Là où la raison eut dicté d'envoyer le plus de forces possible pour enrayer le fléau, cette oie ne s'émouvait que de son sort. Inconséquence dont l'*Urbs* paierait un jour le tribut.

Les cavaliers promis par Aetius arrivèrent comme convenu. Quelle ne fut pas ma surprise de retrouver à leur tête une vieille connaissance. Syagrius, dont le souvenir ne s'était jamais évanoui depuis ce premier voyage à Rome en 407, m'apparut avec cette vigueur qui jadis le caractérisait. Adoucie avec le temps, la balafre le défigurant se fondait maintenant aux rides, de quoi lui donner sans peine un air plus jovial. Devenu tribun, il me confia son entrain d'avoir accepté la mission. Joie partagée, tant je savais qu'en sa présence nous accomplirions des prodiges. Faite pour impressionner, la force sous ses ordres se composait d'archers, de fantassins montés et surtout d'une turme de cataphractaires qui, elle, vint prendre ses quartiers en ma demeure. Il y avait aussi un groupe de Sarmates, que Syagrius me conseilla de laisser camper hors de la ville où ils se débrouillaient très bien, chassant et pêchant pour subvenir à leurs besoins. Tant de légendes couraient sur eux, entretenir habilement le mystère nous serait bénéfique. Cette présence rassurante me permit de rejoindre Aetius aux confins de la Rhétie : une vingtaine de jours à batailler contre les Juthunges ne pourraient que m'aguerrir.

L'été s'acheva sans trouble. Une chape de silence plombait Ravenne, comme si ses fonctionnaires se terraient dans l'attente d'une fin du monde. La Gaule respirait enfin ! Dès mon retour, j'insistai auprès de la préfecture du prétoire et de l'insignifiant *magister militum* afin d'organiser des grandes manœuvres. Exhiber notre force, et le Wisigoth en serait témoin... Les nouvelles venant d'Aetius se voulaient rassurantes. Vaincus, les Juthunges rebroussaient chemin. Le sort offrait la victoire à Aetius, il se réjouissait d'un possible retour aux calendes d'octobre : à temps pour goûter le vin nouveau. Syagrius et moi allions mettre à profit ce laps de temps pour parcourir la campagne en de longues parties de chasse. Bredouilles ou pas, le plaisir de faire détaler un lièvre dans la broussaille puis d'exciter nos chevaux à sa poursuite nous suffisait. Mutisme ou palabres, l'amitié se conçoit de la sorte. Nous poursuivions cet élan en d'interminables dîners. Joyeuse, Severiana Roscia se délectait des souvenirs de Syagrius. Il lui racontait comment ce fils de sénateur croisé autrefois sur la *via Aurelia* l'avait séduit, la facilité avec laquelle ce gamin attirait l'attention. Plaisante hagiographie qui suscitait l'enthousiasme de mon épouse. À la tendresse de pareils émois, quel homme ne se féliciterait pas d'une telle complaisance ?

C'est à cette époque que nous apprîmes la mort d'Augustin, l'évêque d'Hippo Regius (Hippone, aujourd'hui Annaba en Algérie). Affaibli par les privations d'un terrible siège, il avait rendu l'âme au désespoir de ses fidèles. L'Afrique s'enfonçait dans le cauchemar et la bravoure de Bonifacius n'y changerait rien. Il se battait comme un lion mais que peut le lion face à une bande de hyènes ? L'automne avançait et Aetius n'arrivait toujours pas. Retenu par des affaires à Ravenne, il différait sans cesse son départ. D'autres bruits, eux plus sombres, couraient les campagnes alentour. Plus un jour sans que messagers ou espions n'annoncent l'imminence d'une attaque : l'armée wisigothe était en marche et l'urgence des préparatifs absorba les esprits à en oublier le sommeil. Arelate s'anima d'une effervescence nouvelle où chacun savait exactement quoi entreprendre. Les boulangers entreposaient de grandes quantités de pain. Il fallait des fagots, et surtout prendre soin de les ranger à l'abri de projectiles enflammés. Bouchers et marchands de légumes s'activaient avec une identique ferveur. Greniers et citernes remplis, munitions suffisantes, la ville attendait. De ses abords immédiats aux confins de l'horizon, partout la nature se vidait. Vivres et troupeaux affluaient, laissant place nette comme une ondée se retire à marée descendante.

Certain de notre capacité à tenir le temps nécessaire à ce qu'une armée de secours nous parvienne, je décidai d'utiliser ma cavalerie pour harceler les troupes de Théodoric. Nous formerions deux groupes. Syagrius commanderait celui constitué de fantassins montés et d'archers, moi les Sarmates ! Prendre leur tête me revenait car moi seul connaissais la région où nous allions nous enfoncer. S'agissant d'opérer sur les arrières wisigothes, ces guerriers aux mœurs austères convenaient parfaitement. À eux donc de porter la terreur au lointain, là où l'ennemi ne se méfierait plus. Trop lourds en cette guerre d'embuscade, les cataphractaires ne seraient d'aucune utilité. Nous jugeâmes préférable de les laisser à disposition du *magister militum* au cas où il ordonne une sortie. Là, ils donneraient la pleine mesure de leur puissance.

Nous franchîmes le Rhône en amont d'Arelate. Ayant trompé la vigilance des espions wisigoths – car il eut été impensable de ne pas les imaginer épiant les abords – nous nous enfonçâmes en notre terre, cette terre devenue hostile. L'armée ennemie se présenta deux jours plus tard devant la ville. Sa situation géographique, appuyée au fleuve, dérangeait tout assaillant venu du couchant. Quelle stratégie employer sans risquer de voir ses forces coupées en deux et incapables de se regrouper en cas de contre-attaque ? Le pont flottant posait un autre problème car ces barbares ne pouvaient ni le prendre ni le détruire. Théodoric ayant délégué son commandement à l'un de ses généraux, ce dernier commit l'erreur de ne pas implanter le gros de son armée sur la rive orientale. Voilà qui faciliterait la rescousse !

À la première embuscade, alors que nos deux groupes ne s'étaient pas encore séparés, je pus constater le savoir-faire de Syagrius. Au petit matin, nous surprîmes une colonne d'affranchis qui marchait avec nonchalance. Trop nombreuse pour se croire en danger, la troupe traversait une clairière sans se douter que des yeux l'observaient. Leurs âges et embonpoint identifiaient ces recrues comme étant un renfort de second ordre, ce ventre mou commun à toute armée qui fait poids par sa masse mais souvent défaut en première ligne. Une attaque de front se révélant suicidaire, Syagrius ordonna l'intervention seule des *sagittarii* (archers à cheval). Ils tirèrent et la mort s'abattit avec la soudaineté des serres de l'aigle agrippant le chevreau. Des cous transpercés, des cris, du sang puis déjà la foudre qui s'esquive. Combien moururent ? Qu'importe, puisque les survivants venaient de ressentir la peur.

Un jour, alors qu'avec mes Sarmates nous traquions les isolés et les convois de ravitaillements, nous débusquâmes un homme blotti entre des sacs à l'intérieur d'un chariot. À mon geste on le jeta à terre afin qu'il parle. Livide, le prisonnier leva la tête et sembla surpris. Ce devait être un scribe ou peut-être un affranchi comptable, il m'avait reconnu ! Que faire de lui, sinon le renvoyer ? Nous le hissâmes sur un des chevaux capturés puis je lui lançai avant qu'il ne détale :

— Dis à ton roi que je le combats sans haine !

Entre les sarcasmes de mes hommes et le bruit du galop, je hurlais :

— Et prends garde à toi, ici les chemins sont mauvais...

J'eus satisfaction à guerroyer parmi les cavaliers sarmates venus du lointain pays des Scythes (grands espaces eurasiens), ils étaient avant tout des chasseurs, quel que fut le gibier... Ces guerriers-là préféraient la liberté d'un ciel étoilé aux vicissitudes des casernements. Jamais bavards, ils aimaient se distraire autour du feu la nuit venue. Peu à peu, gagnant leur confiance, j'en appris davantage sur leurs coutumes. Blonds pour la plupart, les Sarmates s'enduisaient les cheveux d'une teinture rougeâtre au demeurant plutôt hideuse. Leur rapport aux chevaux m'intrigua tout autant : ils ne les considéraient plus comme montures, mais en frères. Dès le premier guet-apens, je remarquai la présence d'une jeune femme dans le groupe. Ses flèches frappaient avec une précision déconcertante et, à l'admirer en découdre du poignard, qui eut douté de sa valeur ? Un soir au coin des braises, le chef m'expliqua que chez eux, et à condition d'être encore vierge, une femme pouvait combattre. Un fer rougi par la flamme désignait les élues. En leur brûlant le côté droit dès l'enfance, il les rendait presque immortelles. Couvert d'une carapace, le sein atrophié n'entravait plus les mouvements du bras ni la corde de l'arc… Se moquait-il de moi ? Malgré le corset de mailles qui lui cachait le corps, je fus vite convaincu. Elle s'appelait Hippolyté, un sang de déesse coulait dans ses veines. Son extrême beauté imposait aussi le respect. Quel romain peut prétendre au privilège sacré d'avoir brandi le glaive au côté d'une de ces Amazones ?

Les légions d'Aetius se présentèrent à l'heure du soleil tombant. Une clameur puis le peuple d'Arelate se pressa aux remparts pour jouir du spectacle. De chaque pan de l'horizon, la plaine étincelait de milliers d'éclats : cuirasses, épées, casques et *scuta* (bouclier rectangulaire) tirés de leur housse réfléchissaient la lumière. Plusieurs matrones grimpées au sommet d'une tour affirmèrent qu'un rayon vermeil vint du ciel et leur désigna l'aquilifer (porteur de l'emblème de la légion romaine). Folles d'éblouissement, elles firent courir le bruit en ville, obligeant l'évêque à agiter sa croix. Puisque Dieu le Christ s'en remettait à l'ascendant de Mars, la victoire s'offrait à nous.

Dire qu'il n'y eut aucun combat relèverait d'une fable et ferait injure à la vaillance de nos ennemis. On batailla de-ci de-là afin d'affermir les prétentions de chacun mais, une fois encore, le sang ne coula pas plus que nécessaire : un simple tribut à la gloire, en préambule aux palabres. Les tractations ne durèrent pas et se limitèrent à ce que les deux camps puissent s'accorder. La situation en Afrique obligeait Aetius à ne pas trop affaiblir les Wisigoths. Quant à eux, si l'honneur restait sauf et que le gain s'avérait suffisant, ils repartiraient triomphants. Une partie du butin confisqué aux Juthunges permit amplement d'accomplir notre dessein.

Lorsque j'appris la nouvelle de cette victoire depuis une garrigue reculée, les Wisigoths avaient déjà levé le camp. En Arelate, où Syagrius m'attendait depuis la veille, j'assistai à ce flot d'allégresse synonyme de délivrance. On me raconta que lors de l'entrée en ville d'Aetius, la foule se pressa autour de lui à presque l'étouffer. Les femmes voulaient le toucher, happer les plis de sa tunique tout en implorant son attention, mains au ciel. Ses gardes lui frayèrent un chemin à travers la cohue. Il souriait, accordait des hochements de tête mais ne se laissait pas griser.

Nous n'eûmes guère le loisir de célébrer ce succès. D'autres tempêtes pointaient à l'horizon. À l'unisson, nous ne doutions pas du jour prochain où il faudrait à nouveau faire route commune.

Gaule, avril 431

L'hiver passa et avec lui le temps éphémère des bonheurs conjugaux. À peine les hirondelles revenues, une menace aux frontières de Germanie obligea l'armée à repartir en campagne. Bafouant le *fœdus* (traité) accordé autrefois, les Francs saliens – Clodion le Chevelu à leur tête – venaient d'enjamber la *Carbonaria silva* et se répandaient le long du littoral jusqu'aux rives de la Samara (Somme). Des villes comme Tornacum (Tournai), Camaracum (Cambrai) et Nemetacum Atrebatum (Arras) venaient de se soumettre sans véritable résistance. Nous affrontâmes ces idolâtres aux confins du territoire qu'ils avaient conquis, et leur infligeâmes une défaite. En d'autres circonstances, le glaive romain eut porté le châtiment sans se soucier du lendemain, mais le temps et les forces perdues à refouler ce peuple affaibliraient notre position.

Nous n'en avions plus les moyens. Aetius préféra négocier, ce que Clodion accepta sans peine, ce nouveau traité le laissait maître de sa conquête, nanti d'en défendre les limites au profit de l'Empire. La colère soufflant d'Afrique expliquait notre attitude.

Nous apprîmes la chute d'Hippo Regius (Annaba) sur le chemin du retour. En dépit des renforts finalement expédiés au comte Bonifacius, les Vandales et leurs alliés berbères obtiendraient sous peu la victoire. Il fallait se hâter car les germes de ce conflit atteindraient tôt ou tard l'autre rivage de la Mare Nostrum (la Méditerranée).

Rentrant après plusieurs mois d'absence, la joie d'enlacer Severiana Roscia m'offrit le plaisir de humer sa peau de miel. Peu à peu mes nuits devinrent le refuge à l'oubli. M'arracher à elle aux aurores me demandait un effort que seul le devoir motivait, et je m'acquittais de mes contraintes tiraillé par ma conscience.

Incapables de s'entendre après le départ des Vandales, Suèves et Wisigoths se chamaillaient leur héritage. Faute de mieux, les premiers en vinrent à dévaster la Galice. Un évêque nous arriva de cette contrée pour supplier notre intervention. Je lui promis au nom d'Aetius la dépêche d'une ambassade. Mais rien ne pressait... Deux meutes de loups qui s'affrontent ne chassent plus ! Puissent ces gens continuer à se battre, mais modérément.

Italie, 431-432 ; Aetius fait consul

Un froid sec rongeait l'air en ces ides de décembre 431, et des volées de corbeaux cherchaient pitance. Voilà plusieurs jours que nous cavalions sans relâche. Les portes de Rome semblaient un mirage mais même s'il avait fallu tuer nos montures sous l'effort, elles ne se déroberaient pas. Quatre hommes m'accompagnaient en plus du cocher et de l'*optio* (sous-officier) assis à ses côtés. Tiré par deux puissants chevaux, le *cisium* (char rapide) que nous escortions filait à la vitesse du vent. Soigneusement protégé de linges et placé sous la banquette du char, le trésor dont j'avais l'honneur d'assurer l'acheminement serait livré à temps. Il le fallait ! Jour et nuit, les ivoiriers d'Arelate avaient usé leurs outils afin d'achever ce diptyque consulaire. Contrastant avec celui de son prédécesseur – l'insipide Flavius Felix, mon beau-frère – le panneau consacré à Aetius le représentait en soldat. Comme jadis sur celui de Stilicon, il portait une cuirasse par-dessus laquelle pendait la chlamyde longue agrafée à l'épaule. *Spatha* (épée longue) à la ceinture et bouclier ovale posé au sol légitimaient ce que les traits du visage démentaient. À l'allure martiale du conquérant répondait un air de soumission injuste. Volontairement tombantes, les arcades sourcilières ôtaient toute énergie à la figure en signe d'obéissance. La jeunesse de l'empereur, dont l'effigie ornait le second volet du diptyque, lui permettrait-elle d'en saisir la symbolique ?

Le 1er janvier 432, j'eus la faveur d'assister aux célébrations du nouveau consulat. Désigné selon la coutume en ce jour, celui qui donnait son nom à la nouvelle année s'avança d'un pas solennel. Bien que la dignité à laquelle Rome l'élevait ne soit plus qu'honorifique, Aetius savourait son instant de grâce. Par cette magistrature, tradition vieille comme la République, il accédait enfin à la reconnaissance suprême. Qu'importait alors la défiance de Galla Placidia puisque la majorité des sénateurs saluaient son avènement. Quant au jeune Valentinien, son indifférence frisait le ridicule. Garant des institutions, l'irrespect de ses bâillements souillait cette grandeur et tant de bassesse en ce piédestal pinçait les cœurs. « *Sane coleus es* » (Tu es un vrai couillon), m'indignai-je mentalement. L'éblouissante blancheur des marbres, l'éclat des tentures ou l'apparat des toges ne changeait rien au malaise. Enfin, le fameux rhéteur Flavius Merobaudes prononça le panégyrique composé par ses soins. Des origines, de l'enfance ou exploits d'Aetius, sa prose sut en faire l'éloge. Nos sages écoutèrent ce qu'ils n'ignoraient point, laissant les fourbes ravaler leur salive…

Poursuivant la cérémonie, mon mentor proclama un discours conventionnel fait d'allégeance à l'Empire. Il le termina d'un auguste geste, signal à ce qu'un esclave du palais dépose le diptyque devant l'empereur. Les jeux inaugurant l'année consulaire pouvaient commencer ! Au sortir de l'hémicycle, un sénateur me fit en toute discrétion confidence de la réaction impériale. L'unique souci de Valentinien, et il en avait témoigné son inquiétude à sa mère, concernait la ressemblance de son portrait. Je n'informai Aetius de ce détail qu'au lendemain, alors que nous chevauchions pour rejoindre l'armée :

— Qu'il ne s'occupe que de ses bustes et me laisse surseoir au danger ! dit-il en riant.

Nous atteignîmes nos troupes au soir tombant. Elles campaient sur la rive du fleuve Arno, non loin d'une bourgade nommée Florentia (Florence). La douceur de cette campagne me séduisit. D'une lumière tamisée coulait une brume d'or, un élixir de paix qui s'amusait à flatter les âmes comme une caresse. Se délasser face aux flots incite aux nostalgies. Celle des compagnons disparus attend son heure, et ressurgit lorsque l'attention aimerait s'y soustraire. La fraîcheur tombait. À dévorer les mets qu'un aide de camp nous apporta, nos appétits chassèrent ces remugles d'outre-tombe. Le ciel devenu ambre s'éteignait, offrant à la clarté son ultime préciosité. Une couleuvre glissa dans le courant. Toutes de grâce, les ondulations de sa nage s'évanouirent au seuil de l'obscurité. Épuisés, nos contemplations furent remises au lendemain.

L'aube me surprit songeur. Debout aux premiers tintements des feux, je pris mon cheval et m'éloignai à la recherche d'une source. Un *optio* (sous-officier) m'ayant vanté sa clarté, l'idée de la découvrir afin d'y satisfaire mes ablutions matinales m'enchanta. Abandonnant notre campement à sa léthargie, je suivis les indications et remontais un ruisseau tranquille. Sagement apprivoisé sous l'ombre d'un cordon végétal, il serpentait, murmurant. Au pas, monture tenue à la bride, je m'efforçais de ne rien troubler en cette quiétude où le chant timide des passereaux défiait l'hiver. Limpide d'azur, l'eau se devinait aux légers clapots. Puis ce fut une voix qui m'intrigua. Claire, attirante, celle d'une femme chantonnait une mélopée à dompter les anges. Après avoir attaché mon étalon, j'avançai aux aguets, soucieux de mes pieds effleurant le sol. Voleur d'intimité, je la surpris enfin. Venue chercher de l'eau, elle avait rempli une jarre et rinçait ses jambes avec délicatesse. Nymphe des sources, cette beauté absolue exerçait une magie innocente. Puis dénouant ses cheveux, elle les aspergea en dépit du froid. Mouillée à l'assombrir, la longue torsade s'essora avec félicité. Importuner cette féerie eut été sacrilège. Un dernier regard à cette évanescence au profil de reine puis je reculai silencieusement. Peu à peu la voix s'évapora, me délaissant à l'élégance de son absence.

Aetius m'attendait ! Avant que nous ne nous séparions, il tenait à m'instruire sur ses volontés. Entre l'agitation couvant en Norique (aujourd'hui entre Autriche et Slovénie) et les spasmes de la cour dont il pressentait les sournoiseries, la sagesse lui imposait de prendre ses quartiers ailleurs : Milan, où il y compléterait l'effectif en *bucellarii* (mercenaires à cheval). À mi-distance entre deux dangers, son armée se tiendrait prête... Afin d'assurer ses arrières, Aetius m'ordonna une série d'inspections des frontières d'Aquitaine seconde au *limes* lointain. De quoi encourager la paix en Gaule d'ici son retour. Une accolade suffit, et nous reprîmes nos routes emplis de confiance.

Au souvenir de ce trajet vers Arelate, mon esprit se grise d'émotions. Le boucan des roues du *cisium* (attelage léger) ou celui des sabots fracassants le pavé ne parvint jamais à dissiper l'aura dans laquelle mon cœur se maintenait, celle d'une douceur de chant née plus tôt à cette source enchanteresse... Mon arrivée m'offrit une nouvelle à l'unisson de mes émois : le ventre plein de Severiana Roscia ne laissait planer aucun mystère, ses sourires le confirmèrent.

Inspection en région narbonnaise

Narbo Martius (Narbonne) ressemblait à ces arbres oubliés au milieu d'une plaine. Avec leur ombre pour unique linceul, ils résistent aux vents et tempêtes par on ne sait quel miracle, la racine se veut têtue et ne renonce pas. J'achevais ma visite – me félicitant des progrès réalisés aux fortifications – lorsqu'un messager apporta la nouvelle. Contraint de quitter l'Afrique et succombant aux implorations de la régente Galla Placidia, le comte Bonifacius venait de faire son entrée à Ravenne. Comme si cette erreur ne suffisait pas, Galla Placidia lui offrait le consulat ainsi que tous les autres titres qu'elle retirait sur-le-champ à Aetius ! Félonie doublée d'aberration qui, au lieu d'aplanir les tensions, ne ferait qu'attiser le mal. Quelle folie, et pourquoi envenimer l'Italie encore épargnée ? Frustré de sa défaite, ivre de vengeance, le nouveau venu – tant par sa présence que par les honneurs accordés – devenait source de conflit. Dès lors la guerre civile était inévitable.

Confiant en la valeur de ses troupes, Aetius déclina ma proposition de le rejoindre à la tête d'une armée. Il préférait me savoir en Gaule à y maintenir une force conséquente et à préserver ma patrie de possibles troubles. Si Théodoric profitait de l'aubaine, tout espoir de sauver l'Empire s'avérerait vain. Sillonnant le territoire qu'il pleuve ou vente, inspectant jusqu'aux garnisons les plus reculées, je fis le nécessaire pour que l'Aigle romaine signale sa puissance. Toujours à cheval, j'eus pour récompense d'être en Arelate le jour où ma femme fut délivrée. Je venais d'avoir trente-sept ans et cette lumière qui vint éclairer notre foyer portait la plus noble des espérances. Étincelle sans rivale, elle remplit nos cœurs d'amour absolu. Nous l'appelâmes Papianilla.

Bataille d'Ariminum

En cet automne 432, les deux armées s'affrontèrent devant Ariminum (Rimini). La haine couvait à en obscurcir chaque conscience, et les adversaires n'avaient pas été en mesure de s'affronter sans avoir affûté leurs armes. Le choc, bref, fut terrible ! Disposant de forces sensiblement égales, les protagonistes se ruèrent en un vacarme où le bruit du fer contre le fer supplanta celui des hurlements. La mêlée sanglante tourna vite à l'avantage des troupes impériales. Arrivant fraîches sur le champ de bataille, renforcées par un reliquat de prétoriens, elles tenaient la victoire. Quelle mouche piqua donc Bonifacius ? Le triomphe des armes ne lui suffisait-il pas ? Voulut-il rajouter du panache à sa gloire ?

Surgissant comme un diable, le comte Bonifacius dépassa ses lignes pour pointer sa lance contre Aetius qu'il venait de reconnaître. Habile à l'esquive, Aetius para le coup et ne manqua pas le sien. Bonifacius s'effondra le torse déchiré. S'activant autour de lui pour le sauver, ses *bucellarii* (mercenaires) en oublièrent l'essentiel et laissèrent filer l'adversaire. Et ce qui dut être déroute ne fut qu'une défaite. Blessé à mort, Bonifacius expira peu de temps après, non sans avoir pu dicter ses dernières volontés à son épouse.

Poursuivi par le comte Sebastianus, ce nouvel homme fort du régime, que Galla Placidia crut bon d'investir *magister militum*, Aetius gagna Rome avant de s'enfuir en Dalmatie. Comment Bonifacius avait-il pu accorder sa fille à ce soudard qui ne possédait pas la finesse d'esprit de son beau-père ? Homme de guerre, ses atouts se résumaient au courage et à la brutalité. Aetius lui échappa, et évitant de porter le conflit en Gaule, se réfugia chez les Huns. Rugila l'accueillit avec égards, se félicitant que Tangra, le dieu des Huns, se montre si généreux. Et les tractations commencèrent.

Ravenne, avril 433

Veuve depuis plusieurs mois de Bonifacius, la princesse Pelagia redoutait de voir éclore le printemps. Elle s'était réfugiée dans une cage assurément dorée tant sa richesse dépassait l'imagination de la plèbe, mais une prison quoi qu'il en soit... Il lui sembla impossible de trahir la dernière volonté de son époux. Mais comment s'y résigner ? Comment être sûre que ces mots glissés au seuil de l'agonie ne résultaient pas du délire, mais bien d'un sursaut de conscience ? Ravenne l'étouffait. Plutôt que de s'y consumer face au destin, Pelagia prit le chemin de Rome. En sa luxueuse *domus* du Quirinal, elle serait plus sereine et le cas échéant aussi en mesure d'offrir ses veines à la morsure des aspics.

Fort d'un pacte d'amitié concédant la *Pannonia Superior*(1) aux Huns, Aetius venait de pénétrer en Italie à la tête d'une armée. Cette fois, ce n'étaient plus quelques milliers de *bucellarii* (mercenaires) mais un flot « féroce » de Huns offert par Rugila. Quelles furent les trames exactes de cette entente ? Nul ne le savait mais, parmi les contreparties exigées par le roi, figuraient le paiement d'une rançon et le retour de tous les guerriers huns en service dans l'armée romaine. De quoi semer la panique à Ravenne où la régente Galla Placidia implora l'aide des Wisigoths. Trop avisé pour se laisser aspirer dans ce guêpier, Théodoric dédaigna l'appel. À l'été, un courrier d'Aetius m'informa de la situation. Il prenait son temps, laissait mûrir le fruit afin de le cueillir à terme. Il avait raison, car l'affolement créé par sa présence valait toutes les batailles. Lorsqu'à l'automne, Galla Placidia apprit que l'armée d'Aetius marchait sur Ravenne, elle congédia Sebastianus en lui retirant ses titres et fonctions. L'exil convenait à celui qui, fuyant avec sa troupe vers Constantinople, alla y commencer sa carrière de réprouvé.

Galla Placidia, qui de vergogne ne risquait pas de s'étouffer, offrit sa repentance avec la sincérité d'une oie promettant le silence. Seuls lui importaient la vie sauve et le maintien de son fils au pouvoir : à ce prix, elle s'offrit à la clémence de son vainqueur et accepta avec empressement de le rétablir en ses honneurs. Magnanime et fidèle à ses principes envers l'Empire, Aetius la gracia une seconde fois.

---

1. Ancienne province romaine. Délimitée au nord par le Danube, elle s'étend de nos jours sur un territoire à cheval entre l'Autriche, la Hongrie, la Slovénie, la Croatie et la Bosnie-Herzégovine.

Territoires des Huns, 434

« Terre grondante, ciel grondant ! De colère, Tangra labourait un monde soumis aux furies de la bourrasque. Collines et nuages tremblèrent, écrasant de leur peine cet univers soudain embrasé. Que vents et pluies se déchirent, que le vivant s'intrique d'une nature peinte au mauve des cieux, le grand khan marchait sur Constantinople ! Cet orage de fin d'été en pays Thrace était un signe. Symbole de sa puissance, il défiait l'obstacle et portait le ravage au gré de son humeur. La silhouette du roi, devenue bronze équestre, se détacha sur une crête pour observer sa troupe en mouvement. Ployant sous la rafale, mentons engoncés, à chaque coup de tonnerre les cavaliers se tassaient un peu plus sur leurs montures. Lui non, bravant la foudre, il dominait ! Un craquement à fendre le ciel puis Rugila s'effondra, terrassé par cet éclair prodigieux. »

Attila s'éveilla en sursaut. Tout était calme, il avait froid et le tison du brasero consumé à l'extrême agonisait en cette fin de nuit. Cherchant la chaleur, il se recroquevilla sous sa couverture de peau mais ses yeux restèrent ouverts. Encore ce rêve : des fidèles de Rugila lui avaient dépeint la scène, le foudroiement de leur roi ; il s'en était imprégné, et maintenant ses songes lui murmuraient ce récit chaque nuit comme pour l'en convaincre.

D'autres intimes du roi défunt, eux moins acquis aux violences divines qu'à l'efficacité du poison, venaient de s'enfuir. On les savait déjà suppliant l'empereur Théodose afin qu'il leur accordât asile… La mort, accidentelle ou pas, de Rugila partageait « le peuple des steppes » entre le pouvoir de ses deux neveux : Bleda, l'aîné, comme khan principal pour l'étendue orientale, et Attila, en père des peuples riverains.

En dépit du règne passé, cette dyarchie apparaissait une solution appropriée. Misant sur l'entente entre les deux frères et surtout sur leurs qualités respectives, Rugila avait paré à l'essentiel. Impétueux voire insaisissable, Bleda saurait manœuvrer l'Empire d'Orient, désormais la seule véritable puissance capable de faire front à leurs velléités de conquêtes. Attila, lui, autrement empreint de culture gréco-latine, louvoierait face à Rome en attendant le moment propice. Il s'entendait avec les peuplades germaniques, les comprenait davantage et en serait un habile suzerain.

L'urgence venait de Constantinople, et les deux frères n'ignoraient pas la menace. En s'évertuant à corrompre leurs vassaux et à les diviser, les émissaires de Théodose espéraient mettre le ver dans le fruit. Promesses, mariages, or... Ces marchands d'illusions auraient promis le Capitole en échange d'une trahison. L'offensive de Rugila était une erreur, d'ailleurs Tangra s'y était opposé... Pourquoi utiliser la force en premier ? Affaiblir économiquement son ennemi s'avérerait plus judicieux et, au minimum, un préambule digne de ces deux émules de l'école politique romaine... Bleda et Attila s'entendirent : « Qu'une ambassade se charge d'organiser la rencontre et laissons mijoter cette cour, sa compromission n'en sera que plus juteuse. » Les mots suffisaient, la malice des regards leur prit le pas. Une grande partie de chasse à travers les forêts bordant le Danube ferait leur bonheur d'ici le retour des palabres. En cette période de brame, des cerfs à la ramure de roi les attendaient en ce paradis sauvage. Un pacte de sueur et de sang, d'amitié ou de prouesses pour sceller la fusion fraternelle entre ces deux princes du lointain.

Rome, 434

Apaisée, la princesse Pelagia contemplait l'*Urbs* à ses pieds depuis les terrasses du Quirinal. Chaque jour à la même heure, une fois la chaleur tombée, elle venait ici respirer l'odeur de sa liberté. Loin des soubresauts de la cour, la jolie veuve consolait sa peine en d'incessantes prières. Mais les dévots de Ravenne allaient-ils encore longtemps l'oublier ? Le temps avait fait son œuvre, désormais elle était convaincue d'agir selon feu son époux. L'aberration d'alors laissait place à l'évidence ! Aetius ne refuserait pas une alliance aussi bénéfique qui, outrepassant l'importance de la dot, lui garantirait sa mainmise sur l'Occident. À l'âge de trente-neuf ans, la beauté de Pelagia ne s'était aucunement fanée et tout bon romain la croisant retrouvait dans son allure l'image sacrée d'une vestale.

En sait-on davantage quant à cette union salvatrice ? Aetius n'aimait guère parler des joies conjugales et concevait le plaisir de la chair à la lueur des torches éclairant sa tente. Culbuter les filles de garnison l'amusait autrement que la splendeur et les sophistications des matrones romaines. De l'empereur Trajan, il possédait la grandeur et la fougue, mais pas le même goût pour les gitons.

Aetius me manquait. Plus d'un an sans nous voir et, malgré ses courriers rassurants, j'implorais le ciel pour son retour.

L'Italie se reposait, la Gaule grognait... Cavalant de garnisons en postes reculés, je fis de mon mieux pour maintenir le moral de nos troupes et porter haut le flambeau de la Rome éternelle. Une aigreur sournoise se propageait dans les campagnes, répandant un air de révolte qu'il faudrait mater sous peu. À surveiller cette folie, le sort me refusa d'être en Arelate à la naissance de notre nouvel enfant. Épuisée d'attente et de solitude, Severiana Roscia m'accueillit le cœur empli de la tristesse liée à mon absence. Je découvris le visage de notre nouveau-né avec satisfaction ; il ressemblait à celui de son grand-père, l'illustre consul Flavius Julius Agricola. Les sourires du jeune Esychius à sa mère combleraient l'absence d'un père militaire tributaire de son devoir.

Armorica (Bretagne), printemps 435

La misère, le désespoir et ces volutes de fumée âcre : odeurs d'incendie ou relents de charnier, elles pinçaient nos narines, nous rappelant à l'ingrat devoir qui nous incombait. Face à l'urgence de cette révolte paysanne, Aetius avait insisté pour que les forces disponibles se rassemblent aux abords de la Loire. Les hommes à ma disposition progressèrent en couverture des cavaliers gaulois de Litorius. L'élévation récente de ce dernier à la préfecture du prétoire laissait entrevoir un mieux, de quoi inciter le barbare à la prudence.

L'événement qui venait d'embraser nos territoires, tout esprit attentif le pressentait : la révolte couvait depuis des lustres, et qu'une famine de plus en soit la cause, quelle importance ? Paysans ruinés, déserteurs ou esclaves profitaient de la déliquescence pour se regrouper en bandes et saccager les campagnes sans que l'on puisse prédire où le désastre s'abattrait. Ces brigands s'étaient soulevés derrière un séditieux fou d'ambition nommé Tibatto. Cet utopiste qui s'imaginait en libérateur du peuple n'en serait que le fossoyeur.

Nous retrouvâmes Aetius devant Civitas Turonorum (Tours) et cela après avoir sévi une dizaine de jours en longeant la frontière des Wisigoths. Ces lèpres de bagaudes ne les épargnant également pas, ils se gardèrent de nous inquiéter.

De cette campagne militaire odieuse, je ne conserve qu'amertume et dégoût : celui des corps mutilés et des crucifiés avec leurs hurlements. Guerre sans gloire que celle qui oblige aux supplices ou à pourchasser l'orphelin. Nos troupes agirent avec méthode, détruisant ces guenilles partout où elles les trouvèrent, incendiant leurs tanières, coupant approvisionnements et replis aux rebelles. Mais à les dénicher, il fallait se diviser toujours plus, ce qui nous exposait au risque de nous faire surprendre par une force supérieure. Mais la honte de finir comme un Claudius Glaber(1) surpassait toute autre crainte en cette infamante guérilla. D'Armorica (Bretagne), le nauséabond de la guerre civile planait sur l'étendue, offrant aux corbeaux le spectacle répugnant d'une terre soumise aux férocités humaines. Vaincu, traqué, Tibatto fuyait en nous échappant encore…

---

1. Préteur envoyé par Rome en 73 av. J.-C. pour mater la rébellion de Spartacus. Il sera vaincu au pied du Vésuve et en portera le suprême déshonneur.

Ce trouble ne pouvant se résoudre sans provoquer de vagues, les Burgondes en profitèrent pour s'agiter. Épris de Belgique et lassés de *Germania Superior*, ils crurent possible d'étendre leur influence aux dépens d'un territoire rattaché au diocèse des Gaules. Confiant à Litorius le soin d'éradiquer les derniers foyers de résistance en Armorica, nous portâmes l'armée à leur rencontre. Une bataille réglée comme à la manœuvre où nos pertes infimes rimèrent avec le désastre opposé. Nul besoin de talonner ces vaincus, une escorte suffisait ! Et ce fut sans autre forme de négociation que nous les laissâmes filer. Se souviendraient-ils de la leçon ?

Au retour, Aetius voulut que nous fassions un crochet sur les rives de la Loire. Il tenait à y rencontrer un groupe d'Alains pour leur proposer de s'établir plus en aval. En échange d'un territoire mieux défini, à eux de circonscrire l'insolence du peuple armoricain. Aetius le savait, la braise du bagaudisme(1) ne s'éteindrait pas si vite, d'autant que de mauvaises nouvelles d'Orient obscurcissaient l'avenir. Il venait d'apprendre que les ambassadeurs de Constantinople s'étaient laissés humilier à Margum (Požarevac en Serbie). En acceptant les exigences de Bleda et d'Attila – soit le doublement du tribut annuel et la remise des réfugiés politiques –, l'Empire se soumettait au pire des traités. En outre, Théodose devrait verser aux Huns trois cent cinquante livres d'or supplémentaires. Un marché de dupes qui, plutôt que de garantir la paix, entérinait leur sentiment d'arrogance et d'invulnérabilité. Furieux, Aetius me laissa entendre à quel point il trouvait déraisonnable, voire inconscient, de s'être laissé ainsi berner. L'incompétence de Théodose dépassait l'entendement ! Si depuis tant d'années Aetius s'évertuait à sauvegarder les équilibres, à ne jamais anéantir un peuple voisin (si belliqueux fut-il), ce n'était pas pour constater l'attitude inverse chez l'empereur d'Orient. Ce manque de clairvoyance le consternait.

1. Mouvement de rebellion sociale anti-romain et de brigandage.

À la faveur d'une accalmie, je passai l'année 436 en Arelate. Remarquable d'attentions, ma douce Severiana Roscia s'efforça d'atténuer ces brumes armoricaines qui encombraient ma foi de scrupules. Exercice délicat tant le remord peinait à se dissiper. Au moins avions-nous rétabli un semblant de paix... Apprendre à l'automne que Galla Placidia venait de nommer Aetius patrice m'apporta un réconfort : nos âmes ne brûleraient pas aux enfers pour rien. Tranquillité éphémère ! En décembre, revenue d'Hispanie, l'armée de Théodoric s'installait devant Narbo Martius (Narbonne).

Flavius Aetius.

- VIII -
Magister militum per Gallias[1]

Narbo Martius (Narbonne), 437

SOUS LE VENT DE TERRE couchant les ajoncs, la plaine au pied des remparts s'animait de mille soubresauts. En proie aux éléments et soumis à cet air sec et douloureux, les guerriers wisigoths gesticulaient. Voilà plusieurs mois que les hommes de Théodoric menaient un siège infructueux devant Narbo Martius et rien ne laissait présager d'un quelconque dénouement. Coupée par le cours de l'Atax (l'Aude)[2], leur armée se trouvait dans une position similaire à celle qui, en 430, l'avait contraint à s'enfuir sous les murs d'Arelate (Arles). En dépit de la masse déployée, leur stratégie souffrait des mêmes lacunes et nous n'envisagions pas notre défaite.

Tenant à honorer son second consulat, Aetius désirait soumettre toutes les peuplades ambitieuses au joug de l'Empire. C'est dans cette intention qu'il m'éleva au rang de maître des milices (commandant en chef de l'armée des Gaules) et me délégua le soin

---

1. Maître des milices pour la Gaule.
2. L'Aude dont l'ancien lit contournait Narbonne par l'ouest en s'écoulant au pied des remparts.

de délivrer la ville ; pour ce faire, il me subordonna Litorius et ses troupes. Les envies d'expansion wisigothes devenant intolérables, sa volonté d'en finir augurait de l'ampleur du conflit, mais avoir pour adversaire un ami m'entraîna aux confins de ce qu'impose le devoir. Connaissant l'importance pour Théodoric d'obtenir un port sur la Mare Nostrum (la Méditerranée), je comprenais son insistance. Mais en cherchant à étendre son influence partout en Gaule, le grand roi s'était attiré des rancunes tenaces.

Dès l'aube, nos cohortes marchèrent à l'ennemi devant Narbo Martius. Mon plan consistait à ce que cette attaque ne soit visiblement couverte que sur son aile droite. Ainsi, de ce côté, nos cataphractaires s'alignèrent lances pointées vers le ciel, prêts à bondir sur tout autre renfort traversant l'Atax. Le piège fonctionna comme prévu ! Attirée par ce qu'elle croyait une aubaine, la cavalerie wisigothe contourna Narbo Martius afin de nous prendre à revers. Misant sur un effet de surprise, et consciente que nul depuis les remparts ne risquait d'ignorer ses mouvements, elle se lança au galop dès le fleuve traversé. C'est exactement ce que j'espérais : trop importante, la distance à parcourir désordonnerait sa charge. Emportés par leur fougue, les cavaliers ne comprirent que trop tard leur erreur. Dissimulés en petits groupes dans les hautes herbes, y maintenant leurs chevaux couchés sur le flanc, les *sagittarii* (archers) de Litorius les attendaient. Ils surgirent en essaim, décochant des flèches avant de s'esquiver pour piquer à nouveau plus loin. Gare au malchanceux séparé du groupe, le tranchant des épées scythes n'avait rien à envier au pointu de leurs dards. Ayant assez semé la pagaille entre les escadrons ennemis, nos hommes les laissèrent s'éloigner d'environ deux stades[1] avant qu'ils n'atteignent la mêlée. À cette distance, la bravoure l'emporte sur la raison ! Apercevant l'infanterie romaine prendre le dessus autour des retranchements du siège, et galvanisés par la volonté

---

1. Environ 378 mètres (la longueur du *stadium* étant de 125 pas, soit 184 mètres).

de secourir leurs frères, les cavaliers wisigoths se laissèrent encore abuser. Ce fut d'abord une volée de flèches surgie de nulle part qui s'abattit sur eux. Fauchant leurs rangs, elle les désorganisa suffisamment pour amoindrir le choc. Le temps d'une seconde pluie meurtrière et, dans l'horreur des hennissements d'animaux, ils se heurtèrent à une imprévisible triple haie de *pilums* (javelots) brandis devant eux : nous avions profité d'une nuit sans clair de lune pour positionner nos fantassins, couchés dans l'herbe, à l'affût et immobiles depuis l'aurore... Si imposante soit-elle, cette herse ne pouvait suffire à briser l'élan. Un demi-stade en retrait, une seconde ligne, identique, se dressa de concert. Les Wisigoths se défendirent avec pugnacité. Soudain une clameur, car d'un geste je venais d'ordonner aux *cornicines*[1] de sonner l'intervention des cataphractaires. Le son se répandit sur la plaine pour couvrir le bruit du chaos, suspendant la bataille un bref instant. En s'ébrouant, nos escadrons suffirent à induire la panique. Il le fallait car je ne voulais pas abandonner notre aile droite sans couverture. Sage celui qui préfère laisser filer une victoire complète plutôt que de risquer la défaite ! La ruse fonctionna et les barbares refluèrent en désordre. Pourchassés par Litorius, ils crûrent pouvoir fuir par le même chemin qu'à l'aller. Ô stupeur, une cohorte sortie de la ville entrava leur esquive et très peu d'ennemis réussirent à franchir de nouveau l'Atax.

Le soir tombé, c'est en savourant la faiblesse de nos pertes comparée aux centaines de morts ou agonisants ennemis que j'eus le sentiment du devoir accompli. Aux satisfactions de la victoire se mêlait une amertume venue des entrailles : devant l'étendue jonchée de cadavres, en voyant ces volutes de corbeaux affamés, l'esprit s'en remet à de maussades contemplations... Et tandis que nos hommes arpentaient le champ de bataille et rassemblaient les corps pour les incinérer, je m'efforçais de deviner les intentions

1. Joueurs de cornu. Sous le Haut-Empire, ils étaient cinquante-neuf par légion, en charge de communiquer les ordres au son de leurs instruments.

adverses. Le gros de son armée encore intacte de l'autre côté du fleuve, mais toute velléité de poursuivre le siège désormais proscrite, le grand roi Théodoric allait-il abandonner la partie ? Sa défaite devant Narbo Martius consommée, il fit lever le camp à ses troupes vers son royaume. Elles prirent la route de Tolosa (Toulouse) suivies par notre cavalerie. Étant convaincus de leur projet, nous les laissâmes s'épancher. « Animal blessé mais non moins redoutable » puisse-t-il retenir la leçon... À peine l'Atax refranchie, cette armée naguère moribonde se retourna subitement. La mascarade prenait fin ! En position favorable, que ce soit le long de la rive ou sur un promontoire dominant la vallée, elle s'installa de manière à nous interdire tout franchissement, ne laissant aucun doute quant à ses visées : Théodoric narguait Rome ! Conscient des difficultés de l'Empire, il savait que nous n'étions pas en mesure de mobiliser longtemps un tel effectif face à lui. Le feu couvait ailleurs et nos légions ne pourraient s'éterniser. Qu'elles se retirent et, en un jour de marche l'armée wisigothe camperait à nouveau devant Narbo Martius. Cette habileté ne m'étonna pas, et je décidai de faire front. Nos terrassiers s'activèrent pour construire autant de fortifications ou d'embases d'artillerie que nécessaires : ainsi le roi réfléchirait avant de retenter la traversée. Nos forces installées et couvertes par des éléments mobiles capables d'intervenir où il le faudrait, je laissai le commandement à Litorius et repartis avec l'essentiel de l'infanterie. Du sommet du Mons Colubrarius (mont des Couleuvres)[1], Théodoric devrait pour le moment se contenter du *statu quo* que je lui imposais.

L'adieu à un compagnon

Comme à chaque retour de campagne, Severiana Roscia m'accueillit avec la dignité dont elle savait se parer. Sa beauté,

---

1. Le mont des Couleuvres qui surplomberait l'Aude, légèrement en aval de sa confluence avec l'Ognon.

son allure et sa féminité ne s'effaçaient pas. Mais au premier regard, à ses lèvres pincées et à cet inhabituel voile de tristesse qui paraissait la couvrir, je compris un malheur :

— Barzane a rejoint l'autre monde...

Connaissant l'attachement qui me liait au vieux serviteur de mon père, elle m'annonça la nouvelle avec douceur. Resté fidèle à l'ancienne religion, Barzane avait été incinéré, une pièce de monnaie dans la bouche, avant que ses cendres ne soient déposées dans une urne. Sachant que je n'aurais pas agi autrement, elle avait indiqué à nos gens de l'enfouir en un emplacement consacré aux abords du domaine d'Avitacum (Aydat). Je louais mon épouse d'avoir agi en pensant à lui et à ses croyances, même contrairement à la foi en Jésus notre Sauveur. Avec ce décès s'envolait un pan de ma jeunesse, tant de souvenirs, d'aventures et de nostalgies. Ma mélancolie perdura plusieurs jours. Mais à le savoir de retour parmi les siens en *l'autre vie*, j'eus la satisfaction de saisir son esprit planer avec le vent. Là-bas, en Numidie (en partie l'actuelle Algérie), il veillerait pour l'éternité.

L'intronisation de Syagrius

Afin de remplacer un tel homme de confiance, le choix de Syagrius s'imposa naturellement. Cadet de son prédécesseur d'une dizaine d'années mais tout aussi païen, il accepta la charge avec honneur. Severiana Roscia m'accompagnerait en Arvernie afin de l'introniser comme nouveau maître. Je n'en doutais pas, tous nos gens seraient flattés de servir un tel vétéran au prestige de lion.

Le voyage nous apporta un regain de sérénité. Cet air puissant où l'odeur des prairies s'enivre d'arômes forestiers n'avait d'égal que l'exquise fraîcheur dévalant des montagnes. Nous effectuâmes le tour de nos domaines et, plus que d'en apprécier l'aisance, ce fut l'entrain de mon épouse qui me ravit. Elle se plaisait à découvrir les fruits de notre richesse, à se laisser séduire par la quiétude des lieux et à en comprendre les avantages. Sa présence en cette inspection générale rendait l'événement assez solennel pour que tous, intendants, affranchis et esclaves, en prennent la mesure. À l'observer s'immerger en ce bonheur, j'eus la certitude que si la providence me l'accordait, le vœu de finir notre vie à Avitacum s'exaucerait. D'ici là, Syagrius s'acquitterait avec sagesse des intérêts nous liant à ma terre.

L'été s'écoula en Arelate dans une lassitude née des fortes chaleurs. Sous ce ciel de plomb, le temps déjà ralenti implorait l'orage. Labours crevassés, végétation meurtrie, toute nuance de vie rétrécissait. L'ombre devenait refuge, et aux sources taries répondait l'écho d'autres malédictions. Seule l'aube se faisait clémente mais au sortir de nuits poisseuses, comment s'en délecter ?

Pendant ce temps, le regain de tension annoncé depuis des mois en Armorica se confirma. Sorti des bois où il se terrait, Tibatto le renégat enflammait de nouveau les esprits. Puisque la situation des troupes wisigothes stagnait sur le front de l'Atax (l'Aude), j'ordonnai à Litorius de rassembler discrètement l'essentiel de sa cavalerie et de faire mouvement. À lui de rejoindre nos alliés alains établis sur le cours inférieur de la Loire puis de vaincre Tibatto, définitivement... En contrepartie, nos troupes stationnées en réserve à Narbo Martius durent quitter la ville pour rejoindre à marche forcée les abords du Mons Colubrarius. Deux légions dépêchées sur-le-champ depuis Arelate viendraient les y remplacer, le temps pour Litorius de soumettre la révolte des Armoricains.

Avec l'automne arriva le soulagement ; l'air redevint respirable, levant la léthargie dans laquelle nous étions engoncés. La nouvelle de la capture de Tibatto ne pouvait mieux tomber. Enfermé dans une cage, il voyagea vers son châtiment jusqu'à Ravenne tandis que Litorius traquait toujours les derniers relents de bagaudes.

Fin octobre, une euphorie soudaine et porteuse d'espoir parcourut la romanité : le mariage à Constantinople de Valentinien avec sa cousine Licinia Eudoxia allait raffermir les liens entre les deux Empires. Fiancée depuis l'âge de trois ans, la nouvelle impératrice était la garante d'une concorde avec l'Orient.

Sombre présage : à peine leur union consommée, nous apprîmes une intrusion burgonde en Gaule. Marchant à leur rencontre à la tête de toutes les légions disponibles, Aetius m'adressa un courrier pour me signifier de rester sur le qui-vive, et que surtout Théodoric ne profite pas de l'opportunité à Narbo Martius ! Le calme revenu en Armorica, puis une fois les Burgondes soumis, viendrait le temps d'assagir les prétentions du Wisigoth.

Mons Colubrarius, été 438

Notre armée traversa l'Atax sans coup férir pour se présenter en ordre de bataille au pied de la colline. Soupçonnant un piège, les Wisigoths nous observèrent, immobiles, et ne comprirent leur bévue qu'une fois le gros de nos légions en place. Galvanisés par la présence du généralissime Aetius, tous – cavaliers, légionnaires, muletiers, éclaireurs ou palefreniers – avançaient confiants. Nous avions marché avec entrain, ne ménageant ni hommes ni montures afin de surprendre l'ennemi avant qu'il ne s'organise. Qu'Aetius apparaisse, et chaque cuirasse se bombait sur un cœur palpitant. Visage haut, torse gonflé et regard vers l'infini, ainsi le soldat de Rome appréhendait-il le combat sous l'égide d'un tel aigle ! Jaillis avec Mars enfantant la vestale Rhéa Silvia, *Prestige* et *Tradition* abreuvent depuis ces temps sacrés deux des intarissables mamelles de la louve romaine en campagne. Occupé à éteindre les derniers foyers en Armorica, Litorius nous avait dépêché l'essentiel de sa cavalerie. Quelques escadrons en guise d'escorte, il éradiquerait ces pestes de bagaudes dans leurs ultimes repaires quitte à incendier le moindre recoin de la province bretonne !

Impérial sur son étalon blanc, Aetius longea notre ligne d'attaque aux acclamations de la troupe. Ce pas lent, lorsque l'animal bridé transpire toute l'impétuosité de sa race, sublimait sa magnificence. Symbole de puissance, cette manière de défiler préfigura la punition qui allait s'abattre sur les Wisigoths. Placé au commandement de notre réserve, je n'assistai à la bataille qu'en spectateur.

Disposés en quinconce sur trois lignes, les manipules s'ébranlèrent en un mouvement savamment coordonné. L'assaut commençait, et bien que les côtes du Mons Colubrarius en limitent la vitesse d'exécution, rien ne semblait capable de contrarier cette prodigieuse machine. La configuration du terrain restreignait l'utilisation de nos cavaliers, ils patientèrent dans la plaine. À mi-pente, les archers ennemis tirèrent une bordée de flèches qui freina un instant l'avancée. Mais une discipline séculaire ne se disloque pas pour si peu et nos centurions attentifs virent le danger. Un ordre et l'ensemble s'arrêta d'un seul tenant. Un genou à terre, *scuta* (bouclier rectangulaire) relevé vers le ciel, chaque légionnaire attendit l'impact. Puis ce sifflement, les fracas dans le sol ou sur les boucliers, ce bruit à rendre fou... Des hommes s'effondrèrent, morts ou blessés. À l'issue de la salve, les rangs élagués se reformèrent et les cohortes reprirent la montée. Le choc fut massif, et sa brutalité extrême surprit nos adversaires. Moisson de la mort où les cris et la poussière firent écho au martèlement continu des armes. Malgré les soubresauts, la tactique romaine restait suffisamment rouée pour faire respecter la cohésion entre les rangs. La guerre possède ses propres bruits ou odeurs, et un esthétisme fascinant.

Persuadés qu'une manœuvre si simple dissimulait un piège, les Wisigoths n'engagèrent pas la totalité de leurs effectifs. La présence de nos cavaliers les inquiétait et, croyant à une diversion, ils tardèrent à réagir. Sûr de la combativité de ses hommes, Théodoric espérait qu'ils résistent et ne reculent pas, mais la brûlure du soleil conjuguée à l'ardeur de la lutte émousse les plus vaillants ; quel que soit leur courage, ils finissent par trébucher. Chez nous en revanche, dès la ligne au contact faiblissant, la suivante se glissait pour la remplacer et ainsi de suite. Ces vagues incessantes rongèrent peu à peu l'amas qui leur tenait tête, qui

Soldat romain.

céda comme un mur s'effondre ! La panique le fit refluer au moment même où d'autres guerriers s'apprêtaient à le secourir. Ce fut la pire des conjonctures car cela désorganisa ce renfort, transformant ce qui ne l'était pas encore en débandade.

Puis ce fut le massacre. L'étroitesse de l'échappatoire bloqua les fantassins wisigoths qui cherchaient un impossible salut. Leur cavalerie ne pouvait pas intervenir. Théodoric envisagea-t-il même cette option ? Placée de part en part face à la nôtre, elle évita au moins un encerclement complet synonyme du désastre, et seule la moitié de l'infanterie parvint à s'extraire de cette trappe mortelle.

La nuit venue, le Mons Colubrarius s'alluma d'innombrables feux, dans le but de brûler les corps dans des fosses avant le soleil du lendemain : il y en avait tant… Cinq à six mille guerriers wisigoths pour plusieurs centaines de légionnaires. L'odeur atroce de chair consumée soulevait les cœurs et me répugnait. Parcourant la colline, des ombres se détachaient de l'obscurité dont je connaissais la sinistre besogne. Peu à peu, les lamentations des agonisants s'estompèrent, un râle bref en écho du glaive libérateur.

La déroute de l'armée wisigothe s'entendait dans une lointaine rumeur. Aetius venait de la punir mais il ne porterait pas l'hallali. D'autres menaces, autrement sérieuses, appelaient sa présence. À Litorius d'achever cette victoire une fois le bagaudisme liquidé. Si Théodoric tenait à son trône, il ne devait pas s'attacher aux reliques de son armée pour provoquer l'Empire.

Sur le chemin du retour, je fis route en compagnie d'Aetius. Chevauchant côte à côte, nous conversâmes de nos vies, une fois n'est pas coutume, sans nous soucier du devenir de l'État. Détendu, il me fit confidence de son désir d'engrosser Pelagia, sa nouvelle épouse. Puisse-t-elle le combler en lui donnant un fils. Pour peu qu'il soit fécond, ce mariage arrangé – dernière volonté d'un homme qui dans la mort retrouvait sa dignité, le comte Bonifacius – offrait une chance de paix. Une alliance dont le fruit pourrait un jour avoir vocation à gouverner l'Empire…

- IX -

Præfectus prætorio Galliarum[1]

Arelate, janvier 439

SOUTENU DEPUIS L'ENFANCE par l'ambition dévorante de sa mère, l'empereur Valentinien s'imaginait pouvoir régner autrement que par procuration. Incapable du moindre jugement et influençable, il se fiait sans vergogne à la dernière langue venimeuse. Ce fripon ne savait s'entourer que de canailles : courtisans, arrivistes ou compagnons de débauche, tous les cupides trouvaient grâce à ses yeux. S'il ne s'était agi que d'avantages à obtenir... Mais lorsque la vermine prodigue des conseils sur la marche de l'Empire, les dégâts se décuplent. Aveuglé par l'illusion de sa valeur, Valentinien s'inventait un destin à l'égal de Trajan, mais n'est pas aigle qui veut ! Si les plumes et le bec distinguent un volatile, le phénix, lui, ne s'envole que pour caresser des cieux où, à l'égal du soleil, il rayonnera sur le monde. Engluées dans leur fange, les ailes et les pattes de Valentinien, elles, n'agitaient qu'insignifiance et médiocrité. Lorsque vice, trahison et cruauté forment les trois piliers qui régissent l'humeur du prince, comment un Empire peut-il se dépêtrer des maux qui l'assaillent ?

1. Préfet du prétoire des Gaules.

En ces circonstances, gloire à ceux qui comme Aetius, conscients du fardeau, firent le choix suprême de l'honneur face à celui, plus facile, des ambitions. Se mouvoir dans un palais aux relents de cloaque demande des aptitudes bien différentes des exigences du pouvoir. Et lorsque, de surcroît, ces manquements se conjuguent aux tares d'un être chétif, l'humanité dévoile ce qu'elle fait de pire. Valentinien était de ce bois-là, rongé par les vers et dont l'allure ne masque plus les ravages. Si, de prime abord, la silhouette athlétique de l'empereur faisait bonne impression, une certaine mollesse en dénaturait l'aspect. Voûté par veulerie plus que par déficience, son dos prenait une allure étrange. Concernant son visage, l'observateur remarquait la finesse de traits à laquelle seul un nez droit au profil grec apportait une touche masculine. Sous des sourcils bombés, ses yeux tombants de princesse orientale s'exprimaient avec dédain, lassitude ou paresse. Cette féminité s'affirmait à la lumière d'une bouche étroite aux lèvres charnues et humides. Dernier détail démasquant la nature du personnage, ses mains ! Leur malignité contrastait trop avec la carrure des bras pour ne pas être effrayantes. Et que dire des doigts ? Tordus comme des nageoires, ils incitaient à la défiance. Tout visiteur inconnu devait obligatoirement se prosterner aux pieds de l'empereur – parfois en s'allongeant – et attendre face à ce « dieu impassible » qu'un eunuque lui fasse signe de se relever. Pesante *adoratio*[1] envers celui qui incarnait si mal sa tâche. Méprisant les doléances, Valentinien s'intéressait plus aux intrigues de palais qu'à la sauvegarde de son empire. Les affaires militaires le révulsaient et, à moins d'une quelconque manigance envers un général, il s'en déchargeait avec empressement. En son for intérieur, Valentinien méprisait Aetius, mais son autorité quant au salut de l'Occident le laissait libre de vaquer à ses marottes. Une incartade

1. Cérémonie qui consistait à s'agenouiller aux pieds de l'empereur puis à saisir un pan de sa robe pourpre pour y déposer un baiser.

de plus ou de moins ? Qu'importe, Galla Placidia fermerait les yeux, fière de ce fils magicien et féru d'astrologie…

Ma nomination aux plus hautes responsabilités en Gaule

Qu'un être pour qui j'éprouvai si peu d'estime me nomme préfet du prétoire des Gaules en ce 1er janvier 439 me laissa dubitatif. Le même honneur offert par Trajan ou Marc Aurèle aurait eu une tout autre saveur ! À quarante-quatre ans, cette victoire qui devait logiquement représenter l'apogée de ma carrière m'apparut plutôt amère. Le choix de ma personne ne tenait qu'à la mainmise d'Aetius, je n'en étais pas dupe ! L'empereur, lui – et si tant est qu'il eût eu un soupçon d'impartialité à mon égard – ne m'aurait jamais élevé à cette reconnaissance par simple mérite.

En devenant son ministre pour les Gaules, j'évinçais certains de ses courtisans, et cela me navrait quant à l'inconséquence valentinienne. Mon devoir m'imposait pourtant de faire le deuil de cette mesquinerie et d'agir à la hauteur des exigences requises. L'empereur était l'incarnation du pouvoir, le symbole de son rayonnement à travers le monde ! À moi de m'en accommoder et de suppléer avec conviction aux lacunes de sa gouvernance vermoulue. Le serment de le suivre quoi qu'il en coûte et de ne jamais déroger aux intérêts supérieurs de l'Empire m'assurerait la confiance d'Aetius.

Arvernis (Clermont), mars 439

Une affaire pressante m'ayant contraint à me rendre en la cité de mes ancêtres, je m'y trouvais en compagnie de Severiana Roscia lorsque, de retour d'Armorica, les troupes de Litorius furent annoncées. Semeuses de désordres, leur réputation les précédait d'une journée de cheval. Victorieuses des bagaudes où l'habitude du sang et de la cendre les avait corrompues, elles portaient le mal là où le bien les attendait. D'ici le pays des Wisigoths et les futurs combats à venir, Litorius ne se préoccupait guère de leur comportement. « Lâchant la bride » à ses guerriers le temps du transfert, sans doute espérait-il mieux les contrôler une fois qu'ils seraient arrivés à pied d'œuvre. Connaissant la difficulté à commander ces cavaliers scythes j'aurais agi comme lui, mais pas en pays arverne !

Une clameur parcourant la ville me réveilla. Contrarié de m'arracher aux tiédeurs du corps de mon épouse, je me précipitai aux remparts. Le jour venait de se lever et de la ligne des montagnes d'où il se détachait, notre Dumias (puy de Dôme) émergea dans la splendeur du matin. Un froid vif pinçait les narines ; levant la tête vers le ciel, mes pensées s'égarèrent auprès de ceux qui vivaient là-haut. Aux abords du temple, la neige entravait leurs mouvements mais eux profitaient déjà d'un sursaut de chaleur.

Foison d'interjections et des hennissements de chevaux en contrebas de la muraille me sortirent de mes torpeurs et me plongèrent au cœur du drame. Peu avant l'aube, les guerriers scythes avaient investi l'étendue séparant la ville haute des ruines du *Vasso Galate* et ils commençaient à maltraiter les malheureux qui, fuyant leur arrivée, s'y étaient réfugiés. La clôture nocturne des portes les ayant condamnés à ce sort, ces gens subissaient l'affront, résignés. Mieux valait se laisser dépouiller que mourir la gorge tranchée ! Filles tirées par les cheveux, bourses subtilisées ou victuailles chapardées, tel était l'infâme trafic que l'on devinait. Indigné, j'ordonnai qu'on aille quérir mon cheval et mes armes afin de m'expliquer avec Litorius. Une escorte m'accompagnerait, nous trouverions sa tente et, là, je le sommerais de déguerpir. Calmant ma colère, l'officier de faction me désigna du doigt les tractations en cours. De sa propre initiative un administrateur civil de mes amis s'efforçait d'obtenir le calme. Qu'invoquait-il ? Nul ne le sait, pourtant depuis le créneau je distinguais sa toge blanche au milieu du brouillis. Il était venu à pied et se tenait immobile, parfois levant les bras en imploration. Son interlocuteur, un cavalier juché avantageusement sur sa monture, l'écoutait en faisant des cercles autour de lui. À la lenteur voulue du pas, je compris qu'il ne s'agissait que d'un grossier potentat dont les sarcasmes s'amusaient à humilier la main tendue. Soudain le cheval se rapprocha de la silhouette et la toge s'effondra. Ô traître, chien galeux qui abat ton glaive sur un corps sans défense, que la foudre te terrasse ! Vengeance, si la rage se veut mauvaise conseillère elle donne des ailes au courage. Le temps d'ajuster ma cuirasse et comme Hector quittant Troie pour affronter Achille, je sortis de la ville au galop. Seul, car ma volonté excluait un acte de guerre qui nous aurait fait massacrer, mais pas d'infliger le châtiment. Au cimier de mon casque, ces brutes sauraient m'identifier et ils respecteraient la bravoure de celui venant défier leur chef. Qu'une poignée s'interpose, ma *spatha* la disperserait dans le sang. Mais cette foule s'écarta comme les eaux de la mer Rouge devant Moïse pour m'offrir le coupable. Son rictus de chenapan démasqué n'ôtait rien à la laideur de ses traits, yeux cruels et mine fiévreuse. Une barbe éparse en soulignait la vilenie. L'officier me toisa, ne sachant quoi faire. L'orgueil de ne pas perdre la face devant ses hommes lui imposait de relever ce défi, arrogance qui s'atténuait dans la crainte – en cas de succès – de voir sa tête plantée au bout d'une perche. Litorius pardonnerait mal à l'un de ses supplétifs d'avoir seulement osé provoquer un dignitaire romain… L'homme aurait dû fuir, à jamais ! Mais de fierté il hésita et mes mots scellèrent son destin : « *Allons, enfant de la Scythie glacée, si farouche et si brave en face d'un ennemi désarmé, viens te mesurer avec un homme en armes. Ma colère te fait grâce depuis trop longtemps : je t'ai accordé bataille, prépare-toi à combattre : je ne veux tuer qu'un ennemi qui se défend.* »[1]

Jamais duel ne fut plus bref ! Emporté par cette fougue dévorante, le talion s'abattit pareil à l'ouragan. Peu importe la riposte pourvu que le bras frappe et s'acharne. Bouche asséchée de haine, mâchoire crispée, muscles tendus à l'extrême furent

---

1. *Panégyrique d'Avitus* (Sidoine Apollinaire, 456).

les instruments du tonnerre et ils accablèrent l'assassin. En trois voltes, l'homme devint agneau tant l'avalanche de coups le submergeait. Ma lance lui traversa le torse par deux fois, il expira stupéfait en constatant le fer rougi saillir de son dos. D'un geste, je désignai un guerrier afin qu'il tranche la tête du vaincu et qu'il aille la porter à Litorius. Aucun des Scythes ne se rebiffa. Ces sauvages ne connaissant que la loi du sang, ils mesurèrent mon courage et firent soumission.

Le jour même, la horde partit en direction du Midi où l'Empire l'attendait pour museler le royaume wisigoth. Litorius n'eut pas la politesse de me rendre visite avant son départ...

Siège de Tolosa (Toulouse), été 439

Martyrisant nos campagnes plus que d'entendement, les troupes de Litorius répandirent la grêle avec une violence similaire à celle de l'Éternel contre l'Égypte. Cette fois le courage wisigoth ne suffisait plus ! Combattre ces démons surpassa leur bravoure. Il était hors de question de sortir de la ville pour négocier avec Litorius comme le supplièrent les conseillers de Théodoric : ce général impie, connu pour être le dernier de Rome à se fier encore aux auspices, aurait crucifié nos émissaires tels Christ en Golgotha. Pris de panique, affolés, les Wisigoths invoquèrent jusqu'à leur évêque[1] afin d'intercéder : mais sinon renouveler ses prières, que pouvait-il faire ? Alors, pendant que tremblait la muraille sous les assauts, le saint homme préféra dévouer son ministère à l'adresse des Cieux. L'entendirent-ils ? Ses fidèles en jurèrent car le miracle se produisit.

Sûr de sa victoire, impatient de se régaler d'un fruit trop mûr, Litorius ne voulait pas attendre que le royaume wisigoth vienne s'affaler à ses pieds. Repérant dans les remparts une porte à bout de résistance ne tenant plus que par la volonté de ses défenseurs, ce téméraire s'y jeta. Touché au ventre par une flèche qui

1. Un certain Orentus à qui la légende prête l'intervention divine.

le désarçonna, il dut sa perte à l'épanchement de brume surgie des fossés qui le rendit alors invisible aux siens. Des guerriers wisigoths le traînèrent à l'intérieur du rempart où on l'identifia sans peine. Sa capture retentissante insuffla l'espoir aux assiégés et le branle-bas changea de camp. Sans stratège pour combiner leurs manœuvres, les cavaliers scythes se révélèrent incapables de poursuivre le siège. Gibier à présent, ils se débandèrent comme une volée de moineaux devant l'épervier. De son cachot où l'agonie se précisait, Litorius n'eut guère le temps de s'apitoyer sur son erreur. Sa blessure ne guérirait pas, Théodoric ordonna qu'on l'exécute publiquement. De quoi rappeler à Rome ce qu'il en coûtait de le menacer.

Par cette défaite, c'était maintenant à la Gaule de gémir comme une Sabine. L'enlèvement se profilait, inexorable : « *Les Goths n'avaient pas besoin de combattre ; il leur suffisait de marcher.* »[1] Loin et sans légion disponible, Aetius ne pouvait que contempler le désastre annoncé. Une lettre, ma lettre suffit à changer la face du monde. Elle s'adressait à la sagesse d'un grand roi, à l'intelligence d'un ami. En voici l'exacte retranscription :

Marcus Mæcilius Flavius Eparchius Avitus, Præfectus prætorio Galliarum, présente avec humilité ses appréciations au roi des Goths, Théodoric, son frère et non moins redoutable ennemi.

Ô Grand Roi, ami fidèle qui par ta simple renommée fait tressaillir jusqu'à l'Olympe, je loue tes ancêtres, ta lignée puis ta sagesse dans l'espoir de ton attention. Les intérêts divergents des causes que nous défendons poussent encore au déchaînement des colères. Je comprends celle qui t'anime et la conçois légitime. Ces aspirations auxquelles tu prétends, Ravenne se refuse à les entendre et m'abandonne pour en assumer les conséquences. Comme Troie jadis, la Gaule va subir les foudres d'Agamemnon pour une putain… Mais je ne trahirai pas mon serment à l'Empire, quand bien même devenu Priam !

---

1. *Panégyrique d'Avitus* (Sidoine Apollinaire, 456).

Aux myriades d'Achille qui déferleront, quel Hector puis-je t'opposer ? Ton armée vaincra, nous le savons tous deux, mais as-tu songé au prix de la victoire ? Périr en cette bataille ne m'effraye nullement et si le coup fatal venait de ton auguste épée, voilà un sort plutôt enviable. Alors, chevauchant seul de verts pâturages avec le soleil sur le visage, je n'en serais pas troublé, car des Champs Elyseum mon âme te contemplerait veiller sur les miens armes à la main(1)*. Mort glorieuse que celle donnée de vive lutte par un adversaire de ta taille et comme seuls les hommes confrontés au pouvoir le savent, je ne m'en défie pas contrairement aux lames affûtées qui s'agitent dans mon dos. Tu le constates, aucune peur ne motive ma lettre et je te prie de lui accorder ta pondération. Pardonne-moi cet apophtegme*(2) *mais « cessons de nous combattre ! » Regarde au-delà des dissensions actuelles, et si fondées soient-elles envers ton peuple, n'entrevois-tu pas à qui profiterait l'inéluctable affaiblissement ? Une reine de Sparte belle comme Aphrodite vaut-elle le sacrifice à consentir ? Car pendant que générations et générations d'Athéniens s'abusèrent des richesses nées de l'éradication d'une cité concurrente, les fils de Persépolis, eux, forgeaient le fer du futur. Mieux eut valu pour la Grèce que Mélénas se morfonde et garde ses hontes secrètes… Mais toi, ô lumière, dédaigne te fier à mon obscur pressentiment et démontre ta supériorité d'esprit ! Car je n'en doute pas, là où Agamemnon et ses disciples ont répondu avec impétuosité, toi, tu agiras autrement. Qui oserait douter que tu ne distingues pas déjà ce nouveau Xerxès tapi aux lisières de nos deux mondes ? Dissimulées dans l'ombre ses hordes barbares n'attendent que le moment opportun pour se ruer.*

Quelles que soient ta volonté et les décisions qui en découleront, tu sais que mon courrier ne se prévaut d'aucune promesse ou d'éventuels assouplissements aux règles dictées par l'Empire. L'honneur de cette démarche m'impose de te le préciser.

---

1. En hommage à Ridley Scott (*Gladiator*, 2000).
2. Sentence mémorable exprimée de manière claire et concise.

Aetius le victorieux.

Théodoric, celui prêt à t'affronter sans détour, te salue en te faisant la grâce de son indéfectible amitié.

S'en remettre sans exception à la grandeur et ne jamais s'abaisser : telle fut la leçon de cette entreprise vouée à la paix. Convaincu, Théodoric accepta de renouveler le traité d'alliance, refusant par sapience ce que le sort des armes lui aurait offert par la force. Le peuple, voyant ses prières enfin exaucées, s'en retourna aux récoltes et aux abondances coutumières. Ma victoire ne méritait-elle pas un bouquet de jasmin fraîchement cueilli ? Le sort en décida autrement. En Afrique, les Vandales poursuivaient leur conquête, et dès l'annonce de la prise de Carthage par Genséric(1), ces pleutres de Ravenne semèrent un désordre là où toute décence eut souhaité le courage. Mais les rongeurs préfèrent épuiser leurs ressources avant de s'entre-dévorer, et le roi de ces rats-là portait la pourpre impériale.

1. Soit le 19 octobre de l'an 439.

- X -
Avitacum

La disgrâce, février 440

MON SUCCÈS DIPLOMATIQUE auprès de Théodoric venait de sauver l'Empire, et Valentinien me remercia en me destituant. Et rougis pareils aux eaux du Nil, les flots de la mer engloutirent mes illusions. En leur ordonnant de se refermer, Valentinien accorda au mal ce que Dieu fit pour le bien ; pauvre fou, se satisfaisant d'encourager le déclin plutôt que d'y remédier !

« Que les chars de Pharaon ravagent ton empire, peu importe. Enfant stupide qui joue avec le feu, c'est Moïse et son peuple que tu préfères sacrifier sur l'autel de ta vanité. Un grand m'aurait honoré pour cette paix obtenue, toi, bassesse suprême, tu me chasses de peur que je t'éclabousse. As-tu songé à me faire assassiner ? Sans doute, mais la couardise a retenu ce bras que ton esprit malade aurait tant souhaité diligenter... Tes sbires te valent, n'est pas Brutus qui veut ! Une lame fébrile, si traîtresse soit-elle, se démasque vite et les poisons frelatés désignent souvent leur origine. Même en cas de succès, l'attentat, pour peu que mon peuple en eût connu le commanditaire, ne t'aurait apporté que déboire. À une nouvelle usurpation en Gaule, ton imperium ne résisterait pas, et tu le sais ! Comme jadis mon père en fut victime, tu m'infliges cet exil synonyme d'insignifiance. Je l'accepte car la sauvegarde de l'Empire n'a plus de sens avec ta légèreté pour le gouverner. Moi, je regarderai son effondrement en me consacrant à la chasse et à l'amour des miens. »

La décision de nous retirer en Avitacum (Aydat), ce domaine hérité de ma mère, s'organisa en dépit des sanglots de Severiana Roscia. Renoncer à la vie qu'elle avait toujours menée pour cette nature sauvage l'affligeait : rien ne réussit à apaiser son désarroi, pas même le souvenir du temps heureux passé ici ensemble. Comme si la déchéance ne suffisait pas, au lieu de choisir notre *domus* en la Civitas Arvernorum (nom antérieur du Clermont gallo-romain), je lui imposais ce logis reclus. Par cet ultime sacrifice, nous écartions les suspicions et les manigances d'ambitieux tracassés de mon retour, et la sécurité de ma famille en dépendait ! La douceur du lieu, un Éden blotti entre lacs et forêts, apaiserait-il cette rivière de larmes ? Je n'en doutais pas, mais il faudrait un peu de temps pour que s'apprivoisent enfin la déesse et son nouveau royaume. La vétusté des bâtiments ne plaidait guère en faveur de ce vœu et je lui promis une rénovation à son goût. Dès les premiers travaux avancés, sa mère viendrait nous rejoindre. Elle s'abstint de tout reproche mais je devinais la tristesse embrumant le regard, l'éclat noir de ses yeux en disait assez… La honte d'en être responsable m'enserrait comme un linceul.

Avec la précocité du printemps, les arpenteurs se mirent à pied d'œuvre. Suivant les conseils de l'architecte, j'avais ordonné que l'on débroussaille puis nettoie vastement les alentours dès notre installation. Cette effervescence agaçait mon épouse qui, ne sachant où se réfugier, s'enferma dans le mutisme. Autrement plus curieux et du haut de ses six ans, le jeune Esychius s'émerveillait des calculs du maître-arpenteur, refusant même de s'en éloigner ne serait-ce que pour déjeuner. Lassée de vaines poursuites, l'affranchie en charge de ses repas se résigna à le servir dans l'herbe parmi les ouvriers. Non loin, Syagrius veillait sur nous le temps du chantier.

Le privilège de posséder un nombre conséquent de *villæ* me permit de négliger l'aspect agricole d'Avitacum. La richesse familiale n'en souffrirait aucunement ! D'ailleurs, hormis la pêche au filet, un atelier de tissage, les pâtures où chèvres et moutons se disputaient l'herbage, quelques surfaces agraires cultivées et l'exploitation du bois, ce domaine ne rapportait guère plus que de quoi l'entretenir, en quasi autarcie loin des tumultes. Pour rester prudent et ne pas accroître d'inévitables jalousies en suscitant les convoitises, la ferme conserva son aspect d'autrefois, remplie des souvenirs de mon enfance et des petits riens faits d'odeurs, de sensations ou d'instants jadis partagés. La nature du terrain – un replat entre lac et rochers – imposa que l'extension se réalise à l'opposé des bâtiments vivriers, ce qui convenait à Severiana Roscia. Dès le terrassement terminé et les premiers blocs en place, j'insistai pour que la façade du vestibule soit prioritairement élevée. Elle s'ouvrait face au midi et son monumental apparat, sur lequel scintillait déjà le reflet des eaux, offrirait un répit aux humeurs de mon épouse. Côté Orient, les ouvriers achevaient le creusement du baptistère : une piscine à laquelle nous accéderions par une triple colonnade en arceaux au sortir des bains. Adossé à la pente, le fourneau de l'hypocauste brûlerait sans peine les bûches des bois adjacents. Contiguës, l'hémicycle des sièges *où frémirait l'eau chaude pressée dans des tuyaux flexibles de plomb*, la salle des vaporisations et celle des parfums[1] s'offriraient lascives au confort des impudeurs. Enfin, un *frigidarium* (bain froid) servirait à délasser nos membres de toutes ces tièdes torpeurs. Plongé dans l'eau fraîche de son bassin, le baigneur y admirerait la subtilité du décor. La difficulté d'obtenir rapidement les meilleurs marbres m'avait fait renoncer à ce matériau. Nous devrions nous contenter des roches claires du pays, une austérité dont je perçus l'avantage. Selon les promesses de l'architecte, et grâce aux

1. Respectivement le *balneum*, la *concamerata sudatio* et l'*eleothesion*.

fenêtres disposées sous la voûte en mortier de chaux, cette pièce carrée serait inondée de lumière.

Bonheurs conjugaux, été 440

L'été touchait à sa fin et nous déjeunions en tête-à-tête, mon épouse et moi-même, dans le silence du matin. Au loin la barque d'un pêcheur se fondait dans l'opacité des brumes. Comme à l'accoutumée, Severiana Roscia picorait la mie du pain en ignorant la croûte, l'air grave. Soudain, sans prononcer un mot elle se leva, s'approcha de l'eau puis, d'un geste, fit choir sa robe. Nue, elle avança de plusieurs pas en chantonnant. Telle Aphrodite, la belle offrait la gloire de ses formes à l'éternité. L'âge n'avait nullement fané ce corps, au contraire. À la souplesse des hanches, au creusement des reins dont la cambrure s'enorgueillissait de jolies fossettes, à la poitrine devenue majestueuse, au soyeux de la peau et à la noblesse du visage, chaque détail de sa beauté inspirait la vénération. Admirer cette toilette de Vénus ! Ce bonheur m'appartenait et, en cet instant précis, j'en mesurais la providence, ahuri. Un oiseau bleuté survola la scène en signe de révérence. Severiana Roscia le regarda s'éloigner puis, d'une suavité extrême, se retourna face à moi pour me sourire, digne et sensuelle. J'en compris instantanément le sens, tout comme la promesse de lendemains joyeux : elle me signifiait ainsi sa résilience, l'acceptation du sort que notre mauvaise fortune nous imposait. Je l'enlaçais et pris sa tête entre mes mains pour lui embrasser le front. Sans réfléchir, ma force vint à l'extraire des eaux et je l'emportais dans mes bras vers notre chambre. Légèrement en retrait, le serviteur comprit que personne ne devrait nous y déranger, pour quelque affaire que ce soit. La volupté de ce souvenir n'appartient qu'à nos mémoires. De la tiédeur des chairs mélangées aux effluves d'une peau pâle s'abandonnant à l'amour, on me pardonnera l'avarice de détails. Le doux duel qui nous mit en présence s'acheva sans vainqueur et on ne nous revit qu'au soir tombant.

Avec l'automne, la joie de constater l'avancée des travaux fut contrariée par les mauvaises nouvelles venant de l'Empire. Je n'en soufflais mot à mon épouse, préférant la laisser se réjouir de la progression des bâtisseurs : les deniers d'or[1] déversés à foison la garantissaient. Témoins, les six bouches en tête de lion servant à évacuer l'eau des piscines feraient notre fierté… Je me réfugiais dans mon ancien *tablinum* pour lire et réfléchir. La situation, dont je devinais les contours au fil des jours, se tendait de manière irrémédiable et des précautions s'imposaient. Les attaques répétées du roi des Vandales, Genséric, contre la Sicile, avec cette mainmise barbare sur la Mare (la Méditerranée) qui entravait les approvisionnements de Rome, avaient obligé Aetius à rassembler une immense armée. Elle venait de traverser le détroit de Messana (Messine)[2] pour y attendre le renfort de troupes venues d'Orient. Les bruits les plus fous couraient quant au nombre d'embarcations qui mouillaient, prêtes à partir. Dès que possible, cette armada prendrait la mer pour se ruer contre Carthage. Mais voilà, la mauvaise saison pointait le museau et aucune ancre ne s'était encore levée… Un voyageur m'apprit avoir eu vent de turbulences aux frontières de Constantinople. Bien que je ne sache pas encore qu'il s'agissait d'une attaque en bonne et due forme de l'Empire par les Huns, je compris immédiatement l'ampleur du danger et les raisons du retard. L'unique satisfaction de cette période fut l'élection du Pape Léon. Sa réputation d'homme énergique et droit le précédait, et je me réjouis du choix des Romains.

Avec le retour du printemps coïncida un entrain nouveau. Peu à peu, couvreurs, maçons et peintres réinvestirent les lieux pour achever ce que l'hiver avait interrompu. Les artistes en charge du pavement rivalisaient de génie dans le décor des mosaïques.

1. Des *solidi* en or dont la valeur intrinsèque représentait la plus haute devise de l'époque.

2. Messine ou l'ancienne Zancle qui fut fondée vers 730 av. J.-C. par des colons eubéens.

Polychromes ou pas, toutes offraient cette magnificence dont chaque propriétaire se félicitait alors. Quant aux frises et peintures murales qui feraient le bonheur de nos invités, j'avoue en avoir confié les thèmes au bon goût de mon épouse. Ce remue-ménage attira nombre de mendiants ou de voyageurs sans le sou, tous en quête de menus subsides. Vêtues de haillons et chaussées d'expédients, ces âmes à la dérive m'attristaient, mais les réalisations en cours ne nécessitaient pas une main-d'œuvre si peu qualifiée. Syagrius se chargeait de les éconduire, non sans leur avoir distribué une miche ou des piécettes. Suivant mes instructions, le boulanger produisait plus de pain que nécessaire... Car, si tant par ses fresques que par sa statuaire, cette *villa* tenait de l'antique panthéon, la charité chrétienne y serait toujours administrée.

Le temps des maçons révolu, puis celui des peintres s'amenuisant, Avitacum devint notre Babylone. Occupée à diriger les ultimes finitions, Severiana Roscia rayonnait sur le domaine avec la prégnance d'une reine. Gare aux négligences ou à l'étourdie, l'œil de l'aigle ne se laissait jamais distraire ! Le soir venu, après m'être délassé aux bains, je m'adonnais à des contemplations face au lac. Observer la nature, s'émouvoir des lumières d'un crépuscule ou du vol gracieux du héron, se laisser griser par la fraîcheur tombante... Un baume de sérénité me recouvrait. Troublant l'onde, la nage d'un grand cerf procurait un surcroît d'élégance à ce tableau idyllique, et il ravit encore mon souvenir.

Lassée de solitude, ma belle-mère put enfin nous rejoindre pour consoler son chagrin. Avenante et distinguée, elle irradiait comme la lueur d'une rosée matinale. L'écho de ce bonheur résonnait si fort au cœur de la mère et de sa fille qu'il en vint à donner de l'âme à la pierre de notre *villa*. À cette volupté d'un ciel sans nuages, le sort s'acharna à convier d'inquiétants horizons. Des nouvelles m'apprirent la menace pesant sur Constantinople et que, battus devant Hadrianopolis (Edirne en Turquie), les Huns reflueraient... Soucieux d'effacer le désastre qui jadis avait emporté Flavius Valens et son armée, notre Seigneur le sauveur nous accordait-il enfin la délivrance ? Dans le doute, je préférai garder le silence et n'en fis état qu'auprès de Syagrius. Nous connaissions tous la fin de l'empereur Valens ! Comment, blessé par une flèche et poursuivi par les Goths après sa défaite, il s'était réfugié dans une chaumière que ses assaillants avaient incendiée. S'écroulant sur lui, la bâtisse devint son mausolée. Alors que faire d'autre par mes insomnies, sinon parcourir la maison de pièce en pièce en flattant les murs pour me rassurer ?

Été 442

Chargé de tonnerre, un ciel lourd et obscur couvrit soudain l'horizon. Qui osait lever la tête se ravisait puis baissait les yeux sous le poids de la menace. L'inconcevable venait de se produire ! Aux confins de l'Orient, quelque part en Chersonèse de Thrace (la péninsule de Gallipoli), une armée romaine sous les ordres d'Aspar avait été anéantie par les Huns. La défaite de nos légions en rase campagne lors d'une bataille rangée contre des barbares ne s'entendait dans aucun esprit ! Le traumatisme nous consumait. Lorsque la peur surpasse la honte, qui peut encore croire en l'avenir et faire abstraction du danger pour assumer son devoir ?

Le choc de la nouvelle, et ses conséquences à prévoir, fut si intense qu'il nous empêcha de nous réjouir des déboires du général vaincu. Pourtant le peuple de Gaule n'oubliait pas l'implication d'Aspar dans la chute de l'empereur Ioannes, ni l'avènement de Valentinien qui en résulta ! Quant à moi, je le savais ennemi d'Aetius, et cela me suffisait à le mépriser. Face au drame, je pris la résolution d'en minimiser les conséquences auprès des miens. Notre sauvegarde passait par certains aménagements dont seuls Syagrius et moi avions la clé.

Un second fait, lui faussement porteur d'espoir, intervint cet été-là. Si, de prime abord, la signature d'un second traité de paix entre Genséric et Valentinien pouvait rassurer, les avisés ne s'y trompèrent pas ! Afin que l'ouest de la Numidie et la Maurétanie césarienne nous revinssent, l'empereur avait dû concéder en échange la province d'Afrique proconsulaire, la Byzacène (en partie l'actuelle Tunisie) et l'est de la Numidie (en partie l'actuelle Algérie) aux Vandales.

Plus qu'une erreur, Valentinien commettait ainsi une faute. Hormis la chute des approvisionnements en blé, la perte des provinces africaines imposa l'impopularité de nouvelles mesures fiscales. Les recettes impériales en berne, l'effectif des armées fondit comme cire au soleil. Avec la suppression des privilèges et l'augmentation du taux d'imposition, les revenus découlant des *villæ* diminuèrent, ce qui m'obligea à hâter la réorganisation de mes biens. J'insistais pour parfaire l'autonomie de chaque domaine afin qu'en cas de crise, nous ne subissions pas l'effondrement de nos rentes. Il en allait de même pour Avitacum, où l'impératif de survivre en autarcie devint une priorité. La prudence imposait l'isolement, et j'ordonnai de ne plus emprunter ni entretenir le chemin principal qui nous desservait, l'herbe folle en balaierait le tracé jusqu'à l'esquisse. Syagrius organisa un tour de garde afin d'interdire le passage aux étrangers. Quant à nos gens, ils durent limiter tout déplacement et se virent contraints de n'utiliser que le sentier courant à travers bois.

De ces inspections agricoles, je me souviens surtout de l'allure de Severiana Roscia qui prenait plaisir à m'accompagner en nos cavalcades. Avec l'ivresse du galop, l'air dans ses cheveux lui donnait une majesté supérieure. Distillé par le mouvement, son parfum suave mais puissant se mélangeait à l'odeur du cheval, concoctant un aphrodisiaque sublimant sa beauté. L'œil vif et un sourire mutin de celle qui comprenait mon ardeur, suffisaient à m'apaiser ; la nuit n'en serait que plus délicieuse.

Rome, 1er janvier 443

Le voyage m'avait semblé trop périlleux pour que j'accepte que Severiana Roscia se joigne à l'invitation. L'accession au second consulat de mon beau-frère, ce cher Pétrone Maxime, accordait une lueur d'espérance quant à un éventuel retour en grâce ; je n'aurais manqué la cérémonie sous aucun prétexte. Rome, malgré le faste affiché pour l'occasion, pansait mal les stigmates du déclin. La saleté ambiante, tout comme les reflux du cloaque, me révulsèrent. Devenue édentée et galeuse, la louve exhalait la puanteur de son haleine et se traînait, boiteuse. Tentures, ornements ou pétales, si fastueux soient-ils, n'éclipsent jamais le marbre rongé et la brique dégoûtante. Je soupçonnais d'ailleurs notre nouveau consul, en sus de « l'achat » de sa fonction, d'avoir été obligé de payer à ses frais toute cette mascarade. L'amertume du constat me pinçait le cœur car la merveille aux sept collines de ma jeunesse s'embourbait dans une vase putride. L'unique joie de ce séjour consista en mes retrouvailles avec Palladia. Sa beauté légendaire imposait une sorte de déférence, y compris à moi, son frère aîné. Lumineuse tant d'esprit que d'apparence, elle envoûtait au premier contact. Cet ange s'offrait à la vie, au dévouement, avec l'entrain de l'innocence : Palladia avait tous les attraits qui rendent plaisante une compagnie et ravissait tous ceux jouissant du privilège de la côtoyer. Elle regretta l'absence de mon épouse et me fit promettre de combler cette lacune avant la fin du mandat en cours. Ainsi, femme de consul, elle profiterait de ce statut pour lui offrir le peu de quiétude encore accessible dans l'ancienne capitale. De quoi combler en conversations ces années de distance et faire que ces deux grâces, sœurs si chères à mon cœur, renouent.

Au temps suspendu auprès de Palladia, les vicissitudes en cours me contraignirent à mettre un terme. Des bruits, plus que des certitudes, se répandaient, affolant la plèbe et générant le désordre, agitant toute l'Italie. La folie prenait le pas sur la raison. Se recroqueviller, attendre la tête dans les épaules au lieu de se rassembler et fondre sur l'ennemi, voilà ce que ce pleutre de Valentinien insufflait à son peuple. Se figurait-il qu'une fois l'Empire d'Orient dévoré, les hordes venues de cette lointaine

Scythie[1] l'ignoreraient ? Fils du diable, les cavaliers du grand Khan Bleda et de son redoutable cadet, Attila, ne s'en tiendraient pas là. Une fois cette première carcasse dépecée, la meute chercherait une autre proie.

Avitacum, août 443

La lumière des jours avait déjà entamé son déclin. Assis à contempler le lac et goûtant la fraîcheur du soir, je rongeais mon insatisfaction. L'espérance d'apprendre que nos armées prennent enfin le chemin du Levant s'amenuisait, et aucun signe ne semblait vouloir contredire l'amertume de mes pensées. Ces chiens de Huns ne comprenaient que le bâton ! Alors pourquoi tergiverser avec toutes ces négociations ? Nous en serions les dupes, quoi qu'il advienne. La nouvelle du traité de paix obtenu à prix d'or par l'empereur d'Orient Flavius Theodosius m'affligea. Comment ses conseillers avaient-ils pu l'induire à accepter cette humiliation, et surtout payer un tribut annuel de deux mille cent livres d'or, et le double en guise d'arriérés ! Voilà le contrat auquel l'Empire d'Orient venait de s'abaisser… Elle s'assortissait en outre du renvoi des opposants huns réfugiés, tout comme l'interdiction d'en accueillir d'autres. Mon désarroi était grand devant ce qui, à mes yeux, scellait la scission définitive entre Rome et Constantinople. Chacun pour soi face aux Huns dont les conquêtes viendraient une à une. Ce soir-là, je m'endormis en enlaçant Severiana Roscia plus que de coutume, la chaleur de son corps et l'odeur de sa peau m'apportèrent le réconfort.

Avec l'automne, nous apprîmes que les Burgondes venaient de se fédérer et qu'ils acceptaient leur installation en territoire allobroge (entre le Rhône et l'Isère). J'y vis l'augure d'un espoir de résistance lorsque les Huns déferleraient sur nous. Pourvu que

1. Délicat à délimiter, ce vaste territoire où vivaient alors les Huns s'étendait des plaines biélorusses aux confins est de la steppe pontique en chine du nord.

ce peuple dont je ne savais pas grand-chose prospère comme il se doit, peut-être alors défendrait-il chèrement son territoire ? La notion « d'amis » aux frontières, avec ses vertus retardatrices en cas d'invasion, ne se démentait normalement pas.

Barcino (Barcelone), printemps 444

Brutal à souhait mais sans patience ni méthode, le comte Sebastianus harangua ses hommes dans l'espoir d'une victoire contre les Wisigoths. Il se moquait que les flèches ennemies fassent encore leur terrible moisson, si tel était le prix pour que resplendisse sa victoire. Mais voilà plus d'une semaine que la ville de Barcino résistait et rien ne laissait présager d'une quelconque résignation. Assaut après assaut, toutes les tentatives avaient jusque-là échoué dans le sang, mais lui, Sebastianus le banni, ne renoncerait pas. Qu'on en finisse promptement ! Avec de la réussite, cette fois ses *bucellarii* (mercenaires) parviendraient au sommet de la muraille. Pas qu'il espéra faire de Barcino sa capitale ou, plus improbable, conquérir toute l'Hispanie, mais un succès contre l'ennemi de son ami vandale flatterait ses ambitions. Genséric le barbare récompenserait ce dévouement : celui qui s'évertuait à combattre ces galeux romanisés de Wisigoths ne pouvait que lui plaire ! Alors, sans avarice envers le sang versé, Sebastianus démontra une fois de plus sa véritable nature. Mais tant d'efforts, fussent-ils destinés à séduire l'unique cour encore susceptible de l'accueillir, finirent par payer. Un coup heureux de catapulte, une tour qui flanche puis s'ébranle sous le choc puis ce fut la curée. Le temps d'un massacre, et cette ville portuaire devint une épine enfoncée aux limites du royaume wisigoth. Incapable d'exploiter au-delà de sa prise, Sebastianus ne représentait pas de réel danger. Nos préoccupations se tournèrent donc autour du parti qu'allait adopter Genséric. Profiterait-il de cette aubaine pour débarquer en Hispanie et commencer sa conquête de l'Empire ? Si le roi des Vandales tombait dans ce piège tendu par la providence, son armée s'épuiserait dans une lutte où Rome n'aurait pas encore à intervenir. Mais obnubilé par la Sicile et l'Italie, le maraud n'entendait pas se laisser griser au doux chant des sirènes.

Avitacum, 445

Le monde avançait sans moi, le monde m'oubliait. L'exil a cela de bénéfique, une fois l'orgueil convalescent, qu'il offre le loisir de se consacrer aux splendeurs autrement négligées. Je pense aux nourritures spirituelles, aux belles lettres et à la philosophie. Rentrant de la chasse et après un repas plutôt frugal, je pris avec goût l'habitude des solitudes. À lire toujours plus, partagé entre *l'Ab Urbe condita libri* et le *De Civitate Dei contra paganos*[1], la mesure des saisons alla même jusqu'à s'effacer. Une léthargie où mon corps devenu inepte – hormis à traquer le sanglier – se complaisait. Avec le temps, l'excitation de tuer la bête se dissipa, ne laissant place qu'au plaisir de sa poursuite. Aux os fourbus d'après galop, le réconfort du divan et de ses lectures offrait l'apaisement. Subissais-je déjà, à cinquante ans, les prémisses de la vieillesse ? Une cruche d'eau pour me désaltérer et le sourire de Severiana Roscia suffisaient à mon bonheur. Avec l'automne, un survol d'oies sauvages emplissait parfois le ciel d'une grâce étrange, me laissant pensif face à l'infini. Le mariage de notre fils Esychius avec Audentia, sœur du dévoué Sidonius Apollinaris, nous apporta sérénité. Notre race perdurerait, un contentement dont on mesure l'importance avec l'âge.

Automne 446

Pensif, à observer roussir la hêtraie, je passais des heures à fixer ce néant fait d'arbres et de buée. L'affliction des brumes et des premières gelées s'accordait aux mélancolies de mon âme. Je digérais avec lassitude l'espoir vain que l'élévation, l'année précédente, de Pétrone Maxime au titre de patrice, influe sur mon

1. Respectivement l'*Histoire romaine* de Tite-Live et *La Cité de Dieu* par Augustin d'Hippo Regius.

avenir. Autre deuil, autre peine, le troisième consulat d'Aetius ne changeait également rien à ma condition. Les manigances de l'empereur Valentinien pour conserver son trône passaient par la division, alors autant m'armer de patience.

Préférant se gausser de cette disgrâce, Valentinien éludait le véritable danger : tel un animal blessé qui se distrait en regardant les vautours tournoyer à son aplomb, il en oubliait l'essentiel. Surseoir au nécessaire pour le remplacer par des fourberies de palais précipiterait sa chute et probablement aussi celle de l'Empire. L'arrivée en Afrique de Sebastianus, puis son ralliement aux Vandales, conforta mon opinion : les Wisigoths avaient réussi à le chasser de Barcino (Barcelone), mais malheureusement pas grâce à l'appui d'une petite armée sous mes ordres...

N'ayant d'autre choix que celui de subir les volontés d'une telle imposture, je pris parti de la nature en consolation à user mon cheval pour suivre l'horizon, à dissoudre ma silhouette dans la profondeur des forêts... En ce sens, tout le bénéfique des frissons de l'automne vint à ma rescousse. La ville et les hommes me révulsaient, alors puisse la bise emporter mes chants à tue-tête. Hurler avec le vent, c'est se délivrer du superflu ! Parfois, rompre cette solitude en allant chasser au faucon m'apportait d'autres secours : celui de sentir Syagrius m'accompagner en silence, celui de s'étourdir à suivre le vol du prédateur ou celui, plus ample, de louer la présence de Severiana Roscia. Enroulée dans une étoffe chamarrée de bleu, elle restait là immobile à cheval. Ses yeux perçaient le ciel en d'indéfinissables songes, les miens caressaient son allure.

Avitacum, février 448

Le froid, la neige, un sarcophage de givre où ma volonté moribonde s'égarait chaque jour davantage. Que le vent pousse la congère, qu'il hurle tant et tant, cela n'avait plus d'importance. J'en oubliais presque jusqu'à l'existence d'un printemps qui n'en était qu'à ses prémices. Les soins que me prodiguaient mon épouse et sa mère ne suffisaient qu'à maintenir à flot mon esprit aspiré vers le néant. Ma belle-mère, dont le prénom signifiait *Puissante grâce à son héritage*, couvait ma détresse de mille attentions. Elle possédait cette chaleur et ce sens intime du lien familial si chers aux peuples des grandes forêts qui s'étendent après le *limes*, là où la gentillesse des femmes compense l'ingratitude des dieux. Elle était capable d'offrir un lendemain à une lucidité perdue...

Le retour des beaux jours coïncida avec celui des messagers porteurs de nouvelles : surplus d'infortune, l'Empire partait à vau-l'eau et, depuis l'éboulement des murailles de Constantinople en janvier de l'année précédente, les catastrophes s'accumulaient. Ce furent d'abord les Huns : folles de sang, leurs hordes venaient d'infliger l'humiliation suprême aux armées d'Orient. En témoignaient les squelettes ou cuirasses déchiquetées des légions du général Arnegisclus jonchant les rives de l'Utus (en Bulgarie) ; et parmi ces lambeaux, la carcasse du général vaincu, abandonnée au pica des corbeaux. Une victoire pour Attila et ses alliés qui, plutôt que de se jeter dans la gueule du loup en avançant vers Constantinople, préférèrent porter leur haine contre Marcianopolis, désormais un quartier de Devnya en Bulgarie. Massacrant et incendiant sans pitié, ces hyènes des steppes venaient de fouler les cendres d'une ville à jamais meurtrie. Mais la bête immonde n'était pas rassasiée, se répandant à travers les provinces balkaniques afin d'abuser d'une proie encore docile. La Thrace, l'Illyrie, la Mésie et la Dacie (provinces balkaniques) furent dévorées jusqu'à ce que leurs terres noircies se confondent aux enfers. Désormais seul un miracle pouvait épargner la Grèce ! Il intervint sous la forme d'un nouveau séisme qui venait de détruire d'autres pans du mur théodosien. Brèches et gravats scarifiaient trop les défenses de Constantinople pour passer inaperçus, une blessure manifeste qui allait aiguiser l'appétit des Huns...

Que faire, sinon me morfondre à espérer une chimère ? L'amour de ma femme et la dévotion de sa mère finirent pourtant par venir à bout du mal qui me rongeait, cette folie d'homme qui se sent inutile et s'empoisonne de sa propre nostalgie : je cessais de me négliger et repris un peu de dignité, accordant de nouveau à mon épouse le pacte liant nos deux cœurs et nos deux âmes. C'était à l'époque où, en Gaule, nous arriva la nouvelle de la signature des accords de paix entre l'Empire d'Orient et les Huns. Contrairement à mon entourage, cette annonce me sembla suspecte. Syagrius se rangea derrière moi, affirmant que quel que soit le montant de la rançon obtenue par les Huns pour renoncer à marcher sur Constantinople, il nuirait au futur : cette soumission me révulsait.

Si la mémoire ne me joue pas de tours, nous apprîmes à cette période le domptage des Francs saliens : un grand triomphe pour Aetius, comme le souligna son messager. Sa présence confirmait ses dires : le généralissime ne m'oubliait pas et le moment venu, il me ferait signe… Sa victoire sur Clodion le Chevelu devant Nemetacum Atrebatum (Arras) accordait un répit à la Gaule. Puisse ce peuple de bons guerriers se plaire dans la plaine du Scaldis (la rivière Escaut) et défendre ce territoire en marche de l'Empire !

L'année suivante, les déboires amoureux de l'*Augusta* Honoria agitèrent la cour de Ravenne. Que pareilles frasques, si scandaleuses fussent-elles, obligent l'empereur Valentinien à exiler sa sœur pour Constantinople, aucun témoin ne s'épargna d'en rire ! Je m'en amusais aussi, ne soupçonnant pas encore les conséquences de cette farce. À la fin de l'été, le bruit du départ d'une ambassade diligentée par l'empereur Flavius Theodosius pour négocier avec Attila parvint à mes oreilles. L'initiative me séduisit et je fis part de mon enthousiasme. De ce voyage extraordinaire découlerait obligatoirement de la sapience et, pourquoi pas, un frein aux tensions en cours. Ma femme se montra moins optimiste en me soufflant : « Pourvu qu'ils reviennent. »

16 juin 450

Le soleil décline et s'affaisse derrière la colline au crépuscule. Comme une vie qui s'étiole, sa lumière s'amenuise doucement, puis voici les froides ténèbres. Vieillesse, maladie et injustice du mal valent pour requiem. Un hiver de toux et de prostration où cette belle-mère au sourire tout de grâce voyait décliner sa santé nous préparait à l'inexorable. Severiana Roscia l'avait redouté, cachant sa terreur sous l'espoir. Mais seul le Créateur décide.

C'est avec l'aube pour complice que la mort vint happer cet être délicieux. Rendue aveugle au soir de sa vie, son cœur avait perçu ce que ses yeux lui avaient refusé. C'est certain, la bonté et l'amour des siens permirent à son esprit de surpasser les douleurs du passage. L'autre monde l'attendait ; elle y retrouverait son époux et tant d'amis d'autrefois.

Au chagrin de ma femme rima mon incertitude. Que faire ? La suppléer dans sa peine en partageant ses lacrymatoires ou user de malice pour la distraire ? À ce cœur effondré, je ne pus offrir que le réconfort d'une épaule, un soutien qu'elle transforma en un admirable courage.

Rome, août 450

Comme chaque fin d'après-midi, le Pape Léon s'octroyait une promenade dans les jardins fleuris de la *Domus Faustae*. La pluie, dont le sol mutilé implorait la venue, s'échappait vers les cimes des monts Albains. De mauvais augures pour la cité éternelle, car depuis le grand incendie qui avait ravagé la ville en 64, sous Néron, tout romain redoutait la sécheresse de l'été. Léon s'arrêta un instant, fixa l'horizon où les nuages s'amoncelaient, puis, pensif, reprit sa marche et revint à ses préoccupations. L'annonce de la mort accidentelle de l'empereur Flavius Theodosius ne le contrariait pas outre mesure. À condition d'agiter les bonnes ficelles, cela risquait même de lui servir. D'un point de vue politique tout dépendrait de son successeur. Car, lui, le Pape élu des Romains, ne doutait pas un instant de ses prévisions. Dès Flavius

Valerius Marcianus couronné empereur d'Orient (car nul esprit avisé n'eut pu envisager l'avènement d'un autre prétendant), il se vengerait des patriarches de Constantinople aux méthodes de canaille, et à qui il en voulait pour des querelles théologiques. Satisfait, un rictus malin lui pinçant les lèvres, Léon rentra en son palais et demanda qu'on lui serve une coupe de vin.

Au même instant, de son camp sur le Danube, Attila, désormais seul à régner sur les Huns[1], se délectait. Encore un peu de patience et le piège serait prêt, le gros insecte pataud viendrait s'offrir en pâture à l'araignée. Sa cour et ses épouses pouvaient se complaire dans la soie, l'or ou les verreries, lui s'en moquait. Seule la gestion du pouvoir l'intéressait, et c'est ainsi qu'il vivait chichement à la manière des cavaliers. Une tranche de chèvre rôtie, du lait caillé, le ciel et les étoiles lui suffisaient. Affalé sur un divan, il repensa à la manière dont, l'été précédent, cette attitude rustre avait floué les ambassadeurs romains et leur interprète. Sous couvert de caprices ou d'inconsistance, ses manœuvres avaient permis d'annihiler le complot que ces sbires de Constantinople véhiculaient à leur insu. Ivres de suffisance, ils se plièrent à sa volonté. Tant d'efforts pour rien, sinon constater que le vent des steppes surpassait la poste romaine. Attila ricana de son succès. L'Empire d'Orient ne le tracasserait plus ! Quant à servir de refuge à ses opposants, il devrait en mesurer le risque… Désormais un autre gibier occupait ses pensées. Le roi des Huns se redressa brusquement pour interpeller Onégèse. Si haut fut son rang et prégnante l'amitié qui le liait à son khan, le conseiller s'inclina en pénétrant dans la pièce. Attila lui évita d'inutiles politesses.

— As-tu enfin des nouvelles de Constantinople ?

— Puissent-elles seulement te satisfaire, rajouta le dignitaire d'un air malicieux avant de reprendre : Oreste, notre ambassadeur,

1. Ayant assassiné son frère Bleda en l'an 445, Attila régnait désormais seul sur l'empire scythe.

vient de me prévenir que Valentinien a fait rapatrier sa sœur à Rome. Un départ dans l'urgence comme tu t'en doutes.

— Le porc ! Il payera cet affront !

— Nos armées n'attendent que tes ordres pour marcher vers…

Onégèse laissa volontairement sa phrase en suspens. Roué à la stratégie du khan, il observait sa colère tout en en devinant les contours. Tripotant la bague que lui avait offerte l'*Augusta* Honoria pour soudoyer son amour, Attila fulminait de rage.

La nouvelle qu'Attila, puissant roi des Huns, réclamait la main d'Honoria et la moitié de l'Empire comme dot, ne parvint chez moi en Avitacum qu'aux derniers jours d'octobre. Le sort en était jeté.

Triclinum, *intérieur d'une* villae *romaine.*

- XI -
Tangra, Ciel-Père

LE LECTEUR ME PARDONNERA de bousculer la chronologie des événements mais un retour en arrière d'une année s'impose quant à la compréhension du récit. Comme l'avait pressenti Severiana Roscia, le voyage alors ordonné par l'empereur d'Orient chez les Huns s'apparenta à une épopée homérienne. Son dénouement, bien que lointain, m'obligea de n'en rien omettre dans ma narration. Parfois, il arrive qu'un mauvais vent souffle sur l'Arcadie...

Serdica (Sofia), juillet 449

D'un mauve surprenant, le ciel n'en finissait pas de s'embraser. Ce crépuscule chez les Daces (originaires du bas Danube) intrigua les deux envoyés de l'empereur Flavius Theodosius, Maximin et Priscus : comment ne pas y déceler un signal du Divin, une flamboyance qui marquait la frontière de son royaume ? Depuis leur départ de Constantinople treize jours plus tôt, ils s'enfonçaient comme aspirés vers un abîme où, après avoir suivi la longue *via*

Militaris[1], ils « flottaient » avec pour unique espoir qu'Attila n'oserait pas enfreindre les droits diplomatiques.

D'un geste, le comte Maximin ordonna que la caravane fasse halte. Sous cette lumière du couchant, les ruines de Serdica lui apparurent comme l'antichambre des enfers. Le contraste entre la beauté des teintes célestes et l'horreur d'une ville anéantie donnait la nausée. Quel péché, sinon celui d'être Romain, pour se voir infliger un tel châtiment ? Il devait masquer son dégoût, garder sa dignité afin de ne surtout pas offusquer les deux proches conseillers d'Attila qui l'accompagnaient, Édécon et Oreste. Le comte s'adressa à Priscus, son ami et commissionnaire :

— Nous camperons sur le forum, et que notre suite arrange de quoi faire un banquet digne de nos hôtes...

Puis s'adressant à Bigilas, son traducteur :

— Préviens l'ambassadeur hun de ma décision, qu'il se prépare au festin ! Veille ensuite à ce que l'on ne marchande pas nos denrées. Je veux du mouton et des viandes en abondance.

S'il voulait mener à bien son office et remettre en main propre les lettres confiées par son empereur, le comte Maximin, en homme d'honneur, se devait de ne rien négliger. Les deux délégations ne s'étaient encore quasiment pas parlé, à lui Maximin de rompre la glace. Il se méfiait trop d'Oreste, l'autre envoyé hun, pour en faire son principal interlocuteur : cet « ancien » romain devenu scribe d'Attila suintait l'ambition comme une limace sécrète son mucus. Maximin le traitait avec égards tout en essayant de le contourner. Cette mission, lui, l'incorruptible, il l'avait acceptée sans enthousiasme car l'éminence grise de l'empereur Valentinien – un eunuque ivre de pouvoir[2] – l'avait recommandé à ce titre... Mais, et le comte n'en savait rien, son

1. Traversant les Balkans, cette voie romaine assurait la liaison entre l'Empire d'Orient et celui d'Occident.

2. Il s'agit de Chrysaphios, qui sera décapité dès l'avènement du successeur de Théodose II.

ambassade servait de façade à une conspiration ourdie par les soins du terrible eunuque.

En ce pays devenu lisière entre les mondes vivait un peuple bigarré. Qui était fils des steppes ? Qui était autochtone ? Les coutumes des uns se mélangeant à celles des autres, il devenait difficile de distinguer à qui l'on avait affaire. Une timidité, plus que le costume, semblait peut-être régir la différence. Maximin marchait sur des œufs, et comme le lui indiqua son ami Priscus, la présence de nobles huns au sein de la caravane faussait la donne, alors il ne fallait pas commettre d'impairs.

Les feux, où rôtissaient déjà les bestiaux, crépitaient en de multiples braseros sur le forum. Au centre, celui réservé aux convives de choix avait une allure et une odeur particulièrement alléchantes. Suivant les directives du comte Maximin, les personnes s'étaient rassemblées selon leur rang autour des tables, les gens de modeste condition se plaçant à la périphérie, n'osant se joindre aux festivités qu'après de vives incitations.

La soirée prenait des tournures de fête lorsqu'un premier incident emporta les esprits. Comme la coutume l'exigeait, les deux partis levèrent leurs coupes en l'honneur d'Attila ou de l'empereur Flavius Theodosius. Mal lui en prit, l'interprète romain Bigilas – pourtant rompu aux affaires diplomatiques – déclara qu'il ne convenait pas de comparer un homme (Attila) et un dieu (l'empereur Flavius Theodosius)... Devant l'affront, les Huns se rebiffèrent et Priscus dut user de toute sa subtilité pour les calmer, faisant habillement glisser le débat vers des sujets plus consensuels. Et dès le repas terminé, Priscus et le comte Maximin invitèrent leurs deux acolytes à les rejoindre sous la grande tente, les gratifiant de cadeaux pour les amadouer. Édécon, l'ambassadeur hun, reçut parements de soie et pierreries des Indes. Satisfait, il se retira au moment où son compagnon allait accepter les mêmes présents. Sur le ton de la confidence, Oreste fit savoir aux Romains qu'il appréciait leur attitude : « Honnêtes et prudents, je loue votre faculté de ne pas vous mêler de choses qui offensent les rois. Merci pour vos égards et de vous conduire différemment des autorités de Constantinople en m'invitant. » Ne sachant pas à quoi il faisait allusion, Maximin et Priscus le questionnèrent quant à cette marque de mépris. Mais comme Oreste les quitta sans répondre, ils en déduisirent naïvement le peu d'importance à accorder à cette mésaventure. Sans doute un nouveau caprice de cet être qui les révulsait injustement.

La nuit avait effacé l'incident de la veille et la caravane reprit son avance après l'aube. Mais, chemin faisant, Priscus voulant en avoir le cœur net, il s'adressa à l'interprète Bigilas. Ce dernier lui assura qu'Oreste ne pouvait prétendre au même traitement qu'Édécon et qu'il était tout au plus un valet d'Attila... Puis, d'un écart de cheval, l'homme alla déballer son sac auprès d'Édécon. Outré de ce qu'il venait d'apprendre, l'ambassadeur manifesta une colère disproportionnée : jalousie protocolaire, ou cette affaire cachait-elle autre chose ? Les journées qui suivirent n'apportèrent aucune réponse. Au quatrième soir, harassé, le convoi parvint en vue de Naissus (la ville de Nis, en Serbie). De cette ville détruite par les Huns ne subsistait qu'un immense charnier se mêlant aux ruines, un sol devenu putréfaction au royaume des ténèbres ! Partout, des corps à demi rongés : les charognards avaient fait de leur mieux mais les becs s'étaient rassasiés. Effarés, nos voyageurs contournèrent ce nouvel amas d'os et de chair, les sens aux aguets. Soudain un cri rauque déchira la nuit. Se faufilant entre gravats et vestiges, le convoi traversa un faubourg où subsistaient les ruines d'une église. Moribonds ou spectres, quelques ombres furtives rampaient encore çà et là. Maximin demanda qu'on dépose des vivres mais interdit à quiconque de s'en approcher. L'obscurité grandissante, il fallait se presser pour établir le campement. Enfin, après un détour, la ville dépassée et l'herbe redevenue saine, la caravane fit étape. Était-ce par pudeur, mais cette nuit-là les étoiles refusèrent de scintiller.

Le lendemain, la rencontre avec des troupes romaines insuffla un sursaut d'espoir : pourtant elles ne venaient que nous remettre les transfuges réclamés par Attila. Ce fut dans les jours qui suivirent, en franchissant le Danube, qu'un sentiment de résignation s'empara de la délégation. Épuisés par l'humidité stagnant aux abords du fleuve, Maximin et Priscus s'étonnèrent d'abord de l'absence des flottilles de l'Empire. Pas le moindre vaisseau romain en vue mais, à la place, des centaines de barques arrimées sur l'autre rive, comme prêtes à transborder une armée. Ils traversèrent sur l'une d'elles venue les chercher, un simple tronc évidé par ces sauvages. Après, il n'y avait plus que l'immensité du territoire scythe.

Les suites des péripéties de l'ambassade se perdent au fil du bon vouloir d'Attila. De caprices en affabilités, les dignitaires huns s'amusaient à jouer au chat et à la souris. Arrivés finalement à proximité d'un camp où se trouvait le khan, Maximin et Priscus furent sommés de déguerpir séance tenante. Les chevaux étaient déjà prêts et les animaux de bât chargés pour le retour lorsqu'un messager délivra le contrordre d'Attila : « Que la caravane dorme sur place ». Des serviteurs firent irruption avec des victuailles pour le souper, et les Romains y virent un présage de conciliation. Ce regain d'espoir ne vécut que le temps d'une nuit car, au matin, les Huns revinrent sur leur position, plus vindicatifs que jamais : « Puisque l'ambassade n'a rien de nouveau à proposer, qu'elle reparte immédiatement pour Constantinople. » Abattu par son échec, le comte baissa la tête en signe de soumission quand Priscus intervint : ruses, promesses et cadeaux à l'appui, il soudoya un émissaire et obtint une audience auprès d'Attila. Celui-ci se montra affable, acceptant les présents de l'empereur, se fit lire ses lettres puis répondit chaleureusement aux compliments des deux ambassadeurs, mais hors de question de s'engager à des promesses de paix ! Soudain, et d'un geste brusque le roi se retourna en direction de l'interprète :

— Bigilas, bête impudente, tu oses te présenter devant moi ! Ignores-tu ce que je pense de la paix ? J'avais interdit toute ambassade tant que la totalité des transfuges ne m'aurait pas été remise.

— Ô roi, ceux qui viennent de t'être livrés sont les derniers, répondit Bigilas…

Attila le coupa net et, ahuri de colère, le menaça en l'injuriant dans sa langue :

— Chien ! Chance à toi que je respecte encore les convenances diplomatiques car je te ferais volontiers empaler afin que l'on jette ta dépouille aux vautours.

Puis, hélant un scribe, il lui ordonna de lire tout haut les noms des transfuges qui manquaient :

— Pars sur-le-champ et réclame-les à Constantinople. Et n'oublie pas de dire qu'aucune ville ne peut exister si j'ai la résolution de la détruire.

Puis, reprenant son calme, Attila accorda aux Romains la permission de le suivre le temps qu'il réponde aux courriers de leur empereur qui venaient de lui être lus. Et c'est ainsi que, trimbalée à la suite des déplacements du khan, l'ambassade s'enfonça vers le septentrion (le Nord) entre plaines et marais. Un voyage sous haute tension : une erreur comme celle de planter sa tente sur une colline plus élevée que celle d'Attila risquait de tout faire capoter. À la versatilité des Huns répondait parfois un sens de l'hospitalité peu commun. Maximin et Priscus en eurent la démonstration lors d'une fameuse nuit de déluge : alors que les pluies balayaient leur campement, ils furent recueillis par la veuve de Bleda. Brûlant des roseaux pour les réchauffer, ses serviteurs nourrirent les invités avec soin. La reine tint aussi à respecter les coutumes : des femmes en offrande à l'amour, gaies et dansantes, commencèrent alors à virevolter autour des tables. Couvertes d'impudeur par de la soie et nageant dans de capiteux parfums inconnus, leurs rondes invoquaient un désir auquel il devenait difficile de résister. Pourtant les deux hommes refusèrent, luttant pour démontrer la puissance de leurs vertus.

La caravane arriva à destination une dizaine de jours plus tard. La capitale des Scythes ressemblait à un gros bourg désordonné fait de planches : enclos fortifiés et palissades sans véritable cohésion conféraient à l'ensemble un aspect brouillon et barbare. L'ambassade fut reçue dans la demeure d'Onégèse où elle soupa en grande pompe malgré l'absence du propriétaire. Ministre d'Attila, ce seigneur parlant grec et rompu aux subtilités de la diplomatie tenait ce soir-là conseil avec son roi. À l'issue du repas, Maximin fit donc dresser sa tente près du palais et rappela à tous la consigne imposée par les Huns : ne rien acheter ou payer hormis des vivres ! Le lendemain matin, Priscus se rendit chez Onégèse pour lui remettre quelques largesses. Il ne s'agissait que d'or et d'étrennes, cadeaux de l'Empereur pour l'apprivoiser. Des attentions similaires, quoique d'un faste supérieur, furent ensuite dédiées à son maître. Une des épouses du khan les accepta avec déférence puis l'expectative perdura. Il y eut bien plusieurs audiences, des banquets où Attila se montrait généreux envers ses invités mais ni la paix ni rendre les otages retenus par son peuple ne trouvaient d'issues. Son intransigeance exaspérait Maximin, et à s'impatienter de la sorte le comte sentait sa mission lui échapper chaque jour davantage. Onégèse, en qui il fondait ses derniers espoirs le boudait aussi, alors qu'attendre ? Et lorsqu'il pénétra enfin sous sa tente, ce ne fut que pour clore ce trop long malentendu. En remettant les lettres destinées à l'empereur, il lui signifia qu'Attila congédiait l'ambassade. Édécon et Oreste ne seraient pas du voyage. Rien à rajouter, sinon s'apprêter au départ.

En chemin, déconfits de n'avoir obtenu que le rachat d'une matrone et de ses enfants captifs, les Romains assumèrent leur échec. Un compagnon de route enjoint par Attila les réconforta, faisant valoir le nombre de chevaux offerts en marque de respect. Gracieux de prime abord, une fois sur l'autre rive du Danube, ce Hun se fâcha brusquement sans véritable raison et, de hargne décida de faire route seul vers Constantinople. Perplexes, les deux Romains ne le ramenèrent à la raison qu'aux abords d'Hadrianopolis (Edirne, en Turquie). Une attitude incompréhensible, bien qu'elle refléta tout le lunatique du caractère de ce peuple. À peine les portes de la ville dépassées, l'ambassade croisa son ancien interprète Bigilas. Répondant à l'ordre d'Attila, il galopait à bride abattue vers la Scythie avec la réponse de l'empereur concernant les transfuges. On échangea brièvement puis, le plaisir de la rencontre consommé, la caravane poursuivit sa route vers Constantinople où elle arriva dès la semaine suivante.

Alors qu'ils rendaient compte des raisons de leur insuccès, Maximin et Priscus s'étonnèrent du comportement de ce Hun qui les avait accompagnés. Redevenu malveillant, il répandait des sornettes à tour de bras. Pourquoi ? La raison tient au dénouement de cette aventure, lorsque les deux ambassadeurs apprirent la vérité avec le retour d'Oreste à Constantinople. Dès son arrivée en territoire scythe, Bigilas avait été arrêté et délesté de l'or qu'il transportait. Cette somme devait être remise à Édécon pour assassiner Attila, mais la menace de tuer son fils l'avait fait avouer ce que le khan savait déjà : un projet éventé depuis belle lurette ! Sous son emprise, Édécon lui en avait depuis longtemps révélé les détails. C'était à l'aller, l'ambassade romaine venait de franchir le Danube et un simple entretien avait suffi à sa confesse. Voilà qui expliquait tout le déconcertant du voyage, ce paravent dont Maximin et Priscus comprirent n'avoir été que les dupes.

Attila pouvait jubiler. En ayant laissé courir cette machination, il affirmait son ascendant sur l'Empire d'Orient. Lorsqu'Oreste, étranger au complot, se présenta devant l'empereur Flavius Theodosius pour lui rendre le sac d'or en question, c'est du poids de la honte qu'il le couvrait.

Territoires des Huns, septembre 450

Debout et bras ouverts en offrande, Attila priait sous le ciel. Une brise légère lui agitait les cheveux, ombre dansante ondoyante devant ses yeux mi-clos. D'abord le silence puis un son guttural s'éleva pour accompagner la méditation : Tangra le reconnaîtrait ! Plusieurs pas en arrière, un chaman blanc chantait à côté des flammes d'un foyer, invoquant l'esprit. Toujours immobile le grand khan continuait à murmurer sa supplique : « *Vénérable Seigneur, que la route de ma destinée soit ouverte ! Je ne répéterai pas les erreurs des générations précédentes et je suivrai les chemins des ancêtres chanceux.* »[1]

De l'invocation à l'extase, Attila questionnait le Dieu unique et tout puissant : qu'il veuille bien lui exprimer ses volontés par un coup de tonnerre au lointain, par l'odeur de la steppe ou avec un signe dans le ciel… Accompagnant l'intensité du feu, le chaman poursuivait sa litanie en chantant. Le soleil était apparu rouge puis avait disparu, pris dans le nuage, ses rayons à l'oblique éclairaient encore la scène. Couverte d'une multitude de guerriers appartenant aux tribus amies, la plaine entière attendait le dénouement du rituel, communiant à l'unisson de leur roi dans une transe silencieuse en allégeance au Ciel-Père. D'esprit à esprit, elle se propageait derrière les lisières avec la forêt. Les pieds pris dans le sol, Attila récitait « *Que mes pensées soient vastes comme la mer… Je ne desserrerai pas ma connexion avec le soleil, je n'abandonnerai pas ma liaison avec la lune… Que mes voyages soient efficaces et couronnés de succès.* »[2]

Des gouttes de pluie sur le visage interrompirent sa prière, exactement comme dans ses visions oniriques des nuits précédentes. Il sourit : Tangra lui parlait enfin ! Levant les bras au ciel, Attila le remercia puis jura de l'honorer selon la coutume. L'homme des steppes tenait là l'assentiment attendu : ses hordes se rueraient bientôt vers de grasses et vertes prairies, loin au-delà du couchant.

---

1. D'après la prière de la Dignité (recueil du professeur Grigori Tomski).
2. *Ibid.*

Préparatifs d'invasion

Un cri déchira les azurs : le grand oiseau des steppes planait, la proie dont il se délecterait prise dans ses serres. L'ombre des ailes gigantesques étendue sur le sol suffisait à semer le trouble... Attila rouvrit les yeux : le songe avait vu juste. Il était ce rapace, et les proies seraient les siennes. Se redressa d'un coup. Il quitta le divan sur lequel il s'était assoupi. Onégèse le regarda s'ébrouer puis, dès son maître sorti du sommeil, il commença à l'entretenir :

— Ta décision est donc irrévocable...

— Oui ! Du pays des songes j'ai vu un rapace survoler ce monde que nous convoitons.

— Nous y pénétrerons par la Gaule, comme convenu ?

— Oui, telle est la volonté de Tangra. Que nos armées se tiennent prêtes ! Elles franchiront le Rhin dès l'hiver passé.

— Tes ordres seront exaucés, ô fils du ciel.

Onégèse s'inclina puis sortit cérémonieusement de la pièce. Désormais seul, Attila joignit les mains devant son visage. Réfléchir et ne surtout pas se tromper ! L'armée devrait remonter le cours du Danube, et rassembler en chemin les tribus alliées. Hérules, Ruges ou Thuringes, tous le rejoindraient, ils rivaliseraient de prouesses pour démontrer leur loyauté. Belliqueux et cruels, ils se mêleraient sans peine aux frères de la steppe, à cette mosaïque de peuples assujettis. Les Huns ouvriraient le chemin suivis des contingents formés de Gépides, Sarmates, Skires, Lombards et autres Goths. Sortie des bouches de l'enfer, cette masse que l'on nommait déjà la horde scythe ravagerait le monde, dût-elle avancer jusqu'au pied des colonnes d'Héraclès (le détroit de Gibraltar). Restait à choisir l'instant du départ : trop tôt aux abords du Rhin, les espions ne manqueraient pas de signaler sa présence. Au contraire, en cas de retard, toute la campagne risquait d'en pâtir. Depuis deux semaines, des messagers galopaient le long du parcours afin d'ordonner qu'on y entrepose assez de vivres et de fourrages.

Après mûre réflexion, Attila prit sa décision. L'Empire d'Orient serait trop coriace à dépecer et surtout il lui servait de tampon avec l'ennemi perse, alors que l'Occident... Les tribulations autour des frasques sentimentales d'Honoria venaient de lui offrir le plus inattendu des prétextes : une lettre et une bague pour la délivrer en guise de promesse... Un mariage dont il n'avait évidemment cure, mais qui lui permettait de réclamer une moitié de l'Empire en dot. Mais puisqu'on lui refusait son dû, Attila irait le cueillir ou plutôt l'arracher : « Sot de Valentinien, quelle idée d'avoir offert ta sœur à un romain pour me la soustraire ! En la sacrifiant discrètement, par ce châtiment, tu aurais lavé son impudeur et embarrassé mes prétentions. »

Attila méprisait l'empereur Valentinien, cet être bas et sans envergure qui se montrait magnanime ou sanguinaire selon l'humeur du jour, et jamais à bon escient. Ce nouveau manque de discernement de sa part ne pouvait pas mieux tomber.

Attila, prétendant éconduit, allait-il marcher vers l'Italie ? Ce que l'esprit du taureau commande, celui du loup le contourne et Attila chassait en meute ! Le chagrin d'Honoria ou sa déception n'avait aucune importance, qu'elle se morfonde dans les bras du nouvel élu ! D'après certains bruits de couloir, il s'agirait d'un sénateur qui, à son tour, connaîtrait ce qu'il en coûte de croquer au fruit défendu. Celui-là, il le ferait empaler puis les corbeaux finiraient la besogne. Étrange... Le sort du précédent amant d'Honoria, l'ancien chambellan Eugène[1], ne le terrifiait donc pas ? Comment se figurer la justice d'Attila inférieure à celle de Valentinien ?

Fi des batifolages, les Huns fondraient d'abord sur la Gaule, car c'était le point sensible de l'Empire. Un territoire propice où, entre les convulsions des bagaudes et l'instabilité des peuples fédérés, Attila vaincrait à coup sûr. En agissant de la sorte, il éviterait

1. Un certain Eugène qui, amant de l'*Augusta* Honoria, l'aurait mise enceinte avant d'être exécuté sur l'ordre de Valentinien.

aussi de froisser Genséric et ses Vandales en leurs rêves fous d'Italie. À Rome, le ventre d'Honoria appartenait déjà au passé.

Gaule, printemps 451

Dès le Rhin franchi, la horde des Huns s'égailla en de multiples rameaux : telle était la force de cette gigantesque troupe, et sa faiblesse aussi. Avec la puissance d'un fleuve en crue qu'aucune digue ne parvient à contenir, elle s'étala comme une ombre sur les plaines. Cavalant de futaies en ravines, ses guerriers hurlaient avec le diable, l'odeur de la mort à leurs trousses, tels les jardiniers de l'enfer élaguant membres et têtes sans coup férir. Tout aussi démoniaque, les mines de leurs horribles montures grimaçaient : drogués à devenir fous, ces chevaux galopaient encore même à demi éventrés par les lances…

Des langues s'étaient déliées : « *Le bruit s'était répandu que le Huns voulait faire une irruption dans les Gaules.*[1] » Si discrets furent-ils, les préparatifs de l'invasion n'avaient pas trompé les yeux avertis. Le Rhin n'ayant pas gelé de l'hiver, toute la forêt hercynienne résonnait au diapason des haches : la besogne ne manquait pas, il y avait tant de radeaux à construire. Des curieux s'étonnèrent aussi du nombre croissant d'étrangers furtifs en maraude, dont on devinait la présence derrière la broussaille. Ce fut l'évêque d'Atuatuca Tungrorum[2] qui, le premier, recueillit un faisceau d'indices. Les informations qu'il avait glanées lui semblèrent sans équivoque car des esprits pleins d'effroi se délestent aisément du poids qui les entrave. Fort de ce qu'il constatait depuis des semaines, le pontife prit le chemin de Rome. De son entrevue avec le Pape Léon, nul ne connaît la teneur, hormis le conseil d'une série d'oraisons au tombeau du saint apôtre Pierre. Là, dans l'abstinence et le jeûne, l'évêque y sollicita la miséricorde.

1. Grégoire de Tours *Histoire des Francs* (Livre II, paragraphe 5).
2. Tongres, l'ancienne capitale des Éburons.

Ce qu'il venait d'apprendre confirma d'autres présomptions. Songeur, Léon déambula lentement au centre de son bureau en se grattant la tête. C'est là qu'il œuvrait sans relâche à la sauvegarde de l'Église et du monde, à tuer dans l'œuf les pires intrigues. Cette fois, devant l'ampleur du péril, il sentit une lassitude, un vertige. Mais que faire ? Qui prévenir ? Après avoir tourné et retourné les différentes options, le Pape se rendit à l'évidence. L'empereur de Rome, Valentinien, s'affolerait et ordonnerait n'importe quoi. Quant au nouvel empereur d'Orient, Flavius Marcianus, satisfait d'être enfin débarrassé des Huns, il n'interviendrait pas.

Restait Aetius ! En conseillant à Valentinien de ne pas livrer Honoria à Attila, il s'était attiré la colère du grand roi des Huns. Toute la cour savait que le généralissime Aetius formulait depuis longtemps le vœu de marier son fils à la fille de Valentinien : un projet peu compatible avec celui d'Attila au jour de la succession. Mais ce premier pas à l'encontre de son compagnon d'enfance suffirait-il à l'entraîner vers l'inexorable ? Aetius franchirait-il le Rubicon en acceptant de commander l'armée qui défierait Attila ? Allait-il rompre ainsi le pacte passé jadis, celui de ne jamais le combattre ?

La rencontre entre Léon et Aetius se déroula dans un lieu tenu secret, quelque part le long de la *via Flaminia*, à l'ombre d'une église bordée de cyprès. Aetius prit la mesure du danger : il savait que ce jour funeste viendrait. Assujettissant peuple après peuple par sa soif de conquête, Attila se ruerait tôt ou tard sur les richesses de l'Occident, il en était convaincu. Il avait élaboré plusieurs plans de défense mais le moment tombait mal, très mal. L'empire croulait sous les difficultés et, quant à la faiblesse de l'armée, ses causes consternaient Aetius. Il ferait pourtant son devoir ! Et si la préoccupation visible sur son visage trahissait son angoisse, l'énergie de son regard, elle, insufflait audace et volonté, et Léon en fut rassuré. Pressé de repartir pour Ravenne, il disparut dans la poussière du galop.

Se disséminant partout en Italie à destination des principales garnisons, toutes les estafettes portaient le même message, des confins de l'Empire jusqu'aux territoires des peuples fédérés : ordre aux troupes de rallier Milan sans délai, provisions en ordre de guerre !

Comme après un coup de bâton dans la fourmilière, une agitation soudaine gagna le pays. À Rome, le Pape Léon préparait les instructions à donner aux évêques. Il en était certain, dans cet empire en déliquescence, les structures de l'église serviraient de piliers au renouveau, ce sur quoi toute idée de résistance devrait s'appuyer. Revenu à Ravenne, Aetius informa l'empereur Valentinien, usant de son habileté coutumière. Celui-ci se laissa convaincre et accepta que toutes les forces vives d'Italie puissent converger vers le lieu de rassemblement, exception faite de sa garde personnelle et du minimum de cohortes prétoriennes nécessaires à la sauvegarde de Rome.

Ailleurs, villes et campagnes se mobilisèrent dans un effort sans précédent. Déjà des convois s'éloignaient des entrepôts où les esclaves suaient jour et nuit. Il fallait toujours plus de blé, de vivres et de munitions. Fondre les pointes de flèches qui sauveraient l'Empire insufflait aux ouvriers des manufactures la foi indispensable au sursaut…

Le messager

Sorti de la brume au galop, le messager tira sur les rênes pour arrêter son superbe Lusitanien ruisselant. Sans descendre de cheval, il me tendit un pli officiel, s'excusant de ne pas être arrivé la veille : pris par la nuit et ne connaissant pas Avitacum, il avait rebroussé chemin pour attendre l'aube en la capitale arverne. M'adressant un signe d'adieu, il disparut en direction du couchant :

Flavius Aetius, Patrice et Général en chef des armées de l'Empire, présente ses salutations empressées à Marcus Mæcilius Flavius Eparchius Avitus, son ami et frère.

Le péril efface la discorde ! L'empereur en a conscience et m'octroie l'entière latitude dans la gestion de la crise actuelle. Ce crépuscule, qui assombrit au-delà des horizons, sera le dernier si toutes les volontés ne se conjuguent pas. Tu commanderas la cavalerie gauloise et par ce courrier, ordre à toi de mettre les turmes arvernes sur le pied de guerre. À nous de sauver Rome, de lui rendre les lauriers de la gloire. À nous d'écraser Attila et ses meutes.

Avitus, ton général t'assigne à le rejoindre prestement en Arelate et il te salue en t'honorant de sa confiance.

Ainsi s'évanouissait la disgrâce. Ce que j'avais vainement attendu venait de choir, tel un quartier de viande balancé sur l'étal du boucher. Le devoir m'appelait et, bien que je ne sois nullement dupe des raisons qui motivaient l'empereur Valentinien, il était hors de question de me défiler : le critique de la situation effaçait temporairement les dettes du passé.

Les larmes de Severiana Roscia furent un sceau pour ne jamais oublier la promesse du retour ! Dans l'urgence, nos cœurs s'arrachèrent l'un à l'autre dans une étreinte au goût de sanglots. Belle et digne dans le chagrin, elle esquissa un mouvement de la tête, ses cheveux fouettèrent ma joue, leur parfum m'accompagnerait aux solitudes de la guerre.

Casque et cuirasse lustrés, épée ointe en son fourreau, je quittais Avitacum sous l'escorte de mes *bucellarii* (mercenaires). Tous me suivraient en campagne car aucune lance, aucun glaive ne devait être négligé. En toute confiance, je laissais la maisonnée à Syagrius : il saurait veiller sur les miens.

La noblesse arverne ne s'opposa pas aux directives impériales. En sus des turmes (escadrons) de cavalerie légère, elle fournirait une cohorte, voire deux si elle y parvenait. On mobiliserait la garde des villes, vétérans et volontaires, jusqu'à proposer l'affranchissement aux esclaves qui accepteraient de s'engager. Chaque homme comptait ! Il faudrait aussi beaucoup de vivres, et s'assurer que les chevaux ne manquent pas de fourrage. L'époque propice aux pâtures ne devait pas faire omettre ce besoin. Dès cette logistique parée, nos chariots avanceraient avec la troupe jusqu'à Biturigas (la ville de Bourges, Civitas Biturigum) pour m'y attendre. Sans consigne d'Aetius quant au lieu de regroupement, je supposais que la *martyre de César* (elle fut détruite durant la guerre des Gaules) siégeait à parfaite distance stratégique. Coulant du septentrion, la nuée sauvage ne progressait qu'assez lentement, à la vitesse du meurtre et du ravage. Le temps qu'elle débouche, les légions d'Italie – Alpes franchies – marcheraient à sa rencontre. Biturigas, ville au centre de la Gaule, était bel et bien l'endroit parfait de convergence : encore assez éloigné de l'ennemi, mais suffisamment proche pour aller l'intercepter une fois toutes nos forces réunies.

Ces questions réglées, je rejoignis Arelate, éprouvant ma propre résistance autant que celles de mes montures. L'âge n'avait en rien gâté mes forces et encore moins amoindri ma volonté. Aetius me reçut en pleine assemblée, un salut tout militaire avec notre devise d'antan (*Claudia Pia Fidelis !*) puis me prit par l'épaule pour me gratifier à la vue de tous. Ses traits fatigués dénonçaient le souci de la tâche à accomplir. À voix basse il m'avoua le refus de Théodoric de se joindre à l'effort de guerre. Borné, le roi wisigoth voulait attendre cet ennemi méprisable en ses quartiers ! L'idée de coalition le révulsait, de sa décision découlait la non-adhésion d'autres fédérés, une catastrophe vue la faiblesse des effectifs romains. Puis s'élevant avec majesté, il apostropha l'auditoire : « *Avitus, le salut du monde, ce n'est pas pour toi une gloire nouvelle de me voir t'implorer ; tu as voulu, et l'ennemi n'est plus redoutable. Si tu le veux encore, il pourra nous servir de nouveau. Va lui montrer tes aigles victorieuses, convaincs-le de se joindre à nous. Rome l'attend.* »(1)

---

1. Inspiré du *Panégyrique d'Avitus* prononcé par Sidoine Apollinaire.

Convaincre Théodoric

Une visite à l'état-major pour m'informer de certains détails puis, dès le lendemain, je cavalais, muscles fourbus, à destination de Tolosa (Toulouse). La nouvelle venait de tomber : prises d'assaut puis livrées au saccage, Mediomatrix (Metz) et Augusta Treverorum (Trèves) couvaient de mille incendies. Contrairement aux barbares, les Huns, eux, savaient mener un siège, confirmant leurs intentions tout comme l'importance de l'invasion.

L'accueil que le wisigoth Théodoric me fit fut celui d'un roi à son ami : il m'écouta et comprit mes arguments, ceux de la raison et de l'intérêt commun à nos deux peuples. Croire Attila capable d'ignorer son royaume une fois l'Empire emporté n'avait aucun sens, et il le savait ! C'est à la tête de l'armée et accompagnés des deux fils aînés du roi, Thorismund et Théodoric le jeune, que nous marcherions conjointement. De fait, la réticence des Saxons, l'aposiopèse burgonde et l'hésitation des Francs rhénans ou saliens s'évaporèrent d'un battement de cils. Ces guerriers vêtus de peaux, excités au courroux, suivraient sans crainte le *tuba* de nos manipules. Avec leurs frères alains et armoricains, ils formeraient la coalition de la victoire, celle qu'exigeait notre Seigneur tout puissant pour terrasser la lèpre scythe.

Et commença la guerre

Quiconque observait le ciel connaissait l'avance du Hun. Obscurci par la fumée des incendies, ce front nuageux glissait à la vitesse de l'envahisseur avec ses pluies de cendres pour couvrir l'horizon. La tempête infernale dévorait ceux qu'elle parvenait à rattraper. Si les armées d'Attila s'étaient initialement étalées, maintenant qu'elles s'enfonçaient en Gaule centrale, la prudence les poussa à se regrouper. Onégèse, qui commandait l'aile droite, celle chargée de conquérir le littoral, ne rejoignit son monarque que fin mai aux abords de Lutetia (Paris). Par quel miracle la ville fut-elle épargnée ? Désintérêt du grand khan, ou, comme l'ont colporté certains fuyards, ce salut appartint-il à l'œuvre divine ?

Incitées à monter aux remparts par celle qui avait exhorté le peuple à ne pas s'enfuir, des Lutétiennes chantèrent leurs louanges envers notre Seigneur du haut d'une tour. Cette femme[1], dont je n'ai jamais connu le nom et que la foule voulut d'abord lapider tant toute idée de résistance lui semblait saugrenue, ressemblait dit-on à un ange prêt à s'immoler pour la sauvegarde de sa cité. Tangra n'offenserait pas cette prière ! Attila le savait, il préféra se détourner et poursuivre en direction de la Civitas Aurelianorum (Orléans) pour l'attaquer séance tenante.

Nous venions de rejoindre le camp lorsqu'un groupe de cavaliers fit irruption au grand galop. Les nouvelles qu'ils apportaient firent grimacer Aetius ; la situation se compliquait sur la Loire. Sangiban, le roi des Alains, résistait encore, mais combien de temps tiendrait-il ? Les fortifications de la Civitas Aurelianorum menaçaient de rompre, et, toujours soucieux de la vie de ses hommes, Attila tentait de corrompre Sangiban. Faire basculer ce peuple guerrier dans le giron de ses forces lui donnerait un avantage incontestable. Il fallait agir promptement afin de contrer ce projet !

Apercevant Théodoric et son fils marcher à mes côtés, Aetius nous sourit, un bras levé vers le ciel en signe de bienvenue, et je vis dans son regard le soulagement de celui qui entrevoit la lumière de l'espoir. Entrés dans la tente, ces grands hommes se toisèrent un instant puis leurs esprits s'accordèrent, en véritables frères d'arme. Ils en vinrent vite aux détails de la campagne, une miche de pain frottée à l'ail, un morceau de gigot et une coupe de falerne pour en sceller le destin.

Désormais constituée, la grande coalition ferait front. Les avant-gardes reçurent l'ordre de se mettre en mouvement sur-le-champ, le gros de la troupe suivrait au lendemain. À l'approche des premiers contingents, Attila refusa de combattre sur une position aussi défavorable. Il reflua avec ses hordes en direction de la ville

1. Sainte Geneviève de Paris.

Le Pape Léon face à Attila, roi des Huns.

des Tricasses (Troyes) où nous allions le poursuivre. La lenteur de ses chariots regorgeant de butins le ralentirait, une aubaine… En lui ouvrant les portes de sa cité contre promesse qu'elle serait épargnée de toute destruction, l'évêque d'Aurelianum[1] venait de réussir à transformer un loup en brebis.

1. Aignan d'Orléans qui, quelles que soient les versions du siège, prendra une part importante dans la défense et la sauvegarde de sa ville.

- XII -
In Nomine Christi Vincas Semper

Champs Catalauniques[1], 20 septembre 451

« *SUR LE TERRAIN INCLINÉ du champ de bataille s'élevait une éminence qui formait comme une petite montagne.* »[2] Observant ce détail, Aetius comprenait l'avantage à tirer de cette situation dominante. D'évidence, les Huns se précipiteraient vers sa cime et cela le conforta dans la stratégie qu'il prévoyait de mettre en œuvre. Écrasante d'une supériorité numérique dont elle ne doutait plus, l'armée scythe s'était enfin rassemblée en une masse unique. Cette occasion à saisir était notre unique espoir. Et si la disproportion des forces en présence ne jouait pas en notre faveur, Rome saurait encore démontrer sa suprématie tactique. La victoire ou la mort, avec la vaillance de nos aigles pour affronter le crépuscule des dieux.

---

1. Si la localisation précise du champ de bataille reste encore sujette à controverse, elle devrait se situer dans la région de Troyes ou de Châlons-en-Champagne.

2. Jordanès : *De origine actibusque Getarum (L'Histoire des Goths)*.

Les aurores d'un jour de bataille ont cela de particulier qu'elles s'appréhendent avec humilité. Leur fraîcheur, le rayonnement du soleil ou l'odeur de l'humus y possèdent un je-ne-sais-quoi d'unique. Quel combattant pourrait prétendre n'avoir jamais ressenti un pincement au cœur en imaginant que ce miracle naturel auquel il assiste pourrait être le dernier ? L'espace d'un frisson, avant que l'éclat du jour vienne chasser le doute.

La nuit avait été agitée. Au sommeil difficile d'avant combat s'était rajoutée une sorte d'embrasement dû à la proximité des deux camps. Leurs feux couraient d'un mamelon à l'autre, de replis en versants pour couvrir le plateau presque en sa totalité. Un crépitement fait de milliers d'étincelles qui, comme des lucioles, s'amusaient à courtiser les cieux. En écho de ce spectacle venait celui des galopades dont le tapage ne cessa de bousculer la pénombre : reconnaissances ou espions, qui le savait ? Cousins sarmates ou francs, ils guerroyaient allégrement dans les deux camps, alors, de nuit et sans enseigne, comment les reconnaître ? Nous en avions conscience et laissâmes faire. La consigne de conduire vers Aetius tout homme porteur de renseignements fut respectée, et ils furent interrogés à tour de rôle. Plusieurs fuyards assurèrent qu'Attila avait déjà renvoyé une partie de sa cavalerie, car elle s'était révélée inutile lors du siège d'Aurelianum (Orléans) et que la maigreur du pacage en cette saison lui serait vite préjudiciable. Quelle outrecuidance ! Ainsi le khan se croyait si fort qu'il imaginait Rome capable de le laisser filer sans s'interposer. Assouvie de rapines et sûre d'elle après le succès de son incursion, cette lèpre ambulante nous narguait donc… Mais le sort des armes saurait punir ce manque de discernement ! D'autres déserteurs nous apprirent l'installation d'un immense camp, une ceinture de chariots qui abritait tous les trésors pillés. Attila y avait érigé sa tente. Que vaudrait ce fortin le moment venu ? Avant que le jour ne se lève, Aetius en savait assez pour ébaucher son plan de bataille et il ordonna un mouvement immédiat au gros de la cavalerie wisigothe. Par un large et silencieux crochet, elle partit se placer en réserve sur notre aile droite. Une cachette perpendiculaire qui, selon la tournure de la bataille, lui permettrait d'intervenir à revers.

L'aube moribonde, chaque trait de lumière dévoilait davantage les préparatifs ennemis. J'étais à cheval aux côtés d'Aetius et nous assistions, immobiles, à la montée en ligne de l'armée scythe. Cette nuée formidable, ce fourmillement se regroupait dans l'embarras de l'ordre et du contrordre. Des grappes de fantassins tentaient de se frayer un chemin entre les croupes de chevaux impatients, d'autres, tant bien que mal, s'éparpillaient dans la cohue pour se reformer plus loin. Du conglomérat se détachaient plusieurs flots compacts. Nous ne parvenions pas encore à les identifier, mais il s'agissait à coup sûr de contingents de peuples puissants. Leur discipline se devinait, tout comme une certaine impétuosité. L'air grave et le regard porté au lointain, Aetius observait sans mot dire. L'effet, si prodigieux ou terrifiant fut-il, ne le perturbait pas et chacun savourait l'assurance du chef avant l'affrontement.

Cette fois, le soleil était assez haut pour ne plus rien cacher de leur dispositif. Les sentinelles commençaient à rebrousser chemin, toutes ressemblaient à des gueux en haillons battant la campagne. Heureuses de quitter une position plutôt scabreuse, certaines se retournaient pour lancer des jurons ou nous gratifier de gestes obscènes. Deux énergumènes allèrent jusqu'à se débrailler afin d'exhiber leurs postérieurs. De la main je fis signe à un archer de tirer. L'*optio* (sous-officier) se campa solidement sur ses pieds, banda son arc et, après un instant de visée, décocha sa flèche. Elle stria le ciel puis se planta juste à côté d'un de ces idiots. Hagard, l'homme comprit sa chance et détala sous les quolibets. À entrevoir de tels monstres souiller notre terre, ou pire, ravager nos épouses pour les ensemencer de saleté et d'ignominie, je sentis grandir ma haine. Leur vue me révulsait. Je n'avais encore jamais ressenti ce dégoût devant l'ennemi.

Entouré des plus braves d'entre les siens, Attila se rangea au centre de sa ligne de bataille. Nous identifiâmes sans mal cette pléiade car son apparence tranchait avec celle de ses alliés. Là où le barbare se pavanait d'extravagance, le Hun, lui, tout de terne, se reconnaissait entre mille. Une ceinture bleuâtre ou, à la rigueur, un bout de ruban vermillon enroulé dans une toque nuançaient parfois le costume. Hérissée de lances, d'épées longues ou de pointes comme autant de dards prêts à piquer, la colonie patientait. Juchés sur leurs vilains petits chevaux, les cavaliers huns faisaient à ce point corps avec eux qu'on les aurait crus centaures !

Attila constitua son aile droite en une mosaïque d'escadrons. Accolés à leurs frères de la steppe, les Skires (peuple germanique, actuelle Mazurie) d'Édécon ne s'en différenciaient qu'à la couleur des oriflammes et aux passementeries noires des tuniques. Fiers de cette lignée, ils comptaient se démarquer et honorer Tangra avec culot. Venait ensuite un alignement de fantassins ruges (peuple germanique, secteur de la mer Baltique) distinguables aux boucliers ronds qu'ils martelaient en cadence. Derrière eux, en seconde ligne se pressaient des Thuringes (Germains de la mer du Nord) aux longues lances. Et voici un groupe de Sarmates (originaires du nord de la mer Noire), cavaliers aussi habiles de leurs arcs qu'à manier le long poignard à lame triangulaire, une arme redoutable pour qui sait en faire usage. Les flanquant de près, une armada où se mélangeaient Alamans (peuple germanique originaire du Rhin supérieur), Gélons (peuple scythe) et Taïfales (venus des rives du Danube) n'impressionnait que par son nombre. L'extrémité de cette aile droite était sous le commandement d'Ardaric, le roi des Gépides (peuple germanique installé sur la Vistule). Fidèle parmi les fidèles, réputé autant pour sa valeur que pour sa clairvoyance, il était de ceux qu'Attila aimait choyer. À la tête d'innombrables de ses sujets, Ardaric ne le décevrait pas… La confiance de son maître, le renfort d'une bande de Lombards (originaires de la Baltique) et d'escadrons hérules (peuple germanique de Scandinavie) lui permettait de croire en l'avenir.

Contrairement à cette diversité de sangs, l'aile gauche revenait aux seuls Ostrogoths (venus d'Europe centrale) : des Barbares si ombrageux et tenaces que leur roi, le grand Valamir, n'avait guère besoin d'exalter tant la soif de violence les dévorait. Aimant la hache plus que l'épée, vêtues de peaux, ces brutes piaffaient d'impatience. Des géants à barbe nantis de casques ridicules qui suivraient leur roi où qu'il leur ordonne de se jeter. Que ce dernier tombe et ses deux frères, Thiudimir et Vidimir, le remplaceraient ! On les disait tous trois d'une noblesse surpassant celle du khan car ils appartenaient à l'illustre dynastie des Amales, celle qui jadis fut fécondée par Odin en personne et dont la semence engendra l'origine du peuple goth. Son armée ainsi rangée, Attila restait impassible sous le regard des petits monarques, ses vassaux. Tous épiaient l'instant fatidique du signal, serrant leurs bataillons afin qu'ils se ruent sans désordre ni retard.

Aetius n'en croyait pas ses yeux. Tout l'empire scythe et ses cavaliers nomades rassemblés face à lui... Même au tréfonds de ses fantasmes, il ne l'aurait jamais prévu. Car la supériorité des Huns, et Attila le savait, consistait en ses meutes de cinq cents ou de mille guerriers qui surgissaient sans cesse par surprise. Alors pourquoi le fils du soleil changeait-il de tactique ? Était-ce un signe de sa force ou l'aveu d'une relative faiblesse ? Quoi qu'il en soit, d'avoir positionné son armée le premier nous offrait la latitude de disposer la nôtre avec avantage. Le généralissime Aetius connaissait suffisamment les haines ancestrales entre tous ces peuples pour ne pas les exploiter à bon escient. Combiné à notre suprématie manœuvrière, cela nous donnait une chance de victoire. J'étais avec Aetius sous la tente lorsqu'il conçut le dispositif. Dire mon admiration face à ce chef-d'œuvre d'orfèvrerie militaire ne surprendra pas le lecteur ! Il démontrait une fois encore la grandeur de sa science et j'avais le privilège d'en être témoin.

Au centre, donc face à la cavalerie d'Attila, il mit en première ligne les Alains (originaires de la steppe eurasienne) du roi Sangiban. C'était le ventre mou de l'armée. Une proie alléchante, mais qui, encadrée comme elle l'était, ne risquait pas de se débander et devrait se défendre coûte que coûte sinon périr ! Par précaution, Aetius constitua la seconde ligne de nos meilleures cohortes. Boucliers au sol et lances vers l'avant, elles contiendraient les défaillances... Enclavées entre chaque manipule, des grappes de barbares, Saxons (originaires du Jutland et de Frise) ou Ibrions (installés entre le Danube et le *limes* germanique), assuraient l'intervalle ; la consigne de se jeter dans la mêlée en cas de débordement ne semblait guère les effaroucher : ils honnissaient ces maudits Huns et comptaient le leur prouver. Venaient ensuite deux doubles rangs d'archers. Rapides, leurs volées briseraient les assauts. Collées à ce centre, les unités wisigothes formaient l'entière aile droite. Ici, aucun rang mais une rugosité compacte où l'on jouait des coudes pour être devant. Apercevoir leurs cousins ostrogoths les défier à moins d'une demi-lieue[1] suffirait à alimenter toute cette fureur. Voilà le génie d'Aetius, que les rancunes d'autrefois se satisfassent et dépassent les enjeux. Au milieu de ses combattants – formations indistinctes mélangeant cavaliers et fantassins –, Théodoric imposait la solidité du roc bravant la tempête. Droit, sans peur ni regret, le monarque vieillissant me parut résigné. Une main sur le pommeau de l'épée et retenant sa monture de l'autre, il priait à voix basse. La prunelle de son aîné Thorismund en cet instant reflétait la vénération du fils envers un roi, son père. Une admiration réciproque, et l'intensité des regards supplantait la pudeur des mots.

Il y avait du formidable en cette armée, une impression de puissance, d'osmose absolue entre les différents corps. Épées, lances, arcs ou haches y perdaient leur vocation individuelle pour

1. Soit approximativement 1111 mètre. La longueur de la lieue gauloise *romanisée* étant du double (2 222 mètres).

devenir l'un des piquants du formidable hérisson. Quel que soit l'angle d'observation, cette masse d'hommes était si serrée qu'il paraissait inconcevable d'y enfoncer le moindre épieu. Ceux-là, ils ne flancheraient jamais !

En dépit de contingents plus restreints, l'aile gauche n'avait rien de modique. Les Burgondes (peuple germain oriental) y constituaient la majorité de l'effectif et, hormis les archers ou la cavalerie lourde, le gros de leurs troupes se composait de fantassins tous équipés à l'identique. Forts d'un javelot, d'une épée et d'une hachette à la ceinture, ils utilisaient un bouclier rond écarlate. Une protection en soi plutôt modeste mais qui, dans la mêlée, se muait en arme d'attaque. Dès la pression de l'ennemi assez prégnante pour gêner l'estoc, ils le repoussaient en utilisant le piquant de leurs *umbos* (pièce métallique au centre du bouclier). Effilé et pointu, cet attribut caractéristique se révélait alors d'une redoutable efficacité. Suzerain respectueux de ses engagements, Gondioc tiendrait à ce que le sang burgonde l'honore. Parmi la pléthore, d'autres tribus fédérées, les guerriers francs se détachaient par leur façon de combattre. Belliqueux à outrance, ces gaillards-là aimaient attendre la ruée adverse. Face à une charge, et quelle qu'en soit l'importance, jusqu'à une distance d'environ quatre perches(1) : vétille, aucun mouvement. Puis, d'un coup, le tonnerre se déclenchait ! Les élites jetaient la francisque (hache de guerre), visant haut avant de dégainer l'épée. Pulvérisant les crânes ou les torses, cette arme terrifiante servait à briser l'élan adverse. Sur les premiers tombés venaient s'entraver les suivants qui n'avaient pas d'autre choix, emportés dans le flot. À peine les corps roulant au sol et un jet de framées (longs javelots) s'abattait avec précision. La confusion semée, les Francs avançaient alors soudainement. Maniant l'angon (lance à crochets) d'une adresse sans égale, ils l'utilisaient soit comme harpon soit comme javeline. Que n'en disposions-nous pas d'un millier de plus et le sort de

1. Une douzaine de mètres.

la bataille aurait été joué… Pour finir, Aetius confia l'extrémité gauche à plusieurs centuries de *comitatenses*[1], toutes issues de l'ancienne *Legio III Italica*, des hommes particulièrement aguerris dont il avait maintes fois apprécié la valeur. D'apparence statique en raison de l'armée franque, cette aile commandée par Thorismund refermait le stratagème.

Avec Flavius au cœur du chaos

Nos troupes sont alignées et en compagnie d'Aetius, nous cavalons d'une extrémité à l'autre. Les hommes le reconnaissent, tous le saluent en l'acclamant. Il monte Tonitruum, célèbre étalon blanc tout de muscles et d'élégance racée qui impose déférence uniquement à l'approcher. Quant au général, cette cuirasse d'argent que l'on devine sous sa chlamyde (court manteau agrafé à l'épaule), Mars en personne l'aurait portée contre les Troyens. Cet aller-retour au petit galop n'échappe pas aux Scythes, c'est notre volonté. Une fois cette parade terminée, nous prenons position derrière notre centre, bien en vue : lui et moi seuls, hormis l'aquilifer (porteur d'emblème) et un centurion légèrement en retrait. Ce dernier a le privilège de brandir la croix en or remise par le Pape Léon. Gravée *Au nom du Christ tu vaincras toujours*, elle brille déjà au soleil du matin ! Nous ne bougeons pas. Le temps passe, atone. Attila observe et doit fulminer devant la scène. Il pressent le piège mais n'en perçoit pas encore les détours. Sa rage l'étouffe : cette trahison le meurtrit. Il veut le tuer, et par colère punira de mort ceux qui oseraient lui soustraire sa vengeance. Les deux hommes se scrutent, une demi-lieue les sépare. Aetius me parle, il évoque nos épouses ; la sienne, Pelagia, si pieuse et aimante, vers laquelle voguent ses pensées d'avant combat. Les reverrons-nous ?

---

1. Dans l'Empire tardif, l'armée se divisait entre les *limitanei* (en charge de la protection du *limes*) et les *comitatenses*. Ces derniers formaient un corps de campagne professionnel d'environ 20 000 légionnaires.

Notre plan d'action a été mûrement élaboré, j'en connais chaque détail et l'appliquerai, alors nul besoin d'y revenir. C'est le moment, la main du général se lève vers le ciel pour qu'un petit groupe de cavaliers – son état-major – vienne se placer à nos côtés. Un deuxième geste, ce sont les *cornicines* (joueurs de cornu) qui arrivent en ordre parfait, puis se figent. Au troisième, c'est au tour des cataphractaires d'apparaître. Deux turmes surgissent puis se rangent en se collant derrière nous. Maintenant, la ruse ! Désormais difficilement distinguable, Aetius se penche sur l'encolure de son cheval puis saute à terre : je l'imite et, comme lui, je suis aussitôt remplacé sur ma selle par une doublure. Une *pænula*, sorte de poncho jeté en hâte sur les épaules et nous voilà nous faufilant parmi les palefreniers. Des hommes qui attendent plus loin, hors de vue, nous fournissent à chacun une monture, puis c'est la séparation. Plein galop, Aetius part rejoindre Thorismund à l'extrémité de notre aile gauche car, il en est persuadé, les Scythes attaqueront là, cette fameuse petite éminence dont la maîtrise donnerait l'avantage… À l'opposé, je détale pour retrouver la cavalerie wisigothe embusquée. Un jeune officier m'accompagne, il commande nos turmes légères gauloises et j'apprends à l'apprécier : Remistius doit appartenir à cette caste pour qui fidélité et courage ne se galvaudent pas.

À peine suis-je arrivé en poste que résonnent les instruments. Le combat vient de s'engager mais, de l'endroit où je me trouve, impossible d'y assister. L'incertitude n'étant jamais bonne gouverne, nous patientons, perplexes. Enfin un messager déboule pour m'avertir : comme l'avait prédit notre général, Attila vient d'ordonner à son aile droite d'attaquer la colline : les Gépides s'y ruent mais nos légionnaires les devancent. Arrivés les premiers au sommet, ils ont facilement repoussé l'assaut à la faveur de ce gain. La présence d'Aetius les galvanise et malgré leur notable infériorité, nos centuries tiennent bon. L'apparition des archers met un terme à ce préambule : à la troisième volée, les Gépides se débandent sous l'avalanche de flèches. Pour l'instant, je dois rester en place comme prévu et attendre les ordres.

Cette déconvenue lors de l'attaque de la colline jette un grand trouble dans l'armée scythe. Brève et finalement peu meurtrière, cette première escarmouche vient de malmener sa réputation d'invincibilité. Échec d'autant plus humiliant qu'il se double d'un indigne sauve-qui-peut. Des lâches, rien que des lâches ! Mais en dépit de son exaspération, Attila se contient et fait ce que la sagesse aurait dicté aux ancêtres. Il le faut car, en cas de nouvel impair, le risque de voir se dissoudre la coalition dépasse son pressentiment. Oubliant les Gépides, le khan préfère invoquer la divination : ses chamans scrutent les entrailles de plusieurs victimes puis les comparent aux veines affleurant sur des os décharnés. C'est l'omoplate d'un mouton tirée du feu qui confirme la sentence et ses funestes présages. Faisant fi d'une victoire, la prophétie prédit la mort d'un grand chef : cet ennemi périrait avant le dénouement et sans la joie d'en savourer le parfum. Attila veut qu'Aetius soit ce martyr, obstinément ! Alors qu'importe le prix à payer, qu'importe même sa propre mort ou la déroute prévue si, par ce sacrifice, les Huns parviennent à se débarrasser de celui qui entrave leur destin. L'air grave mais comme soulevé par un feu le dévorant, Attila prend la parole. Juché sur son cheval et au pas devant cette horde, il l'invective : « Vous avez vaincu des rois, dompté le monde et le ferez encore ! Guerriers, aujourd'hui plus que jamais, ai-je besoin d'attiser vos instincts ? Non, car ce serait une ineptie ! Celle d'un novice envers une bande de fillettes… Êtes-vous ces fillettes ? Suis-je ce novice ? » En chœur, ils nient par deux fois en hurlant. Encouragé par cet entrain, le khan reprend sur le ton du père à ses enfants : « Fils de la steppe, Tangra se félicite de votre bravoure. La vengeance qu'il attend, c'est à vous de la lui offrir. Alors marchons et tuons, et une fois seulement rassasiés de sang, nous célébrerons l'épée d'or qui nous unit. Méprisez ces pleutres ! Aux premières égratignures, que dis-je, à l'odeur d'ail de vos souffles, ils s'évanouiront. Attaquons sans peur et cet amas de nations se disloquera sous nos coups. Voyez d'ailleurs comme ces poltrons nous craignent, une colline et les voilà courir s'y réfugier ! Sans remparts pour affronter le Scythe, ils tremblent à se pisser dessus. Depuis l'époque archaïque, courage et abnégation ont distingué vos pères, aujourd'hui c'est à vous que revient le privilège d'écrire la légende. » Toujours d'un pas lent, silencieux puis soudain survolté, Attila continua sa revue.

À le regarder faire, Aetius me raconta après coup qu'il lui donnait l'impression de vouloir gagner du temps. Le général ne se trompait pas, allant même un instant jusqu'à supposer que les Huns renonceraient au combat. La réalité nous fut révélée le lendemain par un noble prisonnier : suite à la prédiction, Attila avait sciemment retardé l'heure du duel. Puisque le sort des armes devait lui être défavorable, la tombée de la nuit sauverait son armée.

D'allers et retours d'une aile à l'autre, de tirades en harangues, le khan se promène. « Que votre fureur éclate, qu'elle brise ces fétus qui vous menacent. » Enfin, à la neuvième heure du jour[1] il se décide : « Si un seul parmi vous se croit capable d'atteindre l'ennemi avant moi, qu'il avance d'un pas et je lui offre mon épée ! »

Puis cabrant son cheval et à toute voix :

— Peut-on rester oisif quand Attila combat ?

— Hourra, Orouï ! Aïkhal !

— Que le *Ciel-Père* vous protège. Hourra !

Le sol tremble, les cris déchirent l'azur, l'armada scythe se rue sur nous.

Requiem pour les braves

Et le carnage se précise. Comme une vague puissante par jour de tempête, l'onde grossit, ses crêtes se hérissent de mille piquants.

---

1. La neuvième heure du jour solaire correspond à 14 heures.

Elle s'approche, devient gigantesque avant de se fracasser. Du flux se détachent déjà les premiers cavaliers. Vaille que vaille, ils s'efforcent de rester au trot. Leurs chevaux se rebiffent, la retenue les insupporte et chaque muscle tressaille, s'agace du spasme qui le parcourt. Bouches tordues, les monstres fulminent devant cette haie humaine qu'il leur faudra franchir. La terre gronde sous les sabots, des mottes arrachées inaugurent l'inexorable supplice. D'ici peu, les brides se relâcheront et la foulée deviendra libre.

Un homme court, hurle et refuse de se laisser distancer. Les enjambées s'allongent, deviennent sauts formidables uniquement rendus possibles par l'aliénation qui les poussent à toujours chercher un nouvel élan. Au paroxysme de cette ivresse, ils se hâtent, boucliers tendus pour ne pas entraver leur course. Lances hautes mais épées déjà pointées, les fantassins scythes déboulent ! Quels breuvages ont-ils ingurgités pour mépriser la mort de la sorte ? Devant ce magma, il n'était plus question de discerner ni Sarmates, ni Gépides ou Gélons, mais une fusion en transe.

Nous sommes le rivage, et eux la marée montante qui déferle. *Ad impossibilia nemo tenetur*[1], et l'océan de leurs corps ronge sans cesse notre ligne fragile du littoral. Va-t-elle tenir, ne pas se dissoudre face à l'efficacité de vagues furieuses ? En première ligne, les rangs se resserrent. Ceux qui vont encaisser le choc se campent solidement sur leurs pieds, avalent ou crachent une salive amère puis, crispés au bouclier et à l'arme, se figent dans l'attente. Pour Rome, les plus jeunes sont devant, *pilum* (javelot) en main. Soutenus par une deuxième et une troisième ligne d'aînés, à eux d'absorber la collision. Chez nos amis fédérés, c'est le contraire ! Un brave veut faire front et, quitte à mourir en premier, joue des épaules pour sa place.

L'ennemi approche, tire des flèches comme il le peut. Elles déchirent l'air à l'horizontale et se plantent sans véritable précision. Si désordonnées semblent-elles, ces rafales n'en sont pas

1. À l'impossible nul n'est tenu (d'un adage juridique romain).

moins meurtrières. Faute de salves, nos officiers ne peuvent les parer en ordonnant une manœuvre de boucliers. Ceux qui sont transpercés s'effondrent, ici touchés au torse et hurlant de douleur, là tués net, une flèche fichée dans l'œil. Nos rangs se clairsèment, quoi d'anormal ? Un camarade avance d'un pas et prend avec calme la place laissée vacante. À notre tour de tirer ! Il s'agit de briser l'élan afin d'éviter sa reconstitution en pleine course. Aetius a insisté sur ce fait, notre infériorité nous y oblige. En d'autres conditions, nos archers auraient décoché au fil de l'avance adverse pour l'amoindrir. Mais qui oserait soutenir que l'on puisse juguler l'océan ? Éventuellement canaliser sa force et encore... Le général en est conscient, il a ordonné deux bordées coup sur coup juste avant l'impact. De quoi, sinon anéantir, du moins rompre la fougue des premiers et induire un flottement chez les suivants.

Nunc ! L'air vibre – un tir légèrement parabolique, le second tendu – et nos flèches fauchent la vague. Comme un vent brutal qui couche les blés, elles taillent sans pitié. Par pans entiers, la muraille d'hommes s'écroule, balayée. Ceux qui tombent sont piétinés, on s'entrave en les évitant. À ce jeu, toute flèche ayant atteint son but devient tueuse : un blessé n'a plus de répit, le troupeau de ses frères va l'écraser. De ce bosquet où je me suis aventuré pour surveiller la bataille, j'assiste à cette mort implacable. Ai-je déjà vu tant d'hommes succomber en un laps de temps si court ? Notre élagage sème un trouble mais sans pourtant suffire à enrayer ce mouvement. L'armée scythe est là ; sa masse pousse, roule et emporte tout, de l'agonisant au couard. Jusqu'au cheval en panique qui, lui aussi incapable de rebrousser chemin, n'a d'autre choix que de suivre le courant.

Cette houle va nous engloutir. Les jets de *pilums* et francisques lui ont prélevé un nouveau tribut, pourtant rien ne semble en mesure de l'amoindrir. En grand tumulte elle cogne, s'encastre puis bouscule nos lignes qui refluent sous la violence du choc. Au centre, Attila a mordu à l'hameçon et se démène en diable.

L'épieu est planté, il vrille, se contorsionne pour s'enfoncer mais n'y parvient pas. Après avoir fendu les Alains, sa pointe se heurte à la résistance et à l'abnégation des cohortes. S'abritant du bouclier rectangulaire, sa *spatha* à l'estoc, chaque légionnaire devient le maillon de cette infernale chenille. Au second rang, ses frères le couvrent en inclinant plus haut leur *scutum* (bouclier). Eux combattent avec le *pilum*, gare au maladroit qui s'en approche ! De mon observatoire, je ne distingue qu'un gigantesque bouillonnement. Sa densité ne me permet pas encore de voir qui a l'avantage, mais comme elle ne varie pas et absorbe toujours plus de Huns, j'en déduis l'importance de leurs pertes. S'ils ont bien coupé en deux l'armée des Alains du roi Sangiban, cette dernière s'arc-boute et les taillade à tout-va. Le bruit du fer, la poussière et les cris martyrisent nos âmes rendues folles.

Au loin, notre aile gauche résiste ! Francs ou Burgondes ne cèdent pas d'un pouce et je les suppose même en mesure d'avancer si l'alignement le permettait. Leurs coups font mal, l'agressivité ennemie devient hésitante. Qu'ils soient Gélons ou Taïfales, tous marchent sur les corps étendus de leurs cousins ruges. Des chevaux sans cavalier tournent et piétinent morts et blessés en hennissant. Les lances thuringes offrent un sursaut, heureusement vite débouté. Il faut avouer que ce n'est pas le meilleur de l'armée scythe que nous affrontons ici. De ce côté-ci de la bataille, son effort se focalise plutôt sur le monticule. Nos centuries s'y accrochent, aucune furie ne les délogerait. C'est la clé du combat, alors Aetius montre l'exemple au centre du danger. Sa présence insuffle confiance et détermination, les *comitatenses* (soldats de métier) ne lâcheront pas. L'un après l'autre, les assauts gépides sont repoussés. Du monceau de cadavres qui jonchent déjà le glacis, je distingue la rampe des moribonds. Tel un raisin trop mûr, ils se traînent lamentablement vers la contre-pente, poissant la terre de sang et d'entrailles. À la prochaine charge, ceux que leurs frères n'achèveront pas en les écrasant, continueront de ramper dans l'espoir d'un secours. Mais Ardaric n'a que faire des mourants ! Mieux vaut houspiller sa troupe avant une nouvelle tentative. Ses pertes ne l'intéressent plus, il doit laver son honneur en prenant cette maudite colline. Alors qu'importe le massacre… Un moins obstiné que lui pousserait plutôt sa cavalerie à contrer nos *sagittarii* (archers montés), ces guêpes qui commencent à harceler les arrières scythes avec méthode. Elles piquent, se sauvent et reviennent encore dans une frénésie de rondes et de flèches.

Rassuré, je me laisse happer par le sort de notre aile droite. D'ici, il est aisé d'en suivre les détails et ce qui s'y déroule m'inquiète. Elle n'a pas encore plié, mais se trouve en proie à de vives difficultés. Les Wisigoths ne manquent pourtant pas de cran ! S'ils fléchissent, ce n'est que sous le nombre les submergeant et jamais faute d'ardeur. Théodoric se distingue entre tous. Épée en l'air, il regroupe ses cavaliers et se jette à leur tête dans la fournaise. De quoi desserrer l'étau qui, peu à peu, s'apprête à les digérer. Un tourbillon de poussière, les chevaux forcent le passage puis c'est l'empoigne. Les armes brillent au soleil avant de tomber comme la foudre en ce bref orage. Demi-tour, la clairière se dissipera vite et il faut sans cesse tailler d'autres ennemis. Drôles de moissons où les cavaliers payent aussi le tribut de la fauche… Mais que faire face à ces myriades d'Ostrogoths ? Valamir les presse, et gare aux poltrons qui regimberaient ! Il sait que l'adversaire ne pourra plus tenir longtemps, les prémices de victoire le poussent à forcer la décision. Son armée entière s'élance pour l'hallali mais se heurte encore à l'opiniâtreté des guerriers wisigoths.

Combien de généraux savent manier une épée tout en se tenant informé du développement de la bataille ? Aetius appartient à cette élite, et il le prouve. Constatant que Valamir venait d'engager toutes ses forces et que, manifestement l'armée scythe ne possédait aucune réserve, à lui de prendre l'initiative. Déjà des messagers au galop se détachent derrière l'éminence, ils apportent les ordres. Nos turmes de cataphractaires font mouvement et contournent la ligne wisigothe pour se placer, elles vont charger ! Je n'assisterai pas au spectacle, une estafette vient de me rejoindre avec les directives d'Aetius. Il faut coûte que coûte soulager Théodoric : une flèche enflammée dans le ciel me donnera le signal.

Aux aguets, ma cavalerie s'impatiente. Excités de savoir leurs frères en mauvaise posture, ces fidèles trépignent ; me voir surgir les rassérène. Je donne les ordres, main gauche à l'encolure, afin que mon étalon s'insinue au milieu des officiers. Nos hommes tirent l'épée du fourreau, et les montures le comprennent tant leur nervosité devient palpable. Il faut parler, les mots me viennent spontanément : « Wisigoths, ces chiens qui jadis vous ont chassés vont-ils aujourd'hui vous dicter leur loi ? Dès que nos cataphractaires auront ouvert la brèche, nous nous y engouffrerons pour les châtier en plein cœur. N'est-ce pas une belle journée pour mourir ? Dieu le Père sait accueillir les braves, alors n'ayez crainte et suivez-moi ! Un grand festin nous attend, Mars en personne vous y convie. J'offre cinquante solidi en or à celui qui me ramène la tête de Valamir... À condition qu'elle soit tranchée net et qu'on le reconnaisse ! »

Rire général puis tous les yeux commencent à scruter le ciel. Ajustant son casque, Remistius se place à mes côtés, il me couvrira de travers.

Enfin un trait zèbre l'azur, c'est l'appel ! On se regarde encore une fois. Les visages sont graves, tous empreints de fraternité. J'ai confiance. Une pression du talon et mon cheval grimpe le talus ; deux mille sabots lui emboîtent le pas. À cet instant précis – et le lecteur m'en donnera raison – s'arrête ma vision globale des événements. Du combat, je ne me souviens donc que de cet immédiat fait de brutalité et de coups.

La charge fantastique

Nous nous déployons sur trois colonnes, montures à l'amble le temps de distinguer les failles où pénétrer. L'attaque des cataphractaires a disloqué le flanc adverse, à nous de le surprendre. Vite, au galop avant que les passages ne se referment ! Émoussées, les lignes se ridiculiseront face à cet élan. Il faut une troupe bien en place pour résister à la puissance d'une charge d'équidés ; jadis, seules les phalanges macédoniennes possédaient ce don... Une impulsion, mon cheval saute le remblai de morts et boute droit devant. Des cris, du chambard, ma *spatha* heurte et tranche. La violence des chocs me navre le bras, je lacère tout ce qui vient. S'enfoncer plus loin dans cette gorge qui se rétrécit et ne penser à rien d'autre. La promiscuité gêne le mouvement, l'épée devient malhabile, inefficace ! Une lance perfore l'animal, il se cabre et me désarçonne. Je suis à terre et me protège en meurtrissant les jambes qui s'approchent. Vais-je mourir ainsi ? Le visage de Severiana Roscia m'effleure, une main solide m'agrippe la cuirasse. Remistius est là, il m'aide à me relever puis nous faisons front. Soudain, des boucliers amis s'érigent en protection ; avec ces frères qui les brandissent, ce sera désormais à la vie et à la mort. Un torse bondissant s'empale à mon épée, son sang m'asperge. L'homme tombe à genoux, ses entrailles dégorgent à me salir. Il expire, une dague l'achève en lui tranchant une carotide. Une lame ripe sur moi, dernier geste d'un étourdi avant que du fer ne lui traverse le dos. Hurlement, l'Ostrogoth s'affaisse sous la poussée du pied qui extrait l'arme puis roule comme un ballot. Un autre tente sa chance mais, dans la cohue, se heurte à je ne sais quoi et trébuche, il recule le visage fendu et la mâchoire disloquée. Ma sueur me brûle, mes oreilles souffrent des cris. Je ne vois rien, mon univers s'arrête aux compagnons qui se débattent alentour. Qu'en est-il de la bataille ?

Quelle sécheresse avait donc subi cette plaine pour ne jamais être en mesure d'étancher sa soif ? Insatiable du sang qui l'abreuvait, elle quémandait à l'humain ce que la bonté du ciel lui refusait. L'heure avançant, au désir de la terre répondit celui tout aussi ardent des gorges sèches. Une sorte de rase coulait le long du champ de bataille, et son courant du matin, frêle et limpide, n'existait plus. Coulait désormais un flot rougi qui roulait d'immondes plaies. Mais comment s'abstenir lorsque le besoin vous tenaille ? À bout de résistance, des combattants trempèrent leurs bouches dans cette eau souillée ; ceux blessés au ventre y puisèrent l'ultime sève avant le trépas, les autres… un regain d'espoir.

La dévoreuse ne se rassasie pas et je suis son serviteur. Maintenant que le sort du combat se décante et qu'il devient envisageable d'y survivre, je me surprends au plaisir de tuer. Je m'abandonne au meurtre. Le flot ennemi ne se tarit pas, alors mon arme tranche, perfore puis taraude avec cruauté. Les yeux collés de sueurs et de giclures, l'esprit corrompu par la folie guerrière, j'oublie qui je suis, d'où je viens. Des flétrissures encore insondables mais dont l'inconscient se doute…

L'engagement de ma cavalerie a déstabilisé l'organisation des Ostrogoths. Et si notre colonne de droite ne donne plus aucun signe de combativité, je sens poindre un fléchissement chez ces rustres. Leur première ligne n'a pas encore cédé face à l'ardeur des Wisigoths mais on les devine atteints. Théodoric, Roi des rois, parcourt sans cesse son armée, je l'aperçois au loin bravant la mort : grandiose et infatigable ! Dès un groupe de soldats rassemblés, il lance l'assaut à leur tête. Violence du choc, l'onde se propage puis se retire, amoindrie. Déçu, il recommence plus loin. Ses coups de boutoir finiront par faire plier toute cette canaille. Le voilà qui attaque encore, une meute le suit. Son cheval ne galope plus, il vole tel Pégase. J'admire cette monture qui se moque de l'obstacle et vénère son cavalier. Avec ce bond sans fin fait pour broyer le mur de boucliers et de lances, l'action se fige au ralenti, comme si le temps devenait suspendu à ce survol. Mon regard ébahi ne peut s'en détacher, mais je vois aussi un trait noir fendre l'azur. Un javelot du diable pour atteindre ce seigneur… Renversé de son cheval, Théodoric s'effondre dans le chaos qui l'avale, le digère et ne rend sa dépouille qu'une fois la rixe étale. Ses soldats la découvriront foulée et l'emporteront avec son cortège d'ombres disparues. La prédiction venait de s'accomplir, mais au désespoir d'Attila, ce n'était pas le grand chef escompté... pas Aetius...

Assister impuissant à la mort d'un ami, de surcroît d'un tel roi, hébète au point d'en oublier le danger. Abasourdi, je me revois divaguer. Entre le chagrin de cette perte et la fierté d'être témoin d'une scène que l'histoire retiendrait, j'en confesse mon égarement. L'amitié et l'affection qui nous unissaient me pousseront à m'interroger. Une introspection chassée aux calendes grecques mais qui resurgirait sournoisement, plus tard...

Soudain, quelle clameur ! Elle m'extirpe de ce vide, ma *spatha* pèse au poignet : je la soulève et, de folie, tout s'emballe. Furieux du trépas de leur monarque, les Wisigoths se ressaisissent pour fondre d'un allant terrible sur l'ennemi. Rongée de l'intérieur par mes cavaliers, l'armée ostrogothe n'est plus en mesure de résister. Elle tangue, s'écartèle puis se débande. De quoi disloquer le corps bataille scythe et provoquer la panique. Sauve qui peut ! Emporté dans le flot, même Attila n'a d'autre recours que de s'enfuir ; alors hommes et chevaux s'époumonent dans l'espoir d'atteindre leur camp retranché. Tous n'y parviendront pas, car un parfum de vengeance court à leurs trousses. Ce sera enfin le salut des chanceux avec la barricade de chariots depuis laquelle les archers huns visent juste. Sans leur adresse et l'obscurité tombante, la fougue des cavaliers du roi défunt briserait vite cet écueil.

Harassés et fourbus parmi une grappe de survivants, nous rejoignons l'arrière à tâtons. Les corps enchevêtrés gisent pêle-mêle, Remistius me soutient tandis que je titube. Il n'y a plus de frères ou d'ennemis mais seulement des corps sans vie que nous heurtons. Une marche nocturne glissée car la pudeur exige de ne point déranger ces âmes en partance.

Du vin, un pilon de volaille à même la crasse des mains pour réconfort avant que les langues ne commencent à se délier. Il y a de l'embarras, du scrupule en certaines interrogations d'après combat. Émergeant du charnier où d'entre les morts, le rescapé se questionne. Quels amis allons-nous pleurer ? Combien d'hommes manquent à l'appel, le savons-nous ? Les mines deviennent graves, attentives. À l'annonce des noms, les visages se crispent, des soldats se retirent en jurant. On se lamente sur les tués, sur ceux dont les blessures ne guériront pas. Et qu'adviendra-t-il des disparus ? L'inquiétude devient désarroi. Personne ne sait où est passé Thorismund. Je l'ai vu poursuivre le Gépide avec ses cavaliers, depuis aucun indice. Se sont-ils fait tous massacrer, ou l'obscurité les a-t-elle engloutis ? En cette fichue nuit sans lune, une louve ne retrouverait pas sa tanière, alors un prince barbare… Le plus préoccupant concerne Aetius : des patrouilles remuent ciel et terre mais sans résultat. Je veillerai jusqu'au petit matin s'il le faut, la fatigue du jour s'oublie lorsque prime le souci. Une galopade se rapproche, elle débouche devant la tente d'état-major mais eux aussi rentrent bredouilles, leur échec les mine. De l'eau, un peu de repos et ils repartiront fouiller un autre secteur.

Des vociférations me sortent de ma somnolence : enfin une bonne nouvelle ? Voici Thorismund et ses hommes qui rallient le camp. À peine sauté de cheval, il raconte sa mésaventure en riant. Égaré dans les ténèbres, le prince a confondu les bivouacs et, croyant nous rejoindre, s'est heurté à la ceinture de chariots. Croire l'accueil des Huns suffisant pour le dissuader d'une attaque serait lui faire offense ! L'intrépide aurait bataillé jusqu'aux aurores si un coup de fronde ne l'avait pas jeté à bas de sa monture. Blessé à la tête, il doit son salut au courage de ses compagnons qui l'ont sauvé en se précipitant vers lui. Le temps de retrouver ses esprits, d'emprunter cette fois le bon chemin et le voilà de retour parmi nous.

Le jour se lève sur le massacre

Du crépuscule, je me remémore cette frise nuageuse qui courait sur l'horizon. Comme si les dieux nous accordaient un répit.

Puis le jour se leva sur l'hécatombe. Pas une étincelle de vie sur ce lendemain de bataille. Vision d'horreur, cette plaine – si verdoyante hier encore – s'étendait à l'infini, couverte de cadavres.

Des reconnaissances équestres sillonnèrent l'étendue, leurs rapports confirmaient tous l'ampleur de la victoire. La grande armée scythe était bel et bien défaite ; mieux, ses restes recroquevillés à l'intérieur du fortin ne possédaient guère d'échappatoires. Autre satisfaction, les éclaireurs me garantirent l'initiative prise par plusieurs décurions de *sagittarii* (archers à cheval). Faute d'ordre, ils avaient pris l'initiative de harceler la bête coincée. De loin, car ses flèches interdisaient encore les abords de son retranchement. Mais dans une telle concentration, et sachant les Huns à court de vivres, nos traits enflammés causeraient du dommage.

La fraîcheur matinale se dissipait lorsqu'un émoi grandissant vint nous surprendre. Aetius, le généralissime avait survécu ! Il arriva au camp précédé des acclamations d'une troupe galvanisée. Sa coupe de falerne avalée, un bassin d'eau aux aromates pour de sommaires ablutions et il nous raconta son périple. À la nuit tombée, seul et perdu dans cette confusion, le général avait erré longtemps au milieu du néant. La chance avait voulu qu'il finisse par tomber sur un poste avancé de légionnaires. Des braves ignorant tout du dénouement de la bataille mais qui, fiers d'avoir leur chef parmi eux, lui firent les honneurs d'une veillée sous les étoiles. À l'abri derrière ce frêle mur de boucliers, Aetius monta la garde en attendant une aube incertaine.

Avec ce retour du chef, le flottement qui gagnait peu à peu l'armée cessa et, d'un regain de vaillance, cohortes, turmes et manipules abandonnèrent leurs feux pour se reformer. Unis par la poigne d'Aetius, Romains et barbares se dressèrent pour en découdre à nouveau. Attila le comprit : il fit sonner ses instruments en de vaines intimidations, car aucune charge, aucun mouvement de troupes n'agita l'intérieur de son camp. D'ailleurs, en cette double ceinture, les chariots étaient si serrés qu'une tentative de sortie aurait obligé à des manœuvres vite décelables. Nous étions tous réunis sous la tente d'état-major : Thorismund, son puîné Théodoric le jeune, Sangiban, Gondioc et bien d'autres. Aetius parlait comme un maître et à chacune de ses incantations, une estafette quittait prestement la conférence. Aux bruits d'armes qu'on lui rapportait de chez les Huns, voici ce qu'il déclara : « Le lion grogne mais n'a plus les dents pour mordre. » Les ordres fusaient, chaque unité – en tenant compte des pertes de la veille – prenait position là où notre stratège le voulait. Lorsque Rome démontre avec autorité ses moyens poliorcétiques[1], l'assiégé tremble ! Anéanti d'assister impuissant aux préparatifs de sa perte, Attila fit dresser un bûcher fait de selles de chevaux. Nous apprîmes plus tard qu'il comptait s'y jeter plutôt que d'offrir la gloire de sa capture. Mais Aetius en décida autrement.

L'inattendu du dénouement

Seule la grandeur sait surprendre... Nos troupes étaient parfaitement disposées et nous attendions la curée. Un signe, et notre assaut consumerait le fruit de cette guerre. Ayant proclamé Thorismund roi, les Wisigoths brûlaient d'une compréhensible vengeance mais Aetius les dissuada de poursuivre le combat. Il lui semblait plus opportun d'enterrer dignement Théodoric et que toute cette armée reparte pour Tolosa (Toulouse) : l'intérêt de la nation wisigothe imposait que le nouveau souverain fasse valoir ses droits sans délais. Une succession agite souvent les prétentions, puissent les deux fils cadets restés au pays ne pas apprendre la nouvelle avec trop d'avance... Reconnaissants de cette sollicitude envers leur peuple, Thorismund et son frère Théodoric le jeune levèrent le camp. Leur départ changeait de manière drastique le rapport de force, offrant de fait la voie du repli au khan et à ses troupes encerclées. Aubaine dont elles ne se privèrent pas, emportant à leur suite les chariots gorgés de butin.

1. Relatif à l'art d'assiéger villes ou fortifications.

Cavalier hun à l'attaque.

Aetius me chargea d'accompagner nos alliés. Tenait-il à s'assurer qu'ils ne se ravisent pas ? Remistius, l'officier qui m'avait sauvé la vie, chevaucherait à mes côtés… Nous avions tant à partager désormais. C'est en chemin que commencèrent les interrogations. Quelle était la raison de cette clémence ; pourquoi avoir sauvé Attila ? S'agissait-il d'un calcul géopolitique d'Aetius ou d'une affaire d'amitié ? Ses détracteurs l'accuseraient d'avoir respecté un ancien pacte au détriment de son devoir. Ils se trompaient ! L'anéantissement des Scythes aurait renforcé la puissance wisigothe. Ourdir la destruction de l'ennemi, d'un rival, n'a de sens que pour les sots ! Aetius ne doutait pas du danger et l'intérêt suprême de Rome a toujours prévalu sur ses propres inclinations. Heureuse coïncidence que sa fidélité à l'Empire soit concomitante avec les accords du passé. Plusieurs sénateurs reprocheraient aussi l'évasion des richesses. Il eut été facile d'intercepter la caravane de chariots, mais cela aurait tout autant abouti à la chute d'Attila. Sans l'illusion d'une victoire due au trésor qu'il ramenait, sa coalition se serait effondrée et lui avec.

Abandonnant à l'éternité ces *Champs scarifiés*, nous ne prîmes la route du Midi qu'après avoir honoré la mémoire de Théodoric. Chemin faisant la culpabilité d'être complice de cette duperie d'Aetius aux dépens des Wisigoths me tracassa. Que les rouages du pouvoir impliquent la compromission, je le savais, mais jusqu'où une belle âme pouvait-elle accepter de se hasarder ? La naïveté de Thorismund facilita le stratagème. La cervelle ne lui manquait pas mais faute d'atteindre la finesse d'esprit de son frère, cet exalté se fiait plus à ses muscles. Théodoric le jeune ne tenait pas à m'embarrasser. Un éclat du regard et nous nous comprîmes quant aux véritables motivations d'Aetius. D'ici l'heure du Jugement dernier, je m'offris un rachat en leur conseillant de se hâter. Tolosa était encore lointaine et les messagers au galop possédaient de l'avance.

- XIII -
Les larmes de Severiana Roscia

Avitacum (Aydat), octobre 451

L'URGENCE LIÉE À LA SUCCESSION au trône poussa les Wisigoths à cheminer avec célérité. Quel souvenir de ce périple ai-je gardé, hormis le poids d'une gêne constante ? Celle de l'officier obligé de baisser les yeux d'être le complice de la ruse d'Aetius, celle de l'ami qui a honte et que le remord assaille. Instruit du dédale dans lequel toute conscience de chef doit se débattre, Théodoric(1) le comprit et tint à m'absoudre. En prince, il me signifia son amitié d'une main sur l'épaule au moment de la séparation. Un geste appuyé, fait de douceur et de sérénité, dont l'empreinte m'accompagna jusqu'au terme de mon voyage retour vers Avitacum.

J'étais en proie à un mauvais pressentiment. Quel sens m'avait donc mis en éveil ? L'ouïe sans doute car, en approchant de mon domaine, rôdait une étrange pesanteur. C'est en pénétrant dans l'allée principale que le silence confirma l'anomalie. Un malheur était tombé sur ma maison, nous y accourûmes au galop.

---

1. Le lecteur comprendra que l'emploi de ce prénom concerne désormais Théodoric II.

Négligeant le serviteur venu à ma rencontre, je sautai de cheval pour m'engouffrer en trombe dans le vestibule. Main au pommeau, Remistius m'emboîtait le pas. Une vieille affranchie leva les bras au ciel en s'égosillant : « Elle est sauve, elle est sauve ! Dieu bénisse le retour du maître ! » avant de m'entraîner vers notre chambre. Entourée d'autres servantes, Severiana Roscia esquissa un sourire de soulagement. Un baiser sur le front, une caresse dans les cheveux puis je haussai la tête, perplexe. Allait-on enfin me dire ce qui se passait ? Toutes baissèrent les yeux et je n'obtins qu'un lancinant écho implorant son besoin de repos. Prévenu, Syagrius les délivra d'en dire davantage. Mon épouse était bouleversée, trop fragile pour subir le récit de son agression. Il me prit par le bras, m'attira hors de la pièce et me raconta l'affaire : l'avant-veille, comme chaque aube à cette saison, Severiana Roscia se baignait dans le lac. La fraîcheur de l'onde automnale ne l'ayant jamais rebutée, son plaisir l'amenait souvent à s'éloigner en longeant la rive : mais en octobre, quelle folie ! Prise d'un frisson, elle décida de sortir de l'eau pour rentrer à pied. L'homme la guettait, il bondit comme un chat. Des cris, et la chance voulut qu'un pêcheur fût attiré et qu'il arrivât à temps. Severiana Roscia gisait évanouie, et le lâche s'était enfui. Nos gens affluèrent, secoururent ma femme puis l'alitèrent avec précaution. Quant au fugitif, la battue improvisée par Syagrius eut tôt fait de le débusquer. Si le taillis vaut pour cachette, il n'offre guère de répit face à l'odorat des chiens, surtout pour celui qui perd sa coiffe en s'enfuyant… C'était de ces vagabonds du clair de lune, de ceux dont la silhouette s'esquive face à l'autorité : probablement un déserteur.

— Qu'en as-tu fait ?

— Il est sous bonne garde dans le cellier, enchaîné. Veux-tu le voir ?

— Non pas encore. J'attendrai que Severiana Roscia me parle.

— Comme il te conviendra. Ne sachant pas quand tu reviendrais de campagne, j'ai insisté pour qu'on le nourrisse convenablement…

— Tu as bien fait ! Le talion ne doit jamais offrir de délivrance. C'est un homme sain qu'il faut punir, pas un moribond.

Les jours passèrent au chevet de ma convalescente adorée sans que je me résolve à visiter le captif. Qu'il croupisse dans la pénombre. Severiana Roscia nécessitait réconfort et je ne la quittais guère, m'efforçant d'apaiser ses peurs pour rendre confiance, tel fut l'impératif ! Enfin, quelques mots parvinrent à surgir de sa gorge éplorée. D'abord chaotiques, ils réussirent peu à peu à me convaincre. Du soulagement de voir Severiana Roscia préservée de l'outrage suprême naîtrait la promesse d'un legs au gardien de l'antique source des Roches. Comme jadis le voulaient nos coutumes arvernes, une statuette de bois y serait immergée[1]. Et que notre Seigneur tout puissant ne s'offusque pas de cette offrande païenne, je me recueillerai pour sa mansuétude. Sans oublier une bourse d'or et des prières afin que le Christ m'accorde sa bénédiction.

Que réussirait-elle à dire de plus ? L'homme voulait-il la tuer, abuser d'elle ou seulement lui dérober ses bagues ? Mon épouse ne le savait pas. Vite étourdie dans l'attentat, Severiana Roscia ne pouvait se fier à sa mémoire. Quelle importance d'ailleurs, il n'y avait aucune clémence à accorder ! J'attendis le jour de l'*Armilustrium*[2] et le soleil au zénith pour me faire ouvrir la geôle

1. Découvert en 1968 à Chamalières, ce site exceptionnel datant du Ier siècle de notre ère abritait un bassin à ciel ouvert où plus de trois mille cinq cents ex-voto en bois de chêne ou de hêtre furent immergés. Le mobilier mis à jour durant les fouilles archéologiques est exposé dans une pièce dédiée au musée Bargoin, à Clermont-Ferrand.

2. Soit le 19 octobre, jour traditionnel de la purification des armes en l'honneur de Mars. Cette fête religieuse marquait la fin de la saison guerrière.

du prisonnier. La porte grinça sous la poigne de Syagrius et un trait de lumière vint éclairer son visage et ses yeux fous, bleus, tristes et incrédules. Nue sous les chaînes, cette vermine ne se débattait pas. Conservant le silence, je remarquai un tatouage de légionnaire sur son épaule, un déserteur effectivement ! D'un geste bref, je plantai verticalement la dague tendue par Syagrius sous l'omoplate du coupable. Cette blessure qui effleure le cœur est garante de mort paresseuse. Après le châtiment viendrait l'heure de la vengeance ! Ordonner qu'un cheval traîne la dépouille afin qu'on l'abandonne au fond des bois satisferait ce besoin... Cette cruauté surprenante, Severiana Roscia me la reprocherait avec insistance. Ce changement qu'elle décelait en moi l'inquiétait : qu'avais-je subi durant cette guerre pour en revenir ainsi transformé et endurci ? Car, comment le nier, certains lambeaux égarés défigurent. Ce mal me rongeait à mon insu, m'aspirait vers un néant fait d'amertume et d'opprobre. Répugnance sournoise de celui qui sait s'être damné, pas pour ce qu'il a fait – son devoir – mais de la manière dont il l'a fait ! Emporté d'une frénésie meurtrière, je n'avais pu contenir ma rage. Depuis les Champs Catalauniques, mon âme fautive errait parmi les spectres : amis ou ennemis, frères dans la mort, tous me suppliaient. À Severiana Roscia de remodeler mon être profond pour que je puisse redevenir celui que j'étais...

Étrange visite, novembre 451

J'ai toujours exécré qu'un cénobite[1] vienne prôner ses convictions en mes terres. Celui-là courait les chemins à destination de l'Armorica (Bretagne) où ses frères l'attendaient. Quémandant le gîte et le couvert que nous lui offrîmes volontiers, il s'était soi-disant laissé prendre par la tempête. Tardives, les premières neiges tombées en cette fin novembre venaient de recouvrir la campagne, mais de là à l'obliger à un semblable détour... La

1. Moine vivant en communauté.

charité chrétienne imposait l'hospitalité mais depuis les récents événements, chaque étranger ravivait notre suspicion. Ce visiteur me déplut immédiatement ; peau malsaine et rougeâtre, ongles crasseux, cheveux en broussaille, tout lui conférait un aspect dégoûtant. Et que dire du nez difforme et turgescent qui tranchait avec la petitesse des yeux étonnements rapprochés ? Un regard de malice ou de crétin, nous allions le savoir. Il séjournerait à la ferme en ma seule compagnie et celle des serviteurs le temps du repas. Une miche de pain, du lard avec une coupe de vin suffiraient à le sustenter. Quant à la couche, ce serait dans la paille.

Le moine dévorait avec un appétit de porc en parlant la bouche pleine, gras et des gouttelettes de vinasse suintaient à la commissure de ses lèvres. C'était un bavard, tant mieux ! Il raconta venir de l'éperon rocheux d'Indiciac (la Saint-Flour gallo-romaine) et sa hâte d'arriver à destination. Sans cette maudite neige, jamais son périple ne l'aurait poussé jusque-là, et c'est d'un air faussement contrarié qu'il se lamenta du retard causé. À observer cet être qui cherchait à se donner de l'importance, je crus voir un crapaud en pleine parade nuptiale. D'avoir vidé sa coupe de vin, l'homme se renfrogna. Cette attitude trahissait son penchant, tout comme sa couperose. D'un geste, j'ordonnai au domestique de le resservir. Le temps d'une gorgée, l'ivrogne s'enflamma. Il détenait des informations capitales quant au devenir de la chrétienté et devait en référer d'urgence à ses frères armoricains. Selon lui, lors du dernier concile(1) le Pape avait obtenu la condamnation de la doctrine monophysite(2) : une calamité et de quoi vociférer son fiel contre Léon ! Ce galimatias ne me convainquit pas et je peinais à en suivre le fil. Rébarbatif aux finesses théologiques, et non enclin à m'élever contre le dogme, je me serais vite lassé

---

1. Il s'agit du concile de Chalcédoine qui se déroula du 8 octobre au 1er novembre 451.

2. Doctrine christologique apparue au Ve siècle et affirmant que le Christ n'a qu'une seule nature et qu'elle est divine.

sans un nouvel éclair. Ce qu'il lança soudain : « Mais c'est à la cour que se trame le pire... » me fit sortir de ma torpeur. Voilà qui m'intéressait autrement !

Un battement de cils et le vieil affranchi devina la consigne : il déposa l'*œnochoé* (cruche à vin) plein sur la table. Du vin en abondance pour délier une langue qui s'en ravirait... Après le Pape Léon venait le tour d'Aetius, « *responsable de tous les maux de l'Empire* » et à crucifier avant une autre fourberie ! Et d'apprendre de cette bouche infâme que mon ami venait de fiancer son fils Gaudentius avec la cadette de Valentinien, Placidia la Jeune. En soi, cette alliance ne me surprit pas, je fus simplement heurté qu'elle me parvienne de la sorte, une lettre m'aurait suffi ; ne pas en avoir été informé signifiait un retour en grâce encore incertain. Aetius ménageait l'avenir, il ne fallait sans doute pas m'impliquer comme un proche.

Au seuil de l'ivresse et une fois son venin répandu, le moine fut conduit à l'étable. J'insistai pour qu'on le surveille : surtout qu'il ne s'approche pas de la *villa* pendant la nuit. À l'aube, ce suppôt de Bacchus et de Ponce Pilate s'était éclipsé. Je tenais à m'assurer qu'il avait bel et bien pris la route de Santonica Urbs (Saintes). Deux cavaliers partirent à sa recherche mais ne relevèrent aucune trace...

Pays arverne, été 452

De l'hiver 452, inanimé, je ne garde qu'un sentiment d'abandon et de solitude. Lassitude et indolence d'esprit et de corps nous figèrent dans l'attente du printemps. Severiana Roscia nous inquiétait, sa tristesse se cristallisant autour de la distance qu'elle m'imposait. Sans ressource pour l'épauler, je me sentais responsable de cette ombre planant sur notre couple. Mes nuits étaient hantées de cauchemars, putrides relents de batailles ; mes jours englués de frustrations et de dépit. Car, sans l'amitié me liant aux Wisigoths, leur armée n'aurait jamais rejoint celle d'Aetius et nous aurions goûté un amer désastre ! J'avais sauvé l'Empire, *on* me remerciait en m'imposant l'oubli. Un dédain à se ronger les sens... Qui d'autre que moi m'accuserait d'avoir alimenté cette rage plutôt que de m'être acharné au regain d'une épouse en souffrance ? J'en porte le fardeau et la honte.

Avec le chant du rossignol réapparut un semblant de joie. À s'émerveiller des atours du printemps, Severiana Roscia se laissa doucement happer par ce renouveau. La saison lui rendit son sourire, et ce spectacle me ravissait. L'embellie était pourtant fragile et, à scruter les vicissitudes de l'Empire avec ambition, j'oubliais l'essentiel : son vague à l'âme récidiva à la première émotion !

Dès l'annonce du Hun sorti de ses tanières, ma jolie rose blanche se rétracta. Les nouvelles étaient alarmantes, car Attila ravageait l'Italie du Nord ! Assiégeant Aquilée, il poussait ses troupes à menacer Rome. Severiana Roscia n'en dormait plus, gardant ses pleurs dans le secret de son cœur, et moi, l'insensé, plutôt que de la cajoler, je me lancinais de supputations. Aetius menait la résistance mais cette fois sans les Wisigoths... Était-ce donc pour cela qu'il me délaissait, ou l'inimitié de l'empereur Valentinien jouait-elle encore en ma défaveur ?

Fin juillet, nous apprîmes avec enthousiasme la victoire du Pape Léon. Les Huns ayant pris Milan, c'est à la tête d'une délégation qu'il avait rencontré Attila pour le dissuader de poursuivre sa conquête. « Piétiner la cité éternelle, quelle folie ! Jadis Alaric l'a payé de sa personne[1]... » avait tonné un Pape Léon menaçant. Sensible aux superstitions, le khan en oublia son projet pourvu que la promesse de lui donner la main d'Honoria soit enfin tenue. Une décision qui lui coûtait peu tant ses chariots regorgeaient déjà de richesses. La dot l'intéressant plus que la dévergondée, Attila s'était fait magnanime...

Nos deux protagonistes se quittèrent là où ils s'étaient rencontrés, en ce lieu béni de verdure qui voit la *via Postumia* franchir

1. En référence au sac de Rome en 410 et à la mort subite du roi wisigoth survenue peu après.

le Mincius, affluent du Pô. Léon prit la route du Midi afin de rendre compte à Valentinien. Quant à Attila, la prudence l'incita à cligner des yeux en direction du levant. Là-bas, par une attaque soudaine, l'empereur d'Orient Flavius Valerius Marcianus menaçait ses arrières. Mieux valait s'enfuir d'Italie ! Car les meutes d'Attila affaiblies, faute de vivres, épuisées par les fièvres et pourchassées par les maigres forces dont disposait Aetius, risquaient une autre déroute. Un retour à temps en Pannonie assurerait à Attila une belle fin d'été auprès des siens. Quant à moi, telle une genette en cage, j'étouffais.

Le soulagement accordé par ce reflux eut peu d'influence sur notre couple. À peine l'apprenions-nous que le ciel s'effondrait : un cri déchira l'aube, lorsque l'affranchie du vieux Syagrius le découvrit mort dans son lit. Lui encore si robuste la veille... Écartant nos soupçons d'empoisonnement, le médecin confirma une cause naturelle. Les grands félins meurent ainsi, un brusque déclin puis l'effondrement.

Comment décrire ma peine, sinon en avouant ce que l'homme rechigne à admettre. Du flot de mes larmes s'écoulait un chagrin archaïque, de ceux qui puisent leur sève aux profondeurs de l'âme humaine. Celui de l'enfant devenu adulte et dont la mémoire de cœur ne vacille pas. Je l'aimais avec l'admiration du cadet pour son aîné, avec respect et confiance. « Syagrius, quel vilain tour me joues-tu là ? » pensai-je, avant de m'abandonner à une nouvelle salve de sanglots. Je connaissais ses volontés et son attachement de militaire à l'ancien panthéon. Tout cela fut respecté ! On ne s'étonnera pas d'apprendre que j'ai moi-même placé un denier d'argent dans sa bouche avant d'ordonner la crémation. L'urne où reposent ses cendres gît en un lieu tenu secret. Nous en sommes, avec Severiana Roscia, les uniques tenants.

Un bonheur chassant un malheur, c'est à cette époque que nous eûmes la satisfaction de marier Papianilla avec Sidonius Apollinaris, lui aussi issu de la haute noblesse arverne. Cette alliance entre nos deux familles comblait les espérances d'un père et d'une mère attachés à la félicité de leur fille. En lui choisissant pour époux la fine fleur lettrée des fils de Gaule, nous garantissions la plus noble des unions.

Rives du lac d'Avitacum, avril 453

La clémence de l'hiver occasionna un dégel précoce dont chacun se ravissait. La glace disparue et le poisson affamé, nous commençâmes les parties de pêche, celles où l'on s'amuse autant des éclaboussures que du ressac. L'équilibre précaire des barques, leur instabilité créaient un aimable tapage. Bredouille mais heureux, quoi d'autre pour m'enchanter que cette joie retrouvée ? Les yeux de Severiana Roscia scintillaient de nouveau d'un éclat sans égal.

Le cavalier nous surprit en plein jeu. Galopant dans l'eau pour éviter les buissons de la berge, il gesticulait et criait des choses encore inaudibles. Un vacarme propre à écœurer le dernier pêcheur qui, plus loin, s'obstinait à jeter son filet et voyait fuir le poisson... À quoi rimait toute cette excitation ? Rouge et défait, le visiteur s'arrêta net, risquant de nous faire chavirer. Il avait tant vociféré en chemin qu'il dut reprendre haleine avant de s'exprimer : « Attila est mort ! Attila est mort dans son palais ! Dieu tout puissant nous en a délivrés ! ». Incapable de donner plus de détails, l'homme me signifia simplement que la noblesse arverne souhaitait ma présence. Le temps de me vêtir puis j'enfourchai mon cheval pour le suivre avec un empressement qui n'échappa pas à mon épouse... Blême, le visage de Severiana Roscia se figea : pas de reproche, juste cette expression de tristesse infinie.

Notre arrivée sur le forum fit taire les plus bavards. Jusqu'à l'évêque en personne qui, de haranguer la foule quant à la puissance divine, s'interrompit. J'avais « vaincu » Attila, l'annonce de son décès rejaillissait en ma faveur, le peuple arverne m'accordant ainsi une gloire que je ne méritais pas. Puis ce fut le tour des notables de la cité qui, eux aussi, m'accueillirent avec éloges. La suite ne fut qu'un brouhaha, de racontars en suppositions, et les bêtises allèrent bon train. Un bric-à-brac où chacun croit utile d'apporter sa sapience, si scabreuse soit-elle. Tout cet aréopage ne se satisferait pas de ce qui semblait certain, à savoir qu'Attila était mort dans son sommeil. Comme il s'agissait d'un trépas durant sa nuit de noces, les affirmations d'assassinat ou d'empoisonnement se répandirent. En écho à la main de Dieu, elles ne firent qu'ajouter du trouble à la confusion.

Sur le chemin du retour, ma conviction était faite ! Les fils du khan se disputeraient vite une succession compromise entre rivalités mutuelles et tentatives d'émancipation des peuples assujettis. Le déclin de l'empire hunnique s'amorçait, ce n'était pas ici, en Arvernie, qu'il tenait d'en débattre !

De la mort d'Attila aux successions wisigothes

Les chaleurs de l'été nous épuisèrent. Un bain matinal, puis la léthargie qui s'emparait des corps pesait tout le jour. L'herbe roussissait sans perturber nos somnolences. Savourer l'ombre et la paresse tout en se languissant des brises nocturnes, tel était notre quotidien. Parfois un courant d'air venait rompre la monotonie en poussant vers mes narines une odeur délicieuse. Cet arôme – mélange de peau et de parfum – me rassurait, alors d'une caresse sur l'avant-bras, je remerciai Severiana Roscia pour ce don. Qu'une dépêche se présente, nous l'écoutions avec lassitude. Les détails sur la mort d'Attila me laissaient de marbre mais j'avoue avoir pouffé en apprenant la vérité. Mourir ainsi, ivre de vin, à s'étouffer d'un saignement de nez… Je m'amusais à mimer la scène. Arrêtant de respirer, gonflant et tordant mon visage, j'obtenais à coup sûr l'hilarité de mon épouse.

La belle saison s'éternise rarement en nos montagnes. Précurseur, un tourbillon charriant la feuille morte s'invite comme messager de l'automne et nous entraîne aux mélancolies.

Comme des bandes de Huns couraient toujours la Gaule dans l'espoir de soumettre les Alains, la noblesse arverne fut réjouie d'apprendre avec quelle célérité Thorismund régla le problème. Prévenu du stratagème, le roi des Wisigoths les devança sur la Loire. De quoi s'assurer la loyauté du peuple alains et attendre de pied ferme ces sangsues. Une surprise puis laminées, elles s'enfuirent avec honte.

Débarrassé du péril, Thorismund fit route vers sa capitale, Tolosa (Toulouse). L'intention de s'arrêter en Arelate (Arles) le séduisait. Ses forces assiégeant la ville, une étape devant ce joyau donnerait du faste à son retour. Mal lui en prit ! Profitant de sa visite, le préfet du prétoire des Gaules(1) l'invita à un banquet : une ruse pour détourner l'attention des assaillants et rompre l'encerclement. Voilà comment Arelate se libéra de l'étau, et comment un triomphe contre les Huns se métamorphosa en naufrage. Ses opposants ne le lui pardonneraient pas et les intrigues se multiplièrent. Malade, Thorismund exigea la saignée. Un de ses clients en profita pour une audience et l'assassinat fut consommé. Saisissant un escabeau, le roi subclaquant réussit à tuer plusieurs conspirateurs avant de succomber.

Cette catastrophe n'eut guère le temps de me tourmenter. Au 1er novembre suivant, mon ami et disciple Théodoric le jeune était proclamé roi à Tolosa.

Deuils et chagrins, printemps 454

Cette lettre venue de Rome… Quel esprit peut concevoir à ce point l'ignominie ? La gravité lisible sur le visage du serpentaire présageait le pire. L'homme avait cavalé sans relâche, son épuisement traduisait l'importance de la catastrophe. Il m'attendrait dans l'*atrium*, une tartine au miel et une coupe d'eau mélangée de vin pour collation. Préférant que cet inconnu n'assiste pas à ma réaction, je l'abandonnai aux soins de domestiques pour rejoindre le *tablinum* d'un pas soucieux. La missive me brûlait, je la tournais

1. Un certain Tonantius Ferreolus, qui occupera cette fonction de 450 à 453.

et retournais entre mes doigts en hésitant à la décacheter. Une prémonition me retenait, Severiana Roscia entra dans la pièce au moment fatidique. Qui l'avait donc prévenue ? L'atmosphère d'une maison doit se déliter à l'annonce du drame, il existe une sensation aussi tangible qu'inexplicable au phénomène. Toute matrone affûtée à la sauvegarde des siens la ressent.

Blêmir, suffoquer puis cet abattement qui s'empare de tout votre être. La rage et le sanglot profond – celui de l'âme – ne se dissimulent pas, Severiana Roscia le comprit en posant une main sur mon épaule. Sa main chaude et parfumée qui, nonobstant la délicatesse du geste, portait le poids de son amour. D'un ton doux mais affirmatif, elle me posa *la* question : « Pétrone Maxime ? ». Un hochement de tête confirma son intuition. Dans l'incapacité d'émettre ne serait-ce qu'une inflexion, je relus la lettre de mon beau-frère avant de la lui tendre avec dégoût. Courage de femme qui devine l'effroyable, ce qu'elle lut à voix haute nous perça le cœur :

Flavius Petronius Anicius Maximus, Patrice et Sénateur de l'Empire, implore Marcus Mæcilius Flavius Eparchius Avitus, son beau-frère et ami.

Au déshonneur de n'avoir pas su protéger l'offrande sacrée du Ciel, je n'ajouterai pas l'infamie du lâche. Sache que ce veuf éploré, qui te présente son affliction et sa honte, ne compte pas s'affranchir de ta colère ni de son devoir ! Celui de la vengeance : un rapace patient dont Héphaïstos aiguise déjà les serres. Invoquer ton pardon ne me soustrairait pas à mon propre chagrin, désormais nous le partageons. Ruinant à égalité les cœurs de l'époux et du frère, cette calamité lie leur sang ad vitam æternam. Le coupable connaîtra la foudre, je t'en fais serment. L'aspic ou le glaive, pourvu que justice soit rendue. Que Junon me punisse si j'échoue, qu'elle me confisque ma richesse et mes titres ! Errer en guenilles dans la vallée de Hinnom serait une peine autrement douloureuse qu'une mort libératrice. Je préfère Jérusalem avec la lèpre et ses affres à une croisière sur le Styx… Te narrer les détails de notre infortune ne m'absoudra pas de mes responsabilités et, je le sais, décuplera ta douleur. Mais je le dois, la sécurité de ta famille en dépend.

Profitant de mon absence – une affaire urgente au Sénat exigeait ce déplacement – l'empereur convia Palladia à un banquet. Une réception en l'honneur des jeux de Cérès qu'il inventa afin de satisfaire son horrible dessein. Esclave de cette aliénation amoureuse depuis des lustres, Valentinien ne reculerait devant aucun mensonge jusqu'à en oublier sa bigoterie. Tout de blanc vêtue selon la coutume, elle se présenta au palais dans l'innocence d'une épouse aux chastes intentions. Belle comme tu le devines, notre Aphrodite rayonnait encore sur l'Italie comme le soleil sur le monde. L'âge ayant renoncé à lui soustraire la splendeur, il s'était vengé de l'affront avec subtilité. En lui ôtant du fait de ses cinquante-quatre ans la méfiance qui sied à toute femme désirable, le vice tenait sa revanche ! Au paroxysme de la féminité, les temples où s'immole la vertu pèsent un royaume. Notre inconsciente l'ignorait, pas ce Priape…

Ivre de vin et fou de luxure, le prince ordonna qu'on le laisse seul. L'eunuque chef de la couche sacrée fit sortir les serviteurs en leur signifiant de clore toutes les portes. Abandonnée à son corrupteur, Palladia protesta mais que peut la brebis face au loup ? Et la bête, ce fauve sanguinaire, se rua comme un démon. Un esclave de la cour me rapportera s'être horrifié des cris qu'il entendit. Stridents à rendre sourd, leur intensité lui glaça le sang. Palladia suppliait. Ses hurlements n'adoucirent nullement la frénésie du tortionnaire. Au contraire, tout à sa copulation, il s'en excitait pour inventer quelques nouveaux outrages. Une férocité sans borne qui dura le temps qu'il la ravage et la ravage encore. À massacrer un corps d'incalculables débauches, c'est sur un cadavre qu'il assouvit son ultime désir.

Le corps souillé, maculé de sang et d'humeurs répugnantes fut évacué par les eunuques. Leur tentative de simulacre d'accident échoua lamentablement, le bruit de cette sauvagerie s'était déjà répandu. Depuis, le coupable s'enferme et menace.

Maître de l'Empire ou pas, son égarement mental frise l'acmé[1]. *Un tel acte le prouve ! Et qu'à la barbarie de ses mœurs il ajoute l'inconséquence d'utiliser la femme d'un patrice pour s'y adonner en trahit la gravité. Assassiner la fille d'une des plus illustres familles que la Gaule n'ait jamais comptée, même Caligula ne se serait pas risqué à commettre pareille forfaiture. Lui le Cerbère n'a pu se retenir.*

Flamme éternelle, la plainte qui laboure nos cœurs y sème le goût du talion. Unissons ces peines, mais prudemment, car le jour viendra où nos glaives purificateurs rendront justice. À ce prix seulement s'amoindrira la douleur du frère et de l'époux. Puisse Dieu le Père exaucer notre prière et nous soutenir dans cette épreuve.

Avitus, ton dévoué te salue, le cœur doublement brisé.

La haine n'a d'autre visage que l'état dans lequel me mit ce courrier. Abasourdi, mâchoire crispée et membres tremblants, je plongeais dans le silence et la prostration. Outre le chagrin, c'est le rang du criminel qui tuait tout espoir : le viol et le meurtre de ma sœur perpétré par l'empereur, cela n'avait aucun sens ! En bafouant la loi de Rome, Valentinien personnifiait toute cette décadence que nous combattions. Nul ne peut profaner une fille de Junon sans en payer les conséquences. Quel citoyen ignorerait le mythe fondateur du dernier tyran ? Père d'un violeur, il en perdit son trône et nos ancêtres fondèrent la République[2]. À nous de suivre la même voie pour le salut de notre patrie.

L'effondrement moral consécutif à ce choc s'extériorisa en une longue apathie. Cette désespérance, celle d'un couple qui tangue faute d'horizon, demeure l'épreuve la plus ténébreuse que le Seigneur nous infligea. L'esprit embourbé de peurs et d'angoisses, je peinais à me ressaisir et pourtant il le fallait !

---

1. L'apogée des symptômes.
2. Dernier roi de Rome, Tarquin le Superbe sera renversé en 509 av. J.-C. à la suite du viol de Lucrèce par son fils Sextus Tarquin.

L'impératif du danger me délivra en prenant l'apparence d'un songe : Aetius y galopait dans les cieux sur son étalon blanc. *Spatha* pointée, il m'encourageait à relever la tête, à bomber le torse. Ensemble, comme autrefois, nous unirions nos sueurs pour vaincre l'ennemi et sauver Rome. Mon rêve s'interrompit avec la vision du visage de l'empereur. Une allégorie monstrueuse où son crâne était déformé comme celui d'Attila... Mon mentor me montrait le chemin.

Croyant à ma disgrâce, à son ingratitude, je m'étais donc fourvoyé. Aetius connaissait le péril, mon éloignement valait pour sauvegarde. Cet empereur dément nous méprisait. L'atrocité commise sur Palladia, ma femme aurait tout aussi bien pu en être victime. À moi de la protéger et de prendre les devants.

L'ignoble complot

La morosité régna sur notre domaine tout au long de l'été. Comme la source de montagne dont l'eau se raréfie au fil des canicules, les larmes se tarirent peu à peu, nos esprits convalescents s'épaulant dès que l'un chancelait. De réconfort et d'effusions, l'amour vainquit ; alors comment se plaindre si le brasier d'antan se mua en de raisonnables tiédeurs. *Tempori servire*[1] mais le sort s'acharnait ! Ce nouveau cataclysme, Pompeii et Herculaneum ne lui auraient guère fait d'ombre. Nous l'apprîmes très vite tant cette déferlante secoua tout l'Empire.

Cela faisait des mois, des années peut-être que Valentinien vomissait Aetius. Cette détestation grandissante, née entre rancœurs et frustrations, se cristallisa à la lumière des circonstances. La mort d'Attila n'était pas des moindres ! D'autant qu'à la bataille de la Nedao, les Gépides venaient de vaincre les fils d'Attila, amorçant le délitement de l'empire hunnique. Le danger hun perdant de son acuité, Aetius devenait moins indispensable... Conseillé par les ahuris de sa cour, l'empereur reprochait à Aetius

1. S'adapter aux circonstances.

tant de griefs ! La fuite des Huns (et surtout de leur butin après les Champs Catalauniques) les tourmentait plus que de raison. La jalousie, un désaccord quant aux prétentions de l'empereur Valentinien sur la succession d'Orient[1] puis la volonté du généralissime de marier sa progéniture à la fille de l'empereur alimentaient leurs ragots.

Le complot avait ses motifs, ne manquaient que des crapules pour l'exécuter. Elles se dévoilèrent le 21 septembre lors d'une audience au palais impérial. Aetius y exposait des affaires financières et fiscales lorsque soudain, pris de rage, Valentinien se leva du trône et se précipita sur lui. Son grand eunuque lui emboîta le pas. Le premier planta son épée et le second un poignard qu'il dissimulait sous le pli de son manteau. Rome venait de perdre son dernier fils.

1. À sa mort en 450, Théodose II laissa son trône vaquant faute d'héritier mâle. Valentinien imagina une réunification sous sa propre gouvernance, projet illusoire auquel Aetius s'opposa.

Dans les bras d'une mère romaine.

- XIV -
Arx tarpeia Capitoli proxima[1]

Rome, mars 455

DEPUIS LE DÉCÈS DE SA MÈRE Galla Placidia survenu cinq années auparavant, l'empereur régnait comme une hyène aux abois. Sans cap ni tuteur après le meurtre d'Aetius, ce pleutre s'imaginait capable d'un envol d'aigle. Nous n'assistâmes qu'à celui, lamentable, d'un oisillon tombé du nid. En assassinant Aetius, ultime rempart qui endiguait sa médiocrité, Valentinien laissa le pouvoir sous l'influence de vauriens seulement bons à flatter le mal : eunuques, courtisans ou autres misérables, maîtres du ragot à l'aigre salive !

Les mœurs de Ravenne se conjuguaient désormais à celles de Rome où « l'indigne » y maniait le peu d'*imperium* lui restant. L'intrigue pour loi et l'appétence en unique dessein, voilà donc cette assemblée de fossoyeurs ! Aux ambitions immodérées se mêlaient les calomnies et le mensonge, les rumeurs ou la défiance.

---

1. « La Roche Tarpéienne est proche du Capitole ». Proverbe latin signifiant qu'après la gloire et les honneurs, la déchéance peut vite arriver. C'est depuis cet éperon rocheux, proche du Capitole, qu'étaient précipités les condamnés à mort ou les traîtres.

Parmi cet aréopage, mon beau-frère Pétrone Maxime se mouvait en d'obscures tentations. Des bruits coururent quant à son implication dans le meurtre d'Aetius, mais ma conscience ne leur accorda jamais le moindre crédit. Si l'avidité avec laquelle il s'intéressait au pouvoir n'est pas contestable, son désir de vengeance supplantait toute autre considération.

Les frasques de l'empereur attisaient une haine féroce, nombre d'ennemis attendaient l'instant propice ! Celui-ci se présenta *l'ante diem septimum decimum Kalendas* du mois de mars[1] lors d'une promenade impériale. Ce jour-là, accompagné d'une escorte, Valentinien se rendit sur le Champ de Mars pour s'y exercer à l'arc. À peine eut-il sauté de sa monture que deux anciens *bucellarii* (mercenaires), compagnons d'armes d'Aetius, se ruèrent sur lui[2]. Le premier le frappa à la nuque, le second lui fendit la figure de son glaive. Face à l'audace et au prestige militaire des assassins, les gardes n'osèrent pas s'interposer. Médusés, ils les laissèrent s'emparer du diadème et de l'étalon de l'empereur puis s'enfuir. Le commanditaire les attendait ! La promesse de Pétrone Maxime venait de s'exaucer par une corruption aisée : les deux soldats en question exécraient suffisamment le meurtrier d'Aetius pour le châtier sans l'ombre d'une hésitation. Notre Seigneur les absoudrait... Dans sa grandeur, le Tout-Puissant diligenta un essaim d'abeilles qui, surgissant du ciel, vint se poser pour sucer le sang de sa dépouille, afin que l'impure substance jaillie des veines du monstre ne se répande pas, qu'elle ne souille jamais la terre sacrée de Rome en se mêlant au sang de ses martyrs.

Au lendemain de cette délivrance, le Sénat et l'aristocratie italienne offrirent la pourpre impériale à Pétrone Maxime. Profitant de l'impopularité de son prédécesseur, celui-ci distribua de fortes sommes d'argent à ses troupes afin de s'assurer

---

1. Soit le 16 mars 455.

2. Officiers d'origine barbare, Optila et Thraustila appartenaient à la garde rapprochée du généralissime Aetius.

leur fidélité. Mais sa revanche envers Valentinien ne pouvait se satisfaire d'une victoire si facilement acquise. Licinia Eudoxia, veuve de Valentinien, serait sa prise ! Il l'obligea à se soumettre aux joies de l'hymen avant de lui infliger l'humiliation suprême : l'épouser. Aux contraintes de la mère s'ajoutèrent celles de la fille. Promise depuis la plus tendre enfance à l'aîné de Genséric, elle devrait aussi courber l'échine en se mariant au fils du nouveau maître[1]. Une faute lourde de conséquences dont il ne prit pas la mesure tant sa frénésie de légitimité l'emportait sur toute autre considération. De par les largesses que sa fortune lui permettait, Pétrone Maxime amadoua les sceptiques. Cataplasme éphémère qui calme la saignée mais jamais ne suffit à curer le mal.

Notre amitié, tout comme la confiance qu'il m'accordait, aboutit à ma nomination de *magister utriusque militæ*[2]. Un retour en grâce synonyme de soulagement mais aussi d'égoïsme. La chape de tranquillité que le temps était parvenu à imposer à mon bonheur conjugal s'effondrait. Cette fois, aucune larme ne coula des yeux de Severiana Roscia mais un regard haut et distant me signifia sa réprobation. Ce furent de longs adieux de glace. Elle surmonta sa peine et, en me posant la main sur le torse, elle m'offrit une douce bénédiction, faute de mieux. Car il me fallait partir ! Le déclin scythe attisait les convoitises ; sans autre ennemi dont se défier, la Barbarie s'agitait. Nous n'avions plus le choix, une alliance nouvelle s'imposait pour la sauvegarde de l'Empire. La seule option raisonnable à ce changement de ligne désignait les Wisigoths. Je me rendis donc à Tolosa (Toulouse), où, sans compromission, le devoir m'imposa de traiter avec un roi et non pas avec l'ami. La durabilité d'une telle union ne pouvant se forger qu'aux lueurs du travail, il advint nécessaire de m'établir au palais jusqu'à nouvel ordre. J'appréciais la sérénité

1. Eudocia qui, après son mariage avec le *César* Palladius, captive, sera forcée d'épouser Hunéric, futur roi des Vandales.

2. « Maître des deux forces », soit de l'infanterie et de la cavalerie.

qui y régnait, elle fut garante d'un esprit clair et propre à mener à bien les négociations engagées. Dois-je aussi confesser certains abandons aux nuits wisigothes ? Caresses de nattes blondes et effluves barbares, elles me procurèrent le réconfort interdit.

Rome, mai 455

Inconscient du drame qui se nouait au cœur de l'Empire, j'observais avec satisfaction le fruit de ma réussite. Convaincre les Wisigoths à une véritable intégration prit du temps et obligea nombre d'efforts mutuels. Force vaut pour conviction, et enfin le forgeron se remit à forger ses charrues plutôt que des lames d'épées et les paysans posèrent leur lance pour reprendre la faux !

Malheureusement ce que j'obtenais d'une main, Pétrone Maxime l'annihilait de l'autre. Son entêtement envers la fille de Valentinien ruina les longs pourparlers entrepris jadis par Aetius. En promettant naguère ce mariage au roi des Vandales, le grand homme avait su calmer son désir de rapines. Mais en soustrayant le leurre, comment contenir ce qui ne demande qu'à déborder ? Fou de colère, Genséric armait déjà ses navires pour les diriger vers nos côtes. Ils arrivèrent devant Ostia (Ostie) le 31 mai puis les troupes débarquées encerclèrent la ville. Un vent de panique remonta le Tiberis (Tibre). Sans armée pour défendre sa capitale et abandonné de tous, Pétrone Maxime en oublia ce qu'exige l'honneur. Accordant la fuite à ceux qui la lui demandaient, pris de terreur, il finit par succomber à sa peur. Le temps d'enfiler une cape pour se travestir et voilà Pétrone Maxime enfourchant son cheval, devançant au galop les derniers fidèles de la garde impériale. Il cravachait et l'affolement emportait sa raison, œil vide et bouche tordue. Tant pis pour les piétons, ou si son escorte parvenait ou pas à le suivre, ce possédé cherchait un salut loin au-delà des murs. Mais la plèbe l'avait reconnu ! Elle s'indigna, elle qui déteste la couardise, alors fusèrent les insultes… Une pierre lui heurtant la tempe, il s'effondra au sol. Puis la foule le lapida comme on s'acharnerait sur un serpent, le découpant en

Général romain.

morceaux avant d'exhiber sa tête et ses membres sur des piques. À vociférer de triomphe, toute cette haine marcha jusqu'au fleuve où elle y jeta ce que les chiens n'avaient pas encore dévoré. Ainsi prirent fin la vie et le très court règne du *Dominus Noster Petronius Maximus*(1). Un sort à glacer le sang et qui devrait servir de leçon à son successeur.

Et Rome se livra en implorant la grâce. Trois jours après l'infamante chute de l'empereur, les Vandales violèrent ce qui ne se doit. Notre bon Pape Léon sauva la ville du carnage en négociant : oui, ouvrir les portes et ne pas résister au pillage en échange de la vie ! Le sac pouvait commencer ; méthodique, il dura deux semaines. Quatorze jours d'infamie, de honte et de soumission pour qu'enfin, repu d'or et de richesses, Genséric s'éloigne à la tête de ses meutes. À l'humiliation se rajoutèrent le désespoir et la crainte : perdre pour toujours un être cher, ou survivre en restant la proie de ces prédateurs. Trop d'otages l'accompagnaient pour ne pas meurtrir les âmes outragées. Parmi les captifs en partance pour Carthage, Licinia Eudoxia et ses deux filles, Eudocia et Galla Placidia la Jeune, furent sans doute les moins contrariées quant au sort à venir.

---

1. Soit Notre seigneur Pétrone Maxime : devise correspondant à l'inscription monétaire visible sur l'avers des *solidi* en or à son effigie. Il régna deux mois et demi (mars 455-mai 455).

- XV -
S.P.Q.R.[1]

***Dies imperii*, 9 juillet 455**

ET CETTE VAGUE DÉFERLA sur tout l'Empire. L'annonce du sac de Rome par les Vandales me plongea dans l'effroi du lendemain et aurait pu anéantir les négociations en cours avec les Wisigoths. Cette incapacité à me ressaisir peinait à soutenir l'image d'une ambition. Sans l'intelligence politique de mes hôtes, il n'y aurait jamais eu de sursaut.

La salle du palais où Théodoric tenait conseil était emplie de la noblesse wisigothe. Au silence des uns répondait la gravité ambiante, signifiant l'importance du moment. En ce genre d'assemblée où d'ordinaire ces *grands* affichaient leur turbulence, je fus surpris par cette solennité. Le roi venait de parler, on m'introduisit devant lui. Un hochement de tête en protocole puis je me redressai, seul et immobile avec tant d'yeux rivés sur moi... J'attendais la sentence, car mon sort ne m'appartenait plus.

D'un ton clair et sans emphase, Théodoric m'annonça la décision prise au nom des siens. Conscient du changement majeur

1. *Senatus populusque Romanus* (le Sénat et le peuple romain) : soit la devise de la République romaine, puis de l'Empire.

en cours et du fait qu'avec la fin de la dynastie théodosienne en occident, seule une coalition romano-gothique pouvait encore sauver l'Empire, il me proposa de rallier la Gaule. La vacance du pouvoir actuellement sans empereur offrait l'unique chance de reforger de nouveau une grande alliance où la puissance militaire « barbare » servirait de glaive à la sagesse d'un Sénat redevenu influent. J'étais l'Élu, celui par lequel ce miracle devenait enfin possible. Alors, après un tel plaidoyer comment refuser ce que le devoir m'imposait ? Des messagers furent diligentés sur-le-champ aux marches du territoire afin qu'une assemblée exceptionnelle se réunisse. Elle se tiendrait à Ugernum (Beaucaire) en présence des sénateurs gallo-romains, de Théodoric que j'accompagnerais et d'un contingent de ses meilleurs soldats.

Nous partîmes le surlendemain ; une lettre envoyée à Severiana Roscia lui demandait de me rejoindre prestement en Arelate (Arles). De ce voyage subsiste en ma mémoire le contraste entre la suavité d'une nature aux arômes de miel et l'incertitude liée à son dénouement.

La rumeur d'un grand événement ayant précédé notre arrivée, nous fûmes accueillis dans la ferveur d'une foule bigarrée qui a conscience de peser sur son devenir. Aux toges rutilantes des notables s'ajoutaient l'excentricité des parvenus et la diversité des uniformes. Et puisque les Wisigoths garantissaient la paix en offrant le pouvoir et l'unité à un fils de Gaule, chacun voulut en prendre la mesure. Les sénateurs et généraux présents s'enthousiasmèrent à l'énoncé du projet, leur engouement masqua certaines réserves émises par le clergé. L'arianisme du nouvel allié poserait des problèmes, les nicéens de Rome et d'ailleurs le dénonceraient tôt ou tard… Mais le souffle de l'espoir emporta les récalcitrants et je fus désigné à l'unanimité. Poussé par la foi du renouveau, un cortège se rassembla dès le soir aux portes de la ville. L'esplanade située en aval du fleuve brillait alors de mille feux. Du haut des remparts, j'observais toute cette effervescence. À la lueur des torches dont le nombre grandissait sans cesse en contrebas, je sentis monter un flux porteur de confiance et de force.

Miroir céleste, les étoiles voulurent rendre hommage aux myriades de flambeaux qui s'agitaient par cette nuit d'été. La procession s'était spontanément mise en route en direction du midi : l'affranchi marchait aux côtés du charpentier, le commerçant avec le militaire et sans bousculer le vieillard s'appuyant sur son bâton. Cheveux dans un fichu, des matrones poussaient leurs filles en priant à voix basse. Mendiants ou seigneurs au diapason, tous cheminaient dans la douceur nocturne sous ce ciel plus bleu que noir. Alors chemin faisant, ce qui eut pu être encore doute devint certitude : un tison d'étoile filante traversa l'empyrée pour que chaque tête présente se relève et comprenne. Ce feu du ciel disparu, tous se remirent en marche et, agneaux du Seigneur, se laissèrent guider par cette puissance invisible dont nul ne doutait plus de l'origine.

Nous rattrapâmes le cortège aux prémices de cette aurore du 9 juillet 455. À fendre l'interminable foule qui s'écartait avec déférence, je ressentis une sensation étrange. Celle du pouvoir, de l'ascendant inouï qu'offre l'avènement d'un destin. Le lent galop que nous imposions à nos montures favorisait l'ouverture *in extremis* du passage. Les gens se retournaient d'abord en s'inclinant, puis reculaient d'un pas pour nous permettre de poursuivre. À effleurer tant de têtes, ma main gauche caressait ce torrent d'énergie et d'audace. Aspiré par cet entrain, je voguais vers l'*imperium*.

Il ne restait peut-être qu'un mille à parcourir lorsque les rayons du soleil vinrent frapper les murs de la cité. Soudain la pierre s'embrasa et une bouffée chaude dissipa le semblant de fraîcheur du matin tandis que Théodoric me rattrapait et que nous pénétrerions côte à côte dans Arelate. C'était la procédure à adopter ! Qu'il me devance, ne serait-ce que d'un soupçon, et aux yeux de tous je serais devenu sa créature. Au contraire, lui en retrait, la puissance de son soutien perdrait de sa prépondérance.

Suivi par une turme de cavalerie légère puis par la garde montée du roi, Remistus se tenait à deux ou trois perches[1]. L'uniforme d'officier général qu'il avait revêtu tranchait volontairement avec le mien. Nous n'arrivions pas en conquérants, et l'alliance voulue entre sagesse politique et force militaire offrait l'espoir de rétablir l'ordre et la paix... Et peut-être celui, sans doute utopique, de rendre à l'Empire la prospérité que l'inconduite des précédents *Césars* lui avait ôtée. Là où une foule en liesse s'était amassée, les portes grandes ouvertes m'apparurent avenantes comme la matrice d'une putain. Je m'y engouffrai ivre d'inconscience, exalté par les clameurs du peuple et le fracas des sabots martelant le pavé. Des pluies de pétales m'inondèrent à en provoquer une jubilation intense. Le peuple me poussait dans l'espoir d'un futur enfin considérable. De cette traversée dans les rues d'Arelate, je m'éblouis encore de l'étrange paradoxe né entre la vitesse du mouvement et le figé de chaque détail. Comme si Saturne avait voulu ralentir le temps pour me permettre d'en savourer le souvenir...

Le passage du pont flottant m'extirpa un instant de cette aspiration, en une vision furtive de mon enfance et du chemin parcouru depuis. Une claque sur la croupe du cheval et la course vers le destin s'emballa de nouveau. Une fois franchi le portique dont des militaires en faction interdisaient l'accès aux curieux, je traversais enfin la place aux mille pavés. Là, gouverneurs, dignitaires du diocèse des Gaules et députés des curies s'inclinèrent en nous ouvrant la voie vers le portique opposé. Encore un escalier à gravir solennellement entre les balustres de gardes puis une fois à son pinacle, je me retournai solennellement. L'acclamation me laissa imperturbable : « Avitus, Avitus, Avitus ! » D'un geste j'exigeai le silence. Théodoric prit la parole au nom de tous : « *Dans Rome abattue l'univers est, dit-on, prisonnier ; l'empereur est mort, le*

1. Rappelons une fois encore la valeur de la perche (*decempeda*), soit 2,944 mètres.

pouvoir est maintenant à qui veut le prendre. De grâce, monte sur le tribunal ; viens au secours de notre misère. »[1] L'approbation générale résonna dans le forum et on scanda encore mon nom avec une vigueur grandissante. Enfin, d'une voix qui ne tenait pas à contraindre mais plutôt à supplier, le roi des Wisigoths rajouta : « *Je suis l'ami de Rome, si tu deviens son chef ; je combattrai pour elle, si tu deviens empereur.* »[2] Immobile à contempler cette assemblée venue des Sept-Provinces[3] je laissais divaguer mon esprit. Une multitude d'idées ou de sensations se bousculèrent mais l'impératif de les contenir me contraignit à fixer l'azur. Prendre de la superbe et surtout ne rien abandonner à l'émotion !

Enfin le son des *tubas* annonça l'issue fatidique. Je baissais la tête et aperçus Severiana Roscia parmi les convives. Belle à en frémir, elle se reconnaissait entre toutes : coiffure arrangée de sobriété et d'élégance, bijoux et traits distingués. Un sourire pincé m'offrit la blancheur de dents magnifiques puis, de mutisme ou de colère, sa jolie bouche se referma. Je l'aimais divinement cette bouche, l'embrasser et m'en régaler pour l'éternité comme d'une poignée de framboises...

Le préfet du prétoire, qui se tenait en retrait s'approcha cérémonieusement comme le protocole l'exigeait. À deux mains, il me remit l'épée puis s'inclina en roulant des yeux. Son air pontifiant n'inspirait aucune sympathie... et encore moins la confiance ! Transpirant comme un bœuf en route vers l'abattoir, il devait son titre à je ne sais quelle manigance. Cet officier supérieur ne me plaisait décidément pas, il faudrait vite le remplacer ! Puis

---

1. Sidoine Apollinaire : Œuvres complètes (extrait du *Panégyrique d'Avitus*).

2. *Ibid.*

3. En cette Antiquité tardive, les *Septem Proviciae* (ou « nouveau » diocèse des Gaules) incluait désormais tout le territoire de la Gaule. Il s'entendait après la réunification de « l'ancien » diocèse des Gaules (provinces du nord) à celui de Vienne (provinces du sud).

l'archevêque, accompagné de deux serviteurs, vint se placer devant moi. D'un signe il me signifia de mettre un genou au sol afin qu'on enroule la *toga picta*[1] à mes épaules. Et, de pourpre vêtu, j'inclinai la tête pour y recevoir le diadème. Me redressant, je dégainai l'épée et la levai vers le ciel en guise d'acceptation et de salut. Une formule rituelle fut répétée à trois reprises par l'assistance : « *Notre seigneur Avitus perpétuellement fils d'Auguste.* »[2]. À l'atelier d'Arelate de le consigner pour l'inscrire sur l'avers des *solidi* en or que je lui ordonnerai de frapper sous peu. Voilà, la noblesse sénatoriale de Gaule et les représentants des curies venaient de me proclamer *Auguste*. À moi d'en être digne, d'en supporter la charge et de l'honorer. L'exemple du premier d'entre tous guiderait mes pas. Formulerais-je le vœu secret – et sans aucune illusion d'atteindre son rayonnement ou sa vertu – de ne jamais faire honte à sa mémoire ? Éclore tel Octave et partir dans la certitude du devoir accompli, alors oui qu'on se souvienne : « *J'ai laissé une ville de marbre là où j'ai reçu une ville de briques.* »[3].

Si brève fut-elle, cette cérémonie d'investiture procura les premières armes à mes détracteurs. Leurs voix se répandirent jusqu'à me salir là où mieux aurait valu qu'elles s'abstiennent. En colportant la bêtise au cœur des sept collines : hurler avec les loups pour m'avilir comme l'instrument des Wisigoths, cela n'avait aucun sens ! Inconscient de ce venin, je me laissais emporter sous l'averse d'honneurs. Que n'ai-je pas alors fait le choix contraire de regagner Rome sur-le-champ ! Et au lieu d'enfourcher nos montures, nous nous allongeâmes sur les divans du *triclinium*[4] d'un palais. L'albanum, ce grand vin de Campanie, y coulait déjà à

1. Ici la toge pourpre brodée d'or réservée à l'empereur.
2. Soit l'abréviation latine suivante : *D N AVITUS – PERP F AVG.*
3. Testament de l'empereur Auguste.
4. Salle à manger.

flot et nous le boirions comme de l'ambroisie ! Après la *gustatio*[1] – fruits de mer et pastèques travestis en paons grâce à l'extravagance du cuisinier – de juteuses pièces de viande régalèrent les convives : du chevreau, des pintades et des flamants roses à la coriandre servis en abondance. Entre fadaises et platitude, les conversations s'entremêlaient puis s'interrompaient, l'une chassant l'autre. Les bouches bien pleines amputent la vivacité d'esprit qui souvent les répugne. Un spectacle affligeant, philosophes et chrétiens en dénonceraient la dérive.

Les mets se succédèrent mais je me contentais de picorer, coincé entre l'aspiration du devoir et la silhouette de Severiana Roscia. Allongée à mes côtés, elle m'effleurait de sa frémissante tiédeur. Faute d'intérêt, et ressentant une lourdeur soudaine qui me rappela mes soixante ans, je m'évadais en contemplation. La mosaïque au sol me fascina. J'avais pourtant déjà dîné en ce lieu, mais sans jamais y porter attention. Si Méduse et tritons entrelacés qui y vivaient se gaussèrent sans doute de moi, l'hippocampe, lui, demeura imperturbable. Hermétique à mes tourments.

La vision du défilé dionysiaque de cette fresque me ramena à la réalité. Jus ou graisses suintant de sa bouche, Théodoric mangeait et buvait comme un ogre après le carême. Ivre mais heureux, il resplendissait ! Je m'efforçais quant à moi à en ingurgiter le moins possible : dompter Bacchus et lui interdire de gâter les réjouissances à venir. Le manque de mon épouse avait martyrisé ma chair, une douleur prégnante égale à celle infligée à toute âme amoureuse. Concomitante à un brin de fraîcheur, l'arrivée du dessert annonça enfin la délivrance. Fruits, flans aux poires ou friandises gorgées de miel croulèrent de mille plateaux d'argent. Une ou deux dattes fourrées me suffirent, inutile de stimuler ma

1. L'entrée.

soif en vue des excès du *comissatio*[1]. Le *magister bibendi* ayant été désigné, je trinquai à la santé de tous et m'éclipsai en compagnie de ma femme.

Cette nuit d'amour-là...

Soumis aux volontés du courant d'air, l'ondoiement des tentures caressait la chambre de son agréable douceur. Un balai suave où le parfum de Severiana Roscia se diffusait dans cette nuit d'été. Longtemps nous restâmes silencieux, n'osant rompre l'invisible distance. Nue sous un voile savamment enroulé à sa taille, elle ressemblait à ces divinités d'Orient dont le voyageur s'extasie. Un mouvement emprunté, et nos corps se joignirent puis s'épousèrent enfin. Coller à ne faire plus qu'un, ils respiraient au diapason du désir en s'abandonnant peu à peu. Parenthèse où la plénitude efface les discordes, où les peaux dans leur alchimie s'apprivoisent au détriment des rancœurs. De caresses en caresses, le corps se relâche. D'abord esquisse, l'ondoiement du bassin s'affirme à en devenir désinvolte. La pudeur s'oublie, les jambes s'entrouvrent pour que le miracle s'accomplisse. Cette fleur veut éclore, son impatience devient supplication. Temple des merveilles, comment te refuser ce sacrifice ? Je brûle à m'en étourdir, notre libération doit commencer ! Nos sueurs se mélangent, les chaleurs mutuelles se conjuguent. L'émotion répond au plaisir ; proche du firmament, chaque geste ou soupir incite au suivant puis à en finir. Mais je ne le voulais pas ! La conscience des lendemains ou une prémonition m'interdisait la victoire ; il fallait savourer ce moment d'éternité afin qu'il imprègne mon âme d'une marque indélébile... Un spasme de plus, ses ongles qui labourent ma peau pour y semer la volonté de jouissance et l'odyssée s'achève.

---

1. Ultime phase du banquet romain, celle consacrée aux festivités autour de la boisson. Un maître de cérémonie (le *magister bibendi*) en ordonne le bon déroulement.

Un naufrage où les corps épuisés s'accrochent au récif dans la tiédeur du souvenir. Suis-je vraiment un rescapé ? Une mort douce s'empare de moi, elle me cajole mais je refuse cette capitulation et l'odeur de Severiana Roscia m'offre un répit. Délice qui me captive, je la respire encore et encore. La belle dort, son souffle lent me ravit. À mon tour d'abdiquer, la fatigue me dévore et je n'ai plus la force de la contenir. Une main posée à la courbure de ses reins et me voilà prêt : je quitte ce monde pour la dernière fois car désormais le quotidien de l'empereur ne serait qu'insignifiance : seul compterait l'honneur voué à la pourpre.

L'indulgence d'un réveil tardif précipita nos adieux. Des troubles en Pannonie venaient de se déclarer et il fallait les circoncire sans délai afin d'éviter un envenimement préjudiciable à la sauvegarde de l'Empire. Dans l'urgence, je nommai Remistus *magister militum*, il m'accompagnerait à la tête de l'armée. Quant à mon cousin Priscus Valerius, je lui confiai la préfecture du prétoire des Gaules. À lui d'en assumer la responsabilité sans faillir. Mes espérances en sa personne se limitaient à la confiance, il ne me trahirait pas...

La tourmente du départ m'arracha aux miens avec brutalité. En me privant d'adieux sacralisés, le destin m'emportait vers un ailleurs de solitude. Je cavalais sans me soucier du futur, l'esprit captivé par la souvenance de cette nuit ultime. Le goût de nos ébats, l'odeur de Severiana Roscia balayaient toute autre considération. Aucune falaise, si vertigineuse soit-elle, n'aurait ralenti ce galop. Une monte effrénée en guise de passage ! Au don de soi de prendre le pas sur la félicité et à la raison de s'imposer. Tel était le prix pour préserver Severiana Roscia des dangers de la cour. Quant à mon sort, ne m'appartenant plus, Rome en déciderait.

Pannonie, été 455

Un brin d'air agitant la cime des grands conifères rompait la monotonie du paysage avec grâce. L'ombre de Varus[1] planait derrière chaque arbre et, bien que la crainte d'une embuscade ne soit pas d'actualité, nous scrutions l'immensité. Que la futaie s'agitât au raffut d'un corbeau ou qu'un cerf dérangé et, d'instinct nos mains se posaient au pommeau des épées. Puis à nouveau le silence. Un silence complexe, angoissant, où le bourdonnement des insectes se mélangeait au frôlement des branches entre elles. Avertis aux profondeurs des forêts, nos guides ostrogoths ne s'en souciaient guère. Blasés ou impassibles, ils tenaient de ce monde végétal où l'homme vit en accord avec l'élément. De chaque côté du chemin, l'humus respirait d'une vie grouillante, mais nous ne fîmes que l'effleurer, conscients de sa mansuétude à nous offrir le passage.

Remistus appartenait à ces guerriers sortis du rang chez qui excellent valeur et fidélité. Alliant la rudesse du paysan à l'éminence du sénateur, il inspirait confiance par nature. Une de ces figures nobles qui, si la fortune les éclaire, se hissent à la hauteur de leur mérite. Bras, torse ou cuisses, toute l'anatomie de ce brave évoquait la vigueur et le courage d'un Hector. L'œil intelligent, la mâchoire carrée et le verbe mesuré achèvent le portrait de ce magnifique compagnon dont la présence me rassurait. Aux prémices de l'amitié, le cœur sait parfois pressentir ce que le temps n'a pas encore forgé.

Les Ostrogoths, fils des bois et des plaines, âmes vêtues de peaux, reflétaient la vision qu'un esprit civilisé a du *barbare*. D'aspect rustre, les hommes ne se distinguaient entre paysans et guerriers que par le port d'outils ou d'armes. Je remarquai un groupe de cavaliers, membres et visages badigeonnés de teinture bleue.

---

1. En référence au *désastre de Varus* dans la forêt de Teutobourg.

Chez les femmes, la différenciation sociale m'apparut tout aussi insaisissable. L'âge donnait un semblant d'autorité à certaines matriarches, rien de plus... Le désordre des coiffures me laissa perplexe : aux avenantes nattes brouillonnes répondait le revêche d'un hirsute coupé à la hache. Et que dire du rapiéçage des robes ? Tristesse d'un spectacle cachant une cruelle réalité, le regard fixe et les traits émaciés d'une jeune maman me la dévoilèrent. Ce peuple n'avait plus de quoi se sustenter comme il se doit et les yeux du curieux en devinaient l'affreuse vérité : celle qui germe avec la guerre puis s'enracine dans l'exode, celle porteuse de ruines, celle qui pousse le moissonneur à l'indigence... Détachés de la tutelle hunnique mais économiquement sans grandes ressources depuis ce divorce, les Ostrogoths subissaient les affres de la faim. Refoulés à nos frontières et contraints de végéter en ce territoire ingrat, ils devraient bientôt utiliser leurs forces militaires pour subvenir à leurs besoins. Les richesses de l'Empire attiseraient la convoitise de ces ventres vides ; notre devoir dicta ce que la charité ordonnait.

C'était de ces bourgades primitives où le génie de l'urbanisation s'exprimait encore tel qu'à ses balbutiements. Passé une grossière palissade faite de troncs inégaux, les constructions s'étendaient à l'égal de chaque côté du chemin central. Identiques, les bâtiments – sorte de cabanes rectangulaires – partaient à l'oblique en de longues arêtes pour conférer au tout l'aspect d'un squelette de poisson. Massif, seul le palais tranchait avec cet ordonnancement et trônait comme un crâne suspendu à sa colonne vertébrale. Sans fioriture, mais ne se différenciant des autres cahutes que par sa taille et son architecture, la maison du roi inspirait une certaine déférence. Oblongue en façade mais trapue de corps, le nombre d'arbres qu'il avait fallu abattre puis de poutres et de planches à scier me laissa songeur. En un temps record, bûcherons, menuisiers et charpentiers avaient réalisé ce prodige. Aucun doute, pareille maîtrise démontrait une sauvagerie moindre que celle imprégnant nos préjugés. Combien de familles vivaient dans cette capitale ? J'imaginais une myriade végétant en grappe comme dans des étables ; j'appris vite la réalité d'une société nébuleuse aux lois autrement complexes.

En dépit des périls du voyage et de la rencontre, j'avais fait le choix d'apparaître en toge, portant plus simplement le message de la main tendue, de l'espoir et – pourquoi pas – de la réconciliation qui, une fois pérenne, déboucherait sur l'amitié. Si conséquente fut-elle, mon escorte adopta la même attitude. Les Wisigoths y étaient en minorité, une disposition salutaire tant une aversion mutuelle animait ces frères de sang : ils se détestaient !

Entouré de ses conseillers, le roi Valamir nous accueillit sur le perron du palais. Je remarquai immédiatement une sorte de gêne dans son attitude, trouble léger que sa prestance ne parvenait pas à dissimuler. Nous avions été ennemis, l'herbe poisseuse des Champs Catalauniques en conservait le rouge souvenir. Farouches au combat, quelle serait la teneur de nos échanges dans la paix ? L'enjeu pour son peuple dépassait les ressentiments, fussent-ils ceux d'un roi… L'honneur de lui accorder cette visite immédiate en sanctifiait l'importance, et de notre entrevue dépendait le futur. Ses relations avec l'Empire d'Orient ne dépassant pas le cadre d'une rançon en échange de sa tranquillité, Valamir – conscient de la fragilité de tels accords – souhaitait un tout autre dénouement. D'un geste, il m'invita à franchir le seuil : les Ostrogoths discouraient d'abord et festoyaient ensuite ! Il nous fallait accepter la tradition, au mépris du gargouillement de nos ventres. Abandonnant les négociations aux diplomates, j'observais le roi car sa gestuelle pesait plus que les mots échangés. Grand, maigre mais musculeux, il avait l'aspect d'un druide fantasque car une barbe noire taillée en deux pointes allongeait son visage grêle. Seul brillait l'éclat des yeux, furtifs et malins à la fois, qui s'agitaient sans cesse. Ses membres trop longs l'embarrassaient, il les pliait ou les dépliait selon l'inconfort du moment et toujours avec maladresse. Valamir écoutait sans jamais s'opposer, acquiesçant par ses mimiques. Les pourparlers allèrent bon train ; un ruisseau sait que, sans le fleuve pour l'héberger, ses eaux n'atteindront jamais la mer. Pour que son peuple ne s'évanouisse pas dans les sables de l'oubli, sa précarité du moment l'obligeait à admettre cette confluence. Il endossa donc de protéger notre frontière et d'interdire toute incursion belliqueuse des siens. En échange, l'Empire lui offrait soutien, possibilité de commerce et fraternité. Gage de confiance, je consentis à parer au plus urgent en promettant l'envoi prochain de bétails. Une somme importante de *solidi* en or leur permettrait de subvenir à l'essentiel d'ici là.

Jamais traité de paix ne fut conclu aussi vite.

Retour en Italie, septembre 455

La distance pour atteindre Rome nous obligea à prendre la route sans souffrir d'aucun délai. Dès l'aube suivante, nos chevaux fendaient la bise, pressés comme nous l'étions d'arriver à bon port. De cette rencontre avec le destin résulterait le sort de l'Empire. La tâche serait ardue, je n'en doutais pas. Le Sénat finirait bien par se ranger derrière moi, l'intérêt suprême l'exigeant ! Convaincre la curie réclamerait d'autres talents et l'intransigeance des fous de Dieu face à l'arianisme de mes alliés m'inquiétait. Mais comment concevoir la syndérèse si le Pape et ses disciples n'en avaient pas conscience ?

Les embûches du voyage s'étaient limitées aux doutes m'assaillant : tant de difficultés en prévision, à ma poigne de les résoudre tout en déjouant les complots des félons. Les tentatives pour m'extraire de ce frimas n'eurent pas d'effet. Solacier mon esprit avec le visage de Severiana Roscia émergeant des nuages me plongeait déjà aux confins du remords. Douloureuse omniprésence que celle de l'amour qui vous échappe… Aux douceurs d'une couche nuptiale se substituerait sous peu l'insomnie et son lot de tracas. Ceux du pouvoir et de la solitude contre lesquels mon âme ne s'était pas prémunie. Le destin m'accorderait-il la victoire de ne pas m'être fourvoyé ? Puis-je ne jamais regretter l'oisiveté d'autrefois, lorsque reclus en Avitacum (Aydat), mes journées se consumaient dans l'ennui du lendemain ?

Par méfiance j'avais ordonné une progression hors des axes majeurs. Ainsi, ignorant mes itinéraires, les oiseaux de malheur colporteraient leurs bêtises dans le vent. Le peuple des campagnes s'enthousiasme spontanément au passage d'une délégation impériale, en conçoit l'importance, s'en glorifie. Versatile, la foule des villes se manipule quant à elle d'un rien : quelques boniments, du pain et de la haine lui suffisent pour se mettre à hurler. Celle de Rome m'attendait, ailleurs ce n'étaient que conjectures, spéculations ou commérages. Un broc d'eau fraîche tirée du puits, trois figues mûres et odorantes offertes comme le Graal valent bien un festin chez Néron : la simplicité ne s'achète ni ne se corrompt !

Approchant de Ravenne, nous optâmes pour un fastidieux détour en direction du couchant. Suivre la *via Aemilia* nous aurait imposé de traverser Forum Cornelii (Imola) et c'était inopportun, la discrétion l'imposait ! Quant à l'ancienne capitale de Valentinien et son palais de foutaise, il me sembla prudent d'y diligenter une partie de mes forces pour rétablir l'ordre. Deux turmes suffiraient à Remistus, la poltronnerie des fonctionnaires et des valets de cour ne nécessitait pas l'emploi d'effectifs supérieurs. Nous nous séparâmes sur-le-champ. Une fois cette écurie d'Augias nettoyée et mon pouvoir reconnu, il me rejoindrait à Rome.

Nous atteignîmes un fleuve dont le cours barrait la vallée au sortir des collines[1]. Anormalement à sec malgré la saison, le filet d'eau se mourait entre les sables en roulant sa misère d'une flaque à la suivante ; ses berges assez vives n'interdisaient pourtant pas le passage. Nous le guéâmes avec précaution, l'état du lit desséché n'inspirait guère de s'y attarder. La tristesse du paysage me pinça le cœur et me rendit d'humeur maussade. À franchir ce *Rubicon* sans gloire, scellerais-je les fondations du destin comme jadis

1. Probablement l'Arno dans les environs de Bibbiena.

le fit avec autorité l'illustre géant ? Orgueil ou sens du devoir, pouvais-je encore rebrousser chemin et m'enfuir à jamais auprès des miens ?

Enfin arriva Cortone où, par la *via Cassia*, il suffirait de galoper jusqu'à Rome. L'unique répit accordé sur ce tronçon concerna une halte à l'orée des murs de la cité éternelle. Mes compagnons et leurs montures la méritaient ; moi, elle m'était salutaire. Me reposer avant d'apparaître, et interdire à l'âge qu'il dénonce les fatigues d'un voyage afin que nul ne puisse douter de mes ambitions et surtout de ma résolution à les mettre en œuvre. L'ombre des cyprès, les odeurs de fenouil et d'aneth s'accordèrent à ce bain de jouvence. Châlit de garrigue, je le préférais aux divans du palais.

Magie de l'esprit ou insouciance, à l'instant de pénétrer dans Rome mon attention fut accaparée par l'état de son enceinte. Insuffisamment remparée derrière le mur d'Aurélien, la ville m'apparut à la merci d'un nouveau sac. Les derniers travaux de rénovation dataient d'un demi-siècle : il faudrait d'urgence se pencher sur cette tâche. Contre toute attente, j'avais choisi d'entrer par la *porta Nomentana* de très bonne heure. Les curieux ne nous y attendraient pas et le temps que la nouvelle se propage, je serais déjà au pied du Capitole. Autre avantage, le gros de ma troupe investirait immédiatement la caserne de la garde prétorienne : de quoi s'assurer d'une fidélité normalement acquise et de ne pas affoler un peuple ancré en ses traditions. Les visages rencontrés au hasard des rues ne laissaient rien transparaître. Ni joie, ni haine, mais une indifférence manifeste que je pris pour du dédain. Que me reprochaient-ils ? Mon escorte wisigo-gauloise sans doute, les liens qui jadis m'unissaient à Pétrone Maxime ou mes origines arvernes… Si le premier grief se comprenait (à moi de convaincre en expliquant), les suivants étaient aussi injustes que stupides, d'autant qu'ils se contredisaient : le sang de ce lâche exécré qu'était feu mon beau-frère appartenait à celui des Anicci, une vieille famille originaire du Latium… Et *a contrario* le grand

Constantin n'avait pas été nourri aux tétines de la louve... Mais rien n'y fit ! Les préjugés d'une foule sont tenaces et les combattre souvent vain. Comme un amoureux éconduit s'accroche à celle qui ne le désire plus, je fus la risée du public. Le divorce avec l'*Urbs* commença dès cet incident.

Aux pompes de l'accueil répondirent les glaces de la perfidie. Celles d'abord du Sénat d'où suintait son hostilité : un respect de façade et des regards hypocrites réglèrent nos premiers échanges. Si, par crainte, les sénateurs ne me cherchaient pas encore querelle, leur allégeance n'était que comédie. Ces bornés incarnaient la déchéance d'une assemblée qui, dans sa haute antiquité, avait su forger le monde et qui maintenant agonisait aux affaires municipales.

Une seconde froideur, subtile mais tout aussi redoutable, émanait cette fois du Pape. Ses réticences à me soutenir se multiplièrent. L'arianisme de mes alliés le rebutait trop pour qu'il ose franchir le cap séparant l'audace de l'attentisme.

Démêler la sinuosité des habitudes tout en imposant mes vues occupa l'essentiel des premières semaines. Je confirmai Majorien au commandement de la garde impériale, car cet homme cultivé et possédant une compétence militaire appréciable me paraissait digne de confiance

Commerce et fiscalité accaparèrent les débats suivants. Le déclin du premier impliquant les déficits du second, l'importance de résoudre cet imbroglio nous emporta entre délibérations et disputes. Là où le bon sens aurait dû primer, nous nous heurtions toujours aux intérêts privés sous-jacents. Une affliction d'autant plus dommageable tant la piraterie rongeait encore nos côtes et que l'agitation discernable en Afrique nuisait déjà aux importations de blé. Une famine – ou sa simple suspicion – déclencherait l'émeute, notre pouvoir encore frêle n'y résisterait pas. La puissance de l'armée restait mon recours. Pour peu qu'une solde soit payée comme elle se doit, les troupes stationnées sur le *limes* me seraient fidèles : sans Mammon pour souffler sur la braise, le feu du désir s'apaise et se console... Quant à l'appui des Wisigoths, il ne m'était pas offert ! Monnaies sonnantes et trébuchantes et intelligence politique en scellaient la promesse. Si, par des garanties monétaires, je parvenais à lever assez de fonds pour diligenter l'envoi de troupes contre les Vandales, alors une chance de fortune éclairerait notre chemin.

Les dégâts causés lors du sac salissaient encore la ville de leur flétrissure. Cendres, gravats et statues renversées jonchaient le sol ; une marque d'infamie difficile à effacer tant l'abattement des citadins paralysait leur volonté. J'ordonnai de ne surseoir à aucune besogne. Les curateurs des *XIV regiones* furent convoqués et se firent signifier mon exigence. À leurs fonctionnaires de déblayer, d'éclaircir les pans et surtout de relever tous ces bronzes et marbres qui, à terre, personnifiaient notre déchéance. La dignité se drape de symboles, l'oublier pousse irrémédiablement vers le cloaque !

J'avais renoncé à m'établir dans notre ancienne demeure. Par souci de vertu, je lui préférai la modestie d'appartements sans faste. Des pentes du Quirinal, mes fenêtres ouvraient sur une incomparable splendeur, celle qui depuis la colonne Trajane s'étend au pied du Palatin jusqu'à l'amphithéâtre Flavien, celle qui par la grandeur qu'elle reflète insufflait la foi au premier coup d'œil.

Rome, 1er janvier 456

« De l'ombre vers la lumière. Du mouillage dans une anse perdue au clair de lune nous voilà prêts à jeter l'ancre sous le phare d'Alexandrie. Fils de Gaule et des ténèbres, la providence m'accueille et écarte les cieux pour que jaillisse cette clarté. Une pluie de pétales me caresse les épaules, ce sont du lys et des jasmins. Là-haut, du piédestal céleste d'où l'on n'osait les distraire, Marius et César ouvrent les yeux. Ils seront mes juges ! »

Curieuse, l'aurore m'avait surpris en m'extrayant de ce rêve. Comme jadis les païens, soumettre une légitimité à Jupiter en prenant les auspices déplaisait au Pape... mais hormis mes fidèles, nul ne le sut. Que mes idées ploient sous le poids des traditions n'était pas la question, mais dans l'animosité en vogue, la discrétion était indispensable. Superstition ou croyance, en ne sacrifiant pas ma conviction sur l'autel du dogme, j'agissais libre !

Rome encore endormie, j'enfourchai un cheval blanc pour au trot et sous escorte me rendre à la caserne des prétoriens. Rassemblées en une masse compacte, les troupes attendaient dans l'ordre parfait qu'exige la discipline. Le dieu Mars en personne, des myriades d'hoplites ou de cavaliers perses pouvaient surgir, rien ne les aurait fait bouger ni frémir. Au mat des casques et cuirasses contrastait le soleil du matin. Il s'y réfléchissait telle une fulguration, les foudres de la guerre à ma poigne ! Au dernier rang, turmes et cohortes intercalées formaient une frise festonnée de lances tantôt hautes, tantôt basses. Silence absolu, puis le préfet leva son épée suivi des tribuns pour que retentisse l'acclamation. N'étant pas dupe, je savais qu'il faudrait me méfier de ces prétoriens...

Je volai ensuite jusqu'au Sénat. Là, ce que ces fossiles balbutièrent du bout des lèvres, une fourche bien placée eut obtenu meilleur entrain. Leur archaïsme, leur manque de clairvoyance m'écœuraient ! Despote, je les aurais tous volontiers livrés aux lions car jamais investiture ne fut si méprisante. La bénédiction du Pape abrégea mon supplice, entérinant petitement ce qui se doit d'être grand. Enfin, mon gendre Sidonius Apollinaris prononça le panégyrique. Modèle de subtilité et d'un sens politique acéré, son discours empreint de mythologie m'élevait au Panthéon. Une Olympe nécessaire tant mon avènement ne faisait pas l'unanimité ! De rhétorique et d'érudition, les vers du poète guidèrent l'auditoire des abysses du commencement jusqu'à l'apogée des gloires qui firent Rome. Méritais-je ces louanges pour me légitimer ? Plus fertile selon moi, la conclusion suffisait :

La louve romaine, Romulus et Rémus.

« *Heureuse d'un si grand prince, ô Rome, antique mère des Dieux, relève la tête, secoue une honteuse léthargie ; voilà un prince d'âge mûr qui va te rendre la jeunesse, quand t'ont fait vieillir des empereurs enfants.* »[1]

À l'issue des cérémonies, et selon la coutume, j'élevais Remistus au titre honorifique de patrice. Juste récompense à une loyauté avérée. L'autre promotion qu'il me fallut prononcer se targuait, elle, d'un calcul dangereux. Ne tenant pas à soulever nos armées du *limes*, je nommai le comte Flavius Ricimer *magister militum præsentalis* dans l'espoir de le détourner passagèrement de ses machinations dont je n'ignorais rien. Mon glaive en son poitrail aurait mieux valu…

1. Sidoine Apollinaire : Œuvres complètes (extrait du *Panégyrique d'Avitus*).

- XVI -
De l’exercice du pouvoir absolu

Italie, janvier-août 456

QUE DIRE DE MON RÈGNE ? Faisant fi du Sénat, je le reléguai à son insignifiance. Les latences du pouvoir lui avaient pourtant offert une chance de résurrection ; mais incapables d’entrevoir l’horizon par-delà les sept collines, ses adeptes retournèrent croupir à l’ombre du Capitole. Comme chaque *César* depuis la dynastie des Sévères, je pris donc le parti de gouverner en présidant le Conseil impérial. Partagés entre rapacité et mesquinerie, les sénateurs hurlèrent au loup alors que la raison aurait dû les pousser à réfléchir ou à courber l’échine. De la plèbe, ces séniles n’entrevoyaient qu’une braise, soufflant sciemment dessus pour l’enrougir : une médisance par ici, une imposture par là, et ces maîtres du chaos donnaient la pleine mesure de leur talent en introduisant une nouvelle chenille dans le fruit.

Entre les soucis d’approvisionnement et le désordre aux frontières, je m’évertuais à ne jamais ployer, mais comment tenir sans consensus ? À tenter de sauver le primordial, je m’attirais la haine des oubliés de l’Empire. Pêcheurs de Cyrnos ou des villages du littoral, petits propriétaires et négociants d’Istrie, viticulteurs de Coria et tant d’autres laissés pour compte m’en voulurent.

Encore infondées, les rumeurs de pénurie m'obligèrent à mobiliser des moyens considérables. Pour apaiser la plèbe, le préfet de l'annone[1] reçut la consigne d'éliminer les spéculateurs. Veillant depuis le *Portus Traiani* et tout au long du canal, sa soldatesque s'assurerait du parfait acheminement des vivres. Gare aux contrevenants : les marais salants de l'embouchure du Tibre manquaient de main-d'œuvre… À policer le peuple au lieu d'abattre la cause de ses tourments, chaque jour le champ d'action rétrécissait. Avec la menace des Vandales, le spectre de Carthage se propageait et nous laissions faire, alors que le seul remède contre cette peste consistait à s'unir. Lever une armée, lui faire traverser la Mare Nostrum, et les sables de la plaine de Zama se seraient abreuvés du sang vandale. Ces sangsues, pirates et assassins qui ravageaient nos campagnes méritaient mille fois de voir leurs carcasses livrées aux vautours. Cette solution, la paix obtenue avec les Ostrogoths nous en offrait enfin l'opportunité : un brin d'entente, de quoi rassembler et payer les troupes, et Rome se libérerait du carcan. Dès la vipère écrasée, les blés d'Afrique regorgeraient comme autrefois promettant le salut puis la prospérité.

Mais les caisses de l'État étaient vides et l'aristocratie sénatoriale ne comptait pas s'appauvrir davantage au profit de ma gloire. Les gaspillages ou prodigalités des précédents empereurs se combinaient au traumatisme du dernier sac, de quoi justifier cette paralysie. Témoins d'insomnie, les nuits de Rome assistèrent à mon désarroi, celui d'un homme dépourvu de solutions… À m'en arracher les cheveux, à tourner comme un fauve en cage pour sauver ce peuple d'Italie qui ne me voulait pas. Derrière mon dos fusaient trop de messes basses pour les ignorer. Je n'étais pas sourd, tant d'injustice me révoltait : « Pensez-vous, un gaulois jadis dépravé et qui voudrait régner en satrape avec le Goth comme suppôt ! » Autre accablement, l'ambassade partie chercher l'aval de Flavius Valerius Marcianus, l'empereur

1. Magistrat responsable de l'approvisionnement en blé de Rome.

d'Orient à Constantinople, ne donnait toujours aucun signe... Sa reconnaissance m'était vitale. Elle viendrait, mais plus tard.

Faute de volonté nous devions faire usage d'expédients. Dès le printemps, le comte Flavius Ricimer lança plusieurs équipées pour contrer les incursions vandales. Chaque fois victorieuses, elles n'eurent cependant aucune incidence sur le cours du conflit tant nos effectifs étaient insuffisants. La chance de desserrer l'étau se présenta en Hispanie (Espagne) : les Suèves y contestaient depuis longtemps les intérêts wisigoths, détournant de fait une partie de leurs forces. Ce problème réglé, nos alliés pourraient alors mieux nous épauler. Théodoric accepta mon projet, l'armée wisigothe franchirait sous peu les Pyrénées. Un semblant d'espoir scintillait, une clarté se fit lumière. Enfin le sommeil avec en songe la candeur d'un visage. « Ô Severiana Roscia, ton parfum embaume le souvenir des jours heureux. Te souviens-tu des bains dans les vapeurs matinales du lac ? La blancheur de ta peau se jouait des brumes en s'amusant du vent. Je vois tes mains, belles et douces, elles s'animent d'une grâce dont toi seule possèdes le secret. Tes yeux me cajolent et m'émerveillent. Tapi contre ton sein, je sens battre ton cœur et m'en contente. Inutile de déchaîner les enfers du désir, nous sommes Pyrame et Thisbe séparés par leur mur de Babylone... »

J'ai songé au réconfort que procure le péché de chair avant d'y renoncer. L'âge n'ayant en rien gâté le feu du désir, je me fis violence à suivre des préceptes ascétiques pour combattre cette « *honteuse volupté* » qui me dévorait les entrailles.

Soumis aux caprices du vent, les remugles de la ville s'enhardissaient parfois jusqu'à venir chatouiller mes fenêtres. Une fois le *Velabrum*(1) enjambé, la puanteur se répandait comme un

1. Quartier construit sur un terrain marécageux entre le Palatin et le Capitole.

brouillard d'hiver. Ce matin-là, alors qu'un affranchi brûlait de l'encens pour dissiper l'odeur, un huissier vint m'annoncer la visite du Pape. Une audience de si bonne heure m'intrigua, je pris soin de le faire patienter. Retors comme il était, cette arrivée impromptue méritait réflexion. Le temps de revêtir une toge immaculée, de donner des consignes afin que l'on cure les égouts et je fis introduire le Pape Léon. Le dialogue entre un prudent et un maître d'habileté se conjugue entre finesse et non-dits. En voici la teneur telle que ma mémoire la dicte :

— Les rues de Rome sont encore malsaines à cette heure-ci, quelle idée qu'un Pape daigne s'y aventurer !

— Rien d'important. Une affaire m'oblige à me rendre au *titulus Gaii*[1] sur le Quirinal. Je passais devant votre palais, voilà tout…

— Vos travaux sur le martyre de sainte Suzanne vont vous épuiser. La consultation du *Martyrologue hiéronymien* n'est-elle pas suffisante ?

— Au crépuscule de sa vie, un vieux théologien se doit d'être méticuleux.

— Que n'en ai-je pas été prévenu ! Sachant votre embarras j'aurais envoyé un char, une escorte.

— Mon bâton et un clerc à mes pas me suffisent ! D'ailleurs l'espoir de la récompense adoucit la fatigue.

— Je loue ce dévouement. Puisse notre Seigneur vous en rendre grâce.

Après avoir acquiescé, Léon me lança un regard où scintillait toute la malice du monde. Puis s'approchant du buste de Trajan qui ornait la pièce, il renchérit :

1. Adossé aux Bains de Dioclétien, cet ancien oratoire devenu église comptait parmi les vingt-cinq *tituli* de la ville. Reconstruite ou remaniée à plusieurs reprises, la basilique Santa Susanna alle Terme di Diocleziano existe toujours.

— Jadis à Italica (aux abords de Séville) naissaient d'illustres romains.

— La vertu des colonies : l'Hispanie, la...

Léon me coupa la parole. Le mot *Gaule* resta coincé dans ma gorge : il me tenait. L'hameçon ferré, le Pape reprit :

— On entend dire que des bruits de sabots résonnent derrière les Pyrénées. Le savais-tu ?

— De simples brouilles entre barbares, pas de quoi inquiéter Rome.

— Rome non, mais l'Église ?

Je fis semblant de ne pas comprendre et le laissai poursuivre :

— Si les tenants d'une secte réprouvée venaient à massacrer d'autres sauvages convertis à l'orthodoxie nicéenne, où irions-nous ?

— Qu'ils s'entre-tuent donc ! Tant que l'Empire y gagne, je ne voudrais en rien les déranger.

— Les déranger ?

— La véritable menace vient d'Afrique et tout ce qui peut l'affaiblir nous soulage. Que le sac de Rome nous serve de leçon. Qu'il nous impose le suprême devoir de ne plus jamais subir un tel outrage. J'en suis redevable devant le peuple.

— Mais, Avitus, que fais-tu du jugement de Dieu ? Livrerais-tu sa maison à des mains salies d'impiété ? Ne crois-tu pas qu'en agissant de la sorte, tu déchaînerais sa colère ?

Si peu voilée, l'intimidation ne me déconcerta pas, je savais à quoi m'en tenir. Léon s'en alla comme il était venu, boitillant et fébrile. Mes domestiques racontèrent l'avoir suivi des yeux et affirmèrent qu'il ne s'engagea pas dans la sente pavée qui grimpe au Quirinal. D'insinuations en sous-entendus, le Pape venait de me mettre en garde ! L'arianisme de mes alliés wisigoths le tracassait donc plus que le devenir de l'Empire.

Sans véritable solution militaire, je voulus croire à la possibilité d'un arrangement par le biais diplomatique. L'évidence du refus me rattrapa à la fin du mois de juin : toutes les tentatives d'ambassade rentrèrent bredouilles. Genséric le vandale n'en voulait pas ! J'étais l'ami de ses ennemis wisigoths, c'était le meilleur moyen de les combattre. Chaque jour, ses navires exerçaient davantage leur infect blocus. Lorsque la disette toucha l'*Urbs*, les ventres creux commencèrent à s'échauffer. Plus aucun bateau n'accostait à Ostia (Ostie), et les quais vides engendrèrent la discorde. Pour contrer la famine, les dernières ressources de l'État furent consacrées à l'achat de denrées alimentaires. N'ayant plus de quoi subvenir à la solde de mes guerriers wisigoths, et dans l'intention d'apaiser la plèbe, je fus contraint de les licencier. Mais il fallait les payer et comment faire lorsque les caisses sont désespérément vides ? Aux abois, seule une mesure d'exception pouvait nous sauver. Et je commis l'erreur colossale d'ordonner le démantèlement de l'*ornatus civitatis* (l'ornement public, ici en bronze) qui avait échappé au sac de la ville. Les statues encore debout connaîtraient le même destin. Notre Seigneur sait pourtant à quel point ces symboles de nos grandeurs passées m'étaient chers, comment je chérissais la gloire et la puissance d'antan... Complice malgré lui, le préfet de Rome, un certain Vettius Iunius Valentinus, reçut le mauvais rôle de choisir le tribut. Une fois fondu en lingots, tout ce bronze fut vendu à des marchands contre de l'or pour régler la dette. L'offense faite au peuple en dépouillant le bien commun jeta l'opprobre sur mon *imperium*. En bafouant notre devise sacrée *Senatus populusque Romanus* (Pour le Sénat et le peuple romain), je devenais l'égal de Genséric. Jamais un empereur ne doit léser la ville à son profit !

Poussée par l'aristocratie, la plèbe se révolta. L'indignation grandit jusqu'à ce que le Sénat en invoque les livres sibyllins pour me perdre (recueils consultés seulement en cas de menace exceptionnelle). Un oracle, dit-on, y révélait l'éternité romaine tant que ses magistrats prendraient soin des statues, je venais de briser ce culte ! Outrage annonciateur de la chute redoutée par tous...

Bien qu'il ne soit jusqu'alors jamais manifesté comme mon ennemi, le sénateur Caecinus Decius Basilius alla corrompre la garde prétorienne afin qu'elle se révolte. Majorien, son commandant, l'écouta puis déclencha la sédition. À l'armée d'Italie, le comte Ricimer comprit l'aubaine. Le fruit qu'il convoitait venait enfin de mûrir, il n'était que temps de le cueillir. La fuite, si honteuse soit-elle, fut ma dernière option. Je franchissais les Alpes en catastrophe pour regagner la Gaule, le salut m'y attendait.

Arelate (Arles), mi-septembre 456

Rage et stupeur ! Tout ce que la province comptait de noblesse s'offusqua du désaveu. À ne se soucier que de l'intérêt immédiat d'une clique, Rome insultait l'Empire. Et sans la Gaule pour le soutenir, cet empire n'était plus rien. Comme l'ivraie dans la tourmente, il se disloquerait aux ordres du vent.

Mon retour souleva donc les humeurs. Ravivant l'incompréhension puis le désarroi, l'injustice de cette mauvaise fortune révulsait le peuple gaulois qui gronda. Du laboureur à l'évêque, du vigneron au sénateur, soldats, commerçants ou boutiquiers, matrones et affranchis, nul ne voulut se résigner. Et l'unanimité de leur colère vint à ma rescousse ! Le soutien des élites sénatoriales ne me surprit pas, celui du clergé m'étonna. Pourtant le Pape Léon s'était bien gardé d'intervenir en ma faveur...

Si l'idée d'abdiquer me traversa l'esprit, l'accueil d'Arelate m'en dissuada. La joie de m'effacer, de retrouver Severiana Roscia n'avait pas à primer sur mon devoir. Comment finir mes jours à l'ombre d'une pergola avec une conscience marquée du sceau des lâches ? Impossible de concevoir un quelconque bonheur en portant cette culpabilité... Ainsi se nomme le courage.

Désormais à la tête de l'insurrection levée contre moi, le comte Ricimer ne jouissait pas d'une grande popularité. Ce félon méritait la croix, je pestais sans cesse contre lui. Son origine lui attirerait des déboires, et ce qui valait pour moi le rattraperait aussi !

Toute l'Italie ne lui était pas encore acquise et j'avais pris garde, avant de fuir, d'insister pour que mon cher Remistus se retranche dans Ravenne. Une intervention militaire rapide et bien menée pouvait réussir. Les chances de succès tenaient à notre détermination et à la capacité de rassembler une armée suffisante. Quitte à dégarnir momentanément une frontière, nous fîmes feu de tout bois. Turmes gauloises, *vexillationes*(1) de légionnaires et autres *bucellarii* nous rejoignirent à marche forcée. Des messagers partirent sur le champ pour Tolosa (Toulouse), car comment se passer de l'appui des Wisigoths ?

En moins d'une semaine, les abords d'Arelate se transformèrent en véritable camp. Des convois de vivres ou de troupes se présentaient chaque jour, venant grossir l'immense cantonnement. Foison d'unités où, parfois, un contingent barbare se mêlait avec la volonté d'en découdre. Au pied du rempart, tumultes et couleurs panachées m'apportèrent un regain d'optimisme. J'en éprouvais le besoin tant l'entreprise paraissait difficile. L'épuisement des soldats derniers arrivés retarda notre départ. Un semblant de repos et les pavés de la *via Aurelia* s'abreuveraient de leur sueur.

L'armée s'ébranla à l'aube du 24 septembre. Les cohortes manquant encore à l'appel nous rejoindraient en cours de campagne. L'urgence d'écraser la rébellion avant qu'elle ne gagne du terrain nous imposa d'agir promptement. Cette fois, Théodoric ne combattrait pas à mes côtés. Trop engoncée en pays suève (nord du Portugal actuel), son armée n'avait pas la possibilité de faire mouvement. Mais une fois la victoire acquise, il me promit de se porter à notre rencontre. La veille j'avais demandé à mon barbier de me raser entièrement la barbe : je combattrai rajeuni ! Puis, dernière exigence avant que le sommeil ne m'emporte, mon âme avait ressenti l'impérieux besoin d'écrire une lettre à Severiana Roscia. Des adieux où l'amour dans sa substance éternelle surpassait le malheur de notre séparation. Je fis allusion à ce défi au

1. Détachements (ici de *comitatenses*).

temps, celui qui jadis nous avait tant émus en admirant les gisants sculptés sur le couvercle d'un sarcophage étrusque et dont nous avions alors envié la sérénité.

Placentia (Plaisance), 17 octobre 456

D'une prouesse à l'autre, les troupes avaient franchi la distance avec vélocité. La crainte de faillir les animait tous ; fantassins, archers ou palefreniers me firent la faveur d'un dévouement absolu. Faim et soif pour compagne, avec les bruines du matin en guise de toit et sans jamais rechigner : ils venaient d'accomplir ce tour de force.

Depuis Arelate, nous avions emprunté la *via Domitia* en direction de Segusio (ville de Susa dans la vallée éponyme). La sagesse imposait ce détour, il augurait de la réussite d'une stratégie mûrement réfléchie.

Les Alpes cottiennes dépassées, l'armée approchait de Placentia où nous allions faire étape pour la nuit. Encore une semaine d'efforts à courir cette plaine monotone et elle ferait enfin jonction avec les forces de Remistus. Une fois à Ravenne, et réunis, nous pourrions fondre sur les insurgés. Une fois la tête du comte Flavius Ricimer brandie en lanterne devant Rome, le Sénat se métamorphoserait. Le temps serait venu pour lui de s'incliner puis d'ouvrir les portes de l'*Urbs* à qui de droit.

Aux dernières heures du 16 octobre 456, c'est frissonnant contre un brasero que se dénouèrent mes illusions. Un messager déboula, apportant des nouvelles d'Hispanie. Exténué, l'homme me remit sa missive non sans une certaine fierté. Dix jours plus tôt l'armée de Théodoric avait écrasé les Suèves sur les rives de l'Órbigo (cours d'eau espagnol). En fuite, leur suzerain s'était réfugié dans Bracara Augusta (Braga) sa capitale mais sans pour autant que cela suffise à retarder l'échéance. Avec la capture du roi Rechiaire – il serait sous peu exécuté – se soldait cette expédition sur une victoire porteuse d'espérance : désormais la cavalerie wisigothe viendrait vite à notre rescousse ! Voilà qui changeait mes plans de campagne ; nous attendrions ce renfort derrière les remparts de Ravenne. À peine avais-je eu le temps d'en cogiter les détails qu'une effervescence et des cris me sortirent de mes satisfactions. Un tourbillon d'inquiétude traversa le camp, et tandis que les officiers supérieurs accouraient en hâte, l'éclaireur le plus volubile continua son récit haletant et désordonné : campant à l'abri d'un méandre du Pô, en embuscade, le comte Flavius Ricimer nous barrait la route ! Hélas, toutes les patrouilles parties sur-le-champ confirmèrent ces nouvelles. Au retour d'une mission, les hasards de la nuit avaient poussé trois *speculatores*[1] à faire un crochet vers le fleuve pour y abreuver leurs chevaux. L'importance des feux sur la rive opposée les avait effarés. Comment la présence d'une telle armée à moins de cinq milles avait-elle pu nous échapper ? Il était trop tard pour rebrousser chemin et nous devrions l'affronter, mais que faisait-elle déjà là ? Que se passait-il à Ravenne ? Autant de questions qui ne restèrent pas longtemps sans réponse.

Le fils d'un magistrat nous trouva enfin ! Voilà plus d'une semaine qu'il cavalait à notre rencontre, les sbires de la trahison à ses trousses. Car il s'agissait bien d'ignominie. De l'argent pour soudoyer les gardes d'une porte, l'incendie pour semer la terreur : en leur palais de Classis, Remistus et les siens n'avaient eu aucune chance d'en réchapper. Pris par surprise, tous furent égorgés. C'était il y a un mois et depuis, la ville se trouvait totalement isolée. Un cordon de sécurité en assurait l'étanchéité pour que cette nouvelle ne se diffuse en aucun cas.

Le peu qu'il restait à veiller en cette funeste nuit d'octobre le fut sous un couvert d'amertume. Accablé tant par notre situation que par la mort de Remistus, je me réfugiai dans la prière. Puisse

1. Éclaireurs ou espions, ils étaient attachés à des missions de reconnaissance en profondeur.

Imperium !

la justice divine reconnaître ma vertu et me donner la victoire. Un miracle sauverait l'Empire, dussé-je en mourir.

Au matin les deux armées avancèrent jusqu'à se faire face. L'écrasante supériorité des forces adverses ne laissait guère de doute quant au sort des armes. Nous vacillâmes dès les premiers entrechocs, sans toutefois céder. Ainsi se dévoile la bravoure, sans échappatoire ni espoir... Notre bataille fut celle de l'honneur et bien que nul ne voulût y perdre la vie, tous firent leur devoir. Fantassins et centurions, artilleurs ou auxiliaires ; l'abnégation du soldat de Rome façonna une nouvelle fois la gloire de nos Aigles.

Après deux heures de combat, et voyant s'écouler un sang inutile dont j'aurais à rendre compte, je fis sonner les *tubas*. Ordre de rompre l'engagement puis de reculer de trente pas. Poursuivre ce duel fratricide n'avait plus aucun sens, la première victime en serait l'Empire. Superbe sur mon cheval blanc, l'épée haute, j'avançais seul avec lenteur face au destin. Les troupes m'acclamèrent, elles comprirent le sacrifice de leur empereur. En me livrant à mes bourreaux, je les épargnais ! Un acte de courage pour salut qui leur offrait la fierté de m'avoir servi.

- XVII -
Jérusalem !

Placentia (Plaisance), 18 octobre 456

Être trucidé ou écartelé, tel aurait été mon sort sans l'intervention de Majorien. La veille, dans la tente où je fus conduit dès ma reddition, l'attitude du comte Flavius Ricimer me révulsa : voir le devenir de l'Empire se débattre entre ses mains m'inquiétait autrement plus que la manière dont il comptait m'occire… Le vice émanait de lui comme l'immondice au débouché de latrines. Entre ses excès de colère et sa nature retorse, il ne possédait de talent que pour le mal. À se délecter de vinasse, l'ivresse lui ôtait toute retenue. Les bouges de la Subure regorgent de ce genre d'individus crasseux d'apparence et d'esprit. Pourquoi n'implorais-je pas sa clémence ? Mon silence le tracassait. Une coupe de plus et il se serait volontiers amusé à m'asticoter avec des tisons. Certains chasseurs prennent plaisir à ces amusements lâches et cruels envers des fauves captifs… Là encore, ce barbare aviné montrait les limites de sa grandeur. Qu'il s'absente un instant et le respect des prétoriens me rendait une dignité. Un sous-officier des *speculatores augusti* (garde rapprochée de l'empereur) me proposa même de l'eau mélangée à du vin et une tartine frottée d'ail ; j'acceptai la boisson mais refusai la nourriture.

De cette nuit passée attaché à une chaise, les mains dans le dos, je garde un sentiment de sérénité. Si Ricimer cuvait sans doute comme un porc, j'avais l'esprit libéré. J'étais en un ailleurs et, puisque le devoir était accompli, l'âme pouvait s'en aller. Le froid et l'engourdissement ne me troublaient pas. M'étant assoupi, j'eus au réveil l'étonnement de ressentir un brin de chaleur : un prétorien charitable avait eu pitié des frissons d'un vieux camarade, et sa couverture enroulée sur mes épaules me réchauffa plus encore le cœur que le corps.

Pourquoi ne me tuèrent-ils pas ? À coup sûr, Majorien avait su convaincre sa brute d'*alter ego*. Parfois capable de maîtriser ses bas instincts, Ricimer était assez calculateur pour comprendre tout l'intérêt à tirer en m'accordant sa clémence. Ainsi Majorien qu'il manœuvrait, et qui sous peu revêtirait la pourpre impériale à sa place (lui, barbare, ne le peut), s'accordait une chance de négociation avec les Wisigoths. Une conversation à voix basse entre eux me confirma leurs calculs. Soudain affables, ils me firent délier les mains et ordonnèrent qu'on me serve une collation. Du pain et un pilon de volaille pour amadouer... Le comte Flavius Ricimer prit la parole, ses dires suintant le faux. Pétri d'hypocrisie, cet être sans talent s'enlisait à chacun de ses mots. Comment en être dupe ? L'embarras de Majorien se lisait sur son visage et il commençait à s'interroger quant aux prochaines difficultés. De quoi relativiser la gravité de mes fautes et, sinon les absoudre, au moins se demander ce qu'il aurait fait à ma place... Contrairement à Ricimer, lui restait un soldat de Rome et, pour cela, il m'accordait un semblant d'estime. Assez en tout cas pour éprouver de la gêne devant les fables d'un malotru, fut-il son complice. Entendre autant de sornettes sans éclater de rire, seule la peur d'un poignard dans la gorge m'en préserva : selon ce menteur, il était donc question d'un fâcheux concours de circonstances dicté par plusieurs sénateurs influents dont le fiel avait infecté la plèbe. La *vox populi* exigeait ma déchéance, ils n'avaient fait qu'obéir ! D'un air faussement désolé, Ricimer m'assura de ses regrets : « Mais quelle idée cette fonte de l'ornement public ! Ah si seulement nous avions pu en discuter avant, sans doute aurions-nous trouvé ensemble une meilleure solution… » Tant de mauvaise foi en si peu de mots tenait du prodige. Au festin chez Trimalcion, un si médiocre tragédien eut été livré à l'appétit des murènes, une fois assouvi celui d'un Ascylte[1].

Puisqu'à les entendre, ils ne me voulaient aucun mal et que le trône épiscopal de Placentia (Plaisance) était vacant, nous allions conclure une entente. Ma foi sauverait les apparences et ma dévotion plairait au peuple… Les paroissiens ne s'offenseraient pas de certaines lacunes théologiques, j'avais de quoi les compenser comme administrateur. Oubliais-je que la charge d'un évêque consistait aussi en une juridiction civile ? Avec un tel défenseur les murs de la ville ne craindraient plus ni le barbare ni l'hérésie ! Abdiquer avec dignité, déposer l'épée pour brandir la crosse, échanger mon diadème contre la mitre, tel était le chemin de la raison. En l'acceptant, je sauvais ma vie et me donnais le temps de la réflexion. Un glaive en plein poitrail durant la bataille m'eut épargné ce choix, mais notre Seigneur en avait décidé autrement.

Renonçant à tout panache, comment ai-je pu accepter cette humiliation ? La vie est comme l'eau captive : une lézarde, la moindre fissure ou crevasse et elle s'y réfugie. Personne n'a le droit de juger un homme refusant de mourir ; d'autant s'il n'a commis aucune forfaiture en œuvrant à son salut. L'espoir de m'en tirer, de trouver une parade, m'avait emporté vers un couloir toujours plus étroit : je m'y fourvoyais ! Puis une pesanteur inconnue me surprit : un fardeau me broyait les épaules, s'en prenant aussi à ma volonté soudain résignée. Quel étrange maléfice ou maladie me renversait ? Je ne le compris pas instantanément. Pourtant, à scruter mes mains tremblantes et à m'épouvanter devant cette

1. L'un des deux protagonistes homosexuels du *Satyricon* de Pétrone.

peau usée, l'évidence me rattrapa. Ce mal que j'avais repoussé avec ardeur et insouciance venait de tomber. Un verdict sans appel, j'étais un vieillard. Si odieuse soit cette faillite, que je trébuche ou me dérobe, mes détracteurs devraient encore patienter avant l'heure du requiem.

Gaule éternelle, novembre 456

L'état de sidération dans lequel j'étais depuis ma capture me paralysait, tel un monolithe paresseux attendant la mort. Dans l'incapacité de la moindre décision, je ressemblais à la pierre levée surplombant le lac d'Avitacum (Aydat). Autrefois je prenais du plaisir à la contempler défier l'immortalité dans la lumière d'un soir paisible. Désormais, ma volonté et mes muscles abâtardis de mollesse se figeaient pour mimer ce spectacle devenu navrant. J'avais soixante et un ans, soit quatre années de plus que César aux ides de mars : l'âge de mourir... L'imminence d'une fin similaire se profilait, mais sans le faste ni la gloire. Aux vingt-trois coups de couteau assénés à César se substituerait simplement la dose de poison reçue dans l'étroitesse sordide d'une cellule épiscopale. Je m'y vis mourir dans l'humidité, une chandelle pour seule compagne ; le chatoiement de sa flamme, telle une danse macabre, animerait mon agonie sur fond de convulsions et de rictus : « Seigneur, un peu de compassion. Donne-moi la force d'échapper à Ricimer. »

Il n'y eut aucun plan, sinon celui qu'inspire la terreur. Cette frénésie soudaine qui s'empare de vous puis pousse votre esprit exempt de réflexions à s'enfuir. La veille, j'avais vu Severiana Roscia en songe, qui me suppliait de revenir. Quelques fidèles m'accompagneraient, l'état de faiblesse physique et moral dans lequel je me trouvais excluait l'audace d'une véritable épopée. Une carriole pour litière plutôt qu'un cheval et nous dissiperions notre misère dans la brume.

L'évasion commença au clair de lune. En était-ce d'ailleurs réellement une, tant nous pûmes quitter Placentia sans encombre ?

Censées donner le change, nos allures de marchands convaincraient-elles ? En cas de contrôle, l'argent à distribuer ne le serait qu'avec parcimonie car j'avais opté pour le minimum. Ne connaissant pas le niveau de fidélité de ma suite, mieux valait éviter les convoitises. La promesse de fortune une fois à bon port risquait de ne pas suffire à d'éventuels impatients, inutile qu'on me détrousse en chemin ! Ils étaient cinq, tous Gaulois, et en cela consistait ma seule garantie. Après la dernière défaite, ces anciens militaires du rang avaient choisi de rester à mon service. Quelles étaient leurs véritables motivations ? Je l'ignorais, mais l'idée qu'un ou plusieurs espions se trouvent parmi eux n'avait rien d'incongru. L'affabilité avec laquelle ils se comportèrent ne permit jamais de dissiper mes doutes, cette hantise permanente qui s'enracina jusqu'à nuire à mon sommeil. Chaque chaos sur le pavé, un bruissement dans la futaie ou l'approche d'un étranger me faisaient sursauter d'angoisse. Après les peurs du jour venaient celles de la nuit avec sa cohorte de dangers. Les routes secondaires grouillaient de malfrats en tout genre, et que dire des auberges pouilleuses… Qu'un maraud m'y reconnaisse et me dénonce et j'étais fait, ma tête se balancerait au bout d'une pique. Alors le vin commença à avoir le goût du soupçon et la soupe celui du Jugement dernier. Attendrait-on patiemment que je m'endorme pour me transpercer le cœur ? Dès lors, m'abandonner à Morphée devint mon supplice…

Repartir avant l'aube, se laisser brinquebaler, inerte et somnolent… Chaque départ était identique mais, de jour en jour, l'étiolement de mes forces les rendait plus pénible. Nous arrivâmes aux contreforts des Alpes où la vision de troupeaux d'ovins redescendant des cimes me rendit une pointe d'espoir. La joie des bergers envoûtait l'atmosphère, me ramenait à mes souvenirs d'enfance. L'herbe grasse des prairies de montagne avait rempli son office et ces bêtes repues passeraient l'hiver dans l'espoir du printemps : jadis, sur les collines alignées autour du Dumias (puy de Dôme), le même mouvement rythmait l'ordre des saisons.

Courir derrière les agneaux, caresser leur laine douce et blanche m'emplissait de bonheur.

La monotonie du voyage ne devait nous induire en erreur : furieux, le comte Flavius Ricimer et sa clique me recherchaient sans aucun doute. Où se cachaient ses sbires ? L'entrée en Gaule ne suscita qu'un semblant d'émotion, boues et brumailles arrimées au sol en amoindrissaient le plaisir. Évitant les villes, marchant parfois au-delà du raisonnable, nous atteignîmes enfin le Rhône en amont d'Ugernum (Beaucaire). Comme il était impensable d'emprunter un pont, je pris le parti de vendre le chariot. L'argent tiré servirait pour acheter une nouvelle monture, puis à nous faire traverser le fleuve sur une barge. Toute cette discrétion m'apparaissait indispensable et c'est pourquoi nous évitâmes aussi Arelate (Arles). Il y allait de ma survie et de celle des miens. Je voulais me dérober puis, une fois arrivé en mon domaine d'Avitacum (Aydat), survivre évanoui dans la tranquillité. Loin et désormais insignifiant, peut-être m'oublierait-on...

Précaution oblige, nous continuâmes de nuit jusqu'à dépasser Nemausus (Nîmes). Une certaine défiance me tracassait envers les habitants de cette ancienne colonie qui comptait encore d'irréductibles rivaux. Le malin plaisir de me reconnaître pour me dénoncer ne les aurait pas effarouchés, ils me détestaient. C'est donc à pas de loup que nous allions traverser ce territoire et le quitter avec soulagement. À cheval dans le noir, quel vieil homme peut s'y tenir sans tressauter ? Entre pavés glissants et rudesse des nuits, ainsi s'éternisait mon martyre !

La voie que nous suivions s'étirait de plaines en collines dans une tranquillité rassurante. Dans l'espoir de n'éveiller aucun soupçon, une broussaille me rongeait le visage. Les rares voyageurs croisés ne nous prêtaient aucune attention, de quoi s'en féliciter. Parfois l'un d'eux acceptait de partager sa pitance en échange d'une piécette. Je me souviens de ce marchand qui nous tendit du pain puis une outre de lait de chèvre. Son aigreur ne me révulsa pas, au contraire. Et tant pis si, de faim ou de soif, je m'en maculais la barbe, cette rasade coulait de l'Olympe : sa mansuétude venait de ragaillardir une flamme perdue. Les jours suivants nous éclairèrent d'un rayon de soleil et furent moins pénibles. Un vol d'oies sauvages traversa le ciel, j'y vis un présage. Fuyant aussi une contrée devenue inhospitalière, elles seraient sous peu en sécurité. C'est avec ce regain d'optimisme et les épaules réchauffées par le soleil que nous pénétrâmes en pays helvien (sud de l'Ardèche). Quelques efforts encore et, bientôt, ce serait la délivrance.

De cimes en vallons et de crêtes en talus notre route escaladait les obstacles pour s'enfoncer vers le septentrion. La clémence des cieux facilitant le périple, il m'arrivait de penser aux retrouvailles : mon chemin de croix s'achèverait au sourire de Severiana Roscia et chaque jour m'en rapprochait. Nous passerions les cols avant que les tempêtes d'hiver ne les referment et les assassins de Ricimer à ma poursuite s'y heurteraient sans pouvoir les franchir.

En sa douceur, l'air portait ce trublion que l'on perçoit mais ne sait expliquer : annonciateur des froidures, il incite à ne pas s'attarder. Mais qu'un brouillard tombe et notre progression s'arrêterait ! Le risque de s'égarer n'était pas loin, puis une borne milliaire confirmerait vite l'itinéraire. Il y avait aussi de nombreux cippes (petite colonne servant de stèle), tous dédiés à l'ancien panthéon. Loin des tumultes de l'Empire, la région m'apparut paisible et oubliée. Aux frugalités de sa terre répondait un ennui digne de l'exil. D'une *villa* à l'autre, la modestie des exploitations se confirmait, ni fard ni joyau à contempler. Quelle chance, car à cause l'amenuisement de mon pécule, nous ne dormions plus à l'auberge qu'une nuitée sur deux. Un sacrifice encore insuffisant mais la maigreur des pâturages à cette saison obligeait à trouver du fourrage pour les bêtes. Je craignais ces étapes coupe-gorge où les tenanciers savent si bien qui escroquer... Difficile de passer inaperçu : cinq cavaliers au service d'un aigle vieillissant dépourvu de serres et de bourse, voilà du gibier de potence qu'à écorcher, nul ne trouverait à redire ! Au détour d'un virage, il y avait une source, nos gosiers l'implorant nous nous y désaltérâmes. Le goût désagréable de l'eau modéra nos intentions, tremper les lèvres suffit...

Enfin nous arrivâmes à un grand carrefour. Il séparait la direction d'Alba Helviorum (Alba-la-Romaine dans le département de l'Ardèche) et du Rhône de la nôtre. À peine venions-nous de bifurquer qu'une obscurité menaçante tomba des cieux. Puis le noir de la nuit se délesta d'une bruine glacée qui m'enserra d'un étau de frissons. Sans refuge à proximité, pas d'autre choix que d'avancer.

La chaussée rendue glissante exigeait une prudence dont je n'étais plus maître, un des cavaliers s'approcha et prit les rênes du cheval. Voûté, incapable, luttant face au crachin, je me laissais guider. Une rafale de pluie, l'homme détourna la tête et je vis son visage. Il ressemblait à Remistus, enfin il était là ! Allais-je lui reprocher d'avoir tant attendu pour me secourir ? Je ne sais plus, les trombes redoublaient et je sentis des mains m'agripper. Elles me déposèrent au sol derrière un taillis ou un muret, me couvrirent comme elles le purent puis m'abandonnèrent à l'ivresse du sommeil.

Le jour s'était levé lorsque, dans un tremblement, j'ouvris les yeux. Un ciel trop fade et une vague sensation de tiédeur me firent les honneurs du moribond. Durant la nuit, mes hommes avaient réussi à allumer un feu, j'étais allongé tout contre. Comme il nous restait un fond de vin, le plus débrouillard le fit chauffer, mêlé d'eau et de miel : de quoi me requinquer, au moins pour atteindre la prochaine étape.

Moins de quatre milles séparaient ce campement de fortune d'une petite agglomération agricole nommée Albenate (Aubenas). Ils furent un calvaire et je me serais écroulé cent fois sans un soutien permanent. Une mauvaise toux m'arrachait les bronches, m'affaiblissant à chaque quinte. Je me souviens d'un éperon rocheux, du pont à traverser et d'un large torrent. Puis il y eut ce vertige, mes jambes impuissantes et l'entrée dans une taverne où l'on me déposa, assis à proximité de la cheminée.

Nous dormirions dans des paillasses, un appentis mi-grange mi-débarras servait à loger les indigents ou les ivrognes. La trogne du tenancier me déplut mais je n'avais plus la force de m'en indigner. Son nez énorme et tordu, ses yeux faux et sa lèvre inférieure grasse parachevaient cette laideur. D'instinct, sa physionomie inspirait la méfiance. En d'autres temps, ce fourbe aurait volontiers régalé les lions du Colisée... L'homme avait sans doute flairé quelque chose. Penché à notre table, il nous parlait à voix basse. Selon lui, et pour des raisons qu'il ne précisa pas mais que ces mimiques rebelles subodoraient, mieux valait attendre avant de reprendre la route. Deux inconnus entrèrent, il les regarda s'asseoir avec indifférence puis reprit ses chuchotements d'une affabilité soudaine. Ici nous étions en sécurité, et il se gageait qu'un noble de ma trempe saurait tôt ou tard le remercier. En mon silence, tous virent un acquiescement, ils se trompaient. Finalement l'aubergiste promit une chambre avec un lit puis ordonna grossièrement à sa bonne d'amener du vin et de nous servir une écuelle de soupe. La mienne manquait de lard. Confondu en excuses, ce rustre s'occupa en personne de réparer l'oubli.

La douleur me réveilla en pleine nuit. Le ventre tordu et trempé de sueur, je crus mourir tant la brûlure était insupportable. Un spasme chassant l'autre, propre à interrompre toute tentative de prière, je m'effrayais de ne jamais voir poindre le jour. Quelle épreuve m'infligeait donc encore notre Seigneur ? En m'imposant le calice de la souffrance pour me faire réfléchir sur mes fautes, me préparait-il à comparaître ? Ce feu qui me dévorait les entrailles préfigurait donc la douceur éternelle... L'aube arriva et, avec elle, cet instant redouté, toujours le plus froid où, en prémices au premier rayon du soleil, la mort se glisse et vient happer l'agonisant.

M'avait-elle oublié ? Ni spectres faucheurs de vies, ni diables ne s'étaient présentés, pourtant je crevais de froid ! Deux compagnons m'aidèrent à me vêtir puis à descendre l'escalier. L'aubergiste s'offusqua : quelle folie de m'avoir fait lever, repartir dans mon état me tuerait, chez lui on me soignerait… Peu convaincu, un de mes hommes exigea qu'on apporte rapidement du lait de vache. La servante s'exécuta et revint avec un broc rempli. Et comme le commanditaire affirmait haut et fort qu'il s'agissait d'un contre-poison efficace, notre aubergiste sur lequel pesait le poids des soupçons s'empressa de saisir un gobelet pour boire en premier. Un chien coupable n'aurait pas fait autrement.

Dès la première gorgée je ressentis un bienfait, les suivantes me soulagèrent totalement. Fébrile mais vivant, avec un grain d'appétit, je réclamai du pain et du miel. Au soir, nous dormirions en pays vellave (Velay), l'étape serait difficile et j'avais besoin de force. Puis, enroulé dans une fourrure, on m'installa sur mon cheval et nous prîmes la direction de l'Arvernie. À l'instant du départ, l'aubergiste se renfrogna, les mots secs glissés par un de mes hommes n'étant pas étrangers à cette attitude… Des menaces qui, à coup sûr, ne resteraient pas vaines en cas de malheur.

Nous longions la rivière sous le salut d'un oiseau de proie. En contrebas, l'eau claire roulait de remous en cascades, vive comme un tonnerre d'argent (la rivière Ardèche). Chaque courbe de la vallée cachait sa suivante en ce dédale d'entre-collines. Un paysage sans horizon où, coincée, écrasée par le ciel et sans cesse débordée par la colère des orages, la ripisylve se contentait de rocailles. Après une bonne heure de marche, l'itinéraire débouchait sur une imposante confluence : c'est là que nous devions bifurquer puis suivre l'affluent comme autrefois, dit-on, les légions de César l'avaient fait pour franchir les Cévennes. Arrêté, j'admirais le paysage dans un tourbillon d'air lorsqu'une gêne me troubla. Subitement, ce qui ressemblait à un point de côté se transforma en une violente crampe. Un brûlot m'incendiait le ventre ! Une nausée puis, saisi de vertiges, je m'évanouis et glissai de cheval.

L'opacité de mes sens à mon réveil m'étonna. Où étais-je ? Allongé inconfortablement sur le dos, des voix lointaines m'entouraient. À leur ton, je les compris bienveillantes. Pourquoi l'obscurité ? Mes yeux désespérément ouverts s'interrogeaient qu'aucune ombre ne vienne en réconfort contre cette noirceur. Plongé dans le néant, l'aveugle que j'étais devenu contemplait donc l'antichambre de son destin. Devant cet éternel, l'inutilité de lutter devenait une évidence. Puisse le passage s'effectuer sereinement… puis je sombrais dans l'inconscience.

Je ne sais ce qui m'éveilla sinon la terreur. Ignorant si nous étions de jour ou de nuit, seule la prière m'offrit le refuge et la miséricorde.

Ce murmure à l'automne

Est-ce la fièvre ou le poison ? Je grelotte, recroquevillé sur le grabat où l'on me veille. Ô Jérusalem céleste, ouvre-moi tes portes ! La disgrâce et l'oubli imposés par des juges terrestres ne doivent plus compter. L'importance réside désormais en ton hospitalité *ad vitam æternam*. L'élancement qui me torturait a presque disparu, à l'heure d'affronter la grande épreuve. Maintenant mon esprit vogue… Tiens, voilà Barzane : debout, il vérifie ma selle avant notre partie de chasse. Il sourit. Comme il est beau… À ses côtés nous ne craignons ni l'orage ni de confronter un gibier blessé. Lui ne chasse pas, mais il me protège… Indestructible !

Que se passe-t-il ? Une ombre me dérange, m'extrait douloureusement de cet entre-deux mondes. Sont-ce déjà les spectres qui se faufilent ? Vautours, l'heure de se repaître n'a pas encore sonné ! Quel est ce frémissement qui me parcourt ? Une impression d'agitation et pourtant je ne bouge pas, je divague. Cet éclair de lucidité sera sans doute le dernier. J'appelle, et cinq voix me répondent. La salive me manque mais je rassemble ce qui me reste de volonté pour leur chuchoter :

— M'entendez-vous ?

— Oui seigneur.

— Sommes-nous seuls ?

— Nous avons pris toutes les précautions. Vous savez, il n'y a aucun médecin des milles à la ronde…

— Mes directives sont simples ! Si vous les exécutez parfaitement, ma veuve vous récompensera au-delà de vos espérances.

— Seigneur, ta volonté sera exaucée selon tes vœux. Nous te le promettons.

— Dès que je serai mort, c'est-à-dire bientôt, attachez ma dépouille sur un cheval et gagnez Brivatensis (Brioude) au plus vite. C'est là, aux côtés de l'illustre martyr Julianus, dans un modeste mausolée, que je veux reposer. Une fois en Arvernie, personne ne le contestera. Dans la doublure de ma ceinture, vous trouverez dix *solidi* en or à mon effigie, partagez-les ! Ils vous serviront de preuve et de première gratification. Ensuite, je veux que vous rejoigniez Avitacum pour y raconter la vérité. Ma chevalière en or d'officier supérieur doit revenir à l'aîné de mes fils et la bague au camée à mon épouse. En leur les présentant, ils sauront ! Qu'un doute assaille l'impératrice, parlez-lui de ce grain de beauté dont j'ai seul la connaissance… Votre fidélité fera votre richesse, n'en doutez pas. Maintenant, retirez-vous un instant et laissez-moi mourir dans la dignité. Il n'est que temps de s'habituer aux solitudes.

Soudain un froid intense, et le poids des pelisses qui s'accumulent sur moi n'y change rien. Des hommes parlaient avec un perceptible embarras. Puis une masse chaude vint se blottir contre moi. Je compris qu'il s'agissait d'un chien à qui, faute de mieux, on avait ordonné de se coucher là. Heureux de l'aubaine, l'animal restait immobile, et cette docilité me tranquillisa. Seule une bête âgée pouvait accepter, sûrement y gagnerait-elle quelques fonds de gamelle… Ses puces boudèrent mon corps déjà trop froid à leur goût ; un regret, car leurs piqûres m'eurent offert un ultime sursaut de vie. C'est donc en me confiant à sa lointaine descendance que la louve romaine comptait m'ouvrir le chemin.

Portrait du Pape Léon.

Posée inerte sur le thorax du chien, ma main se soulevait au rythme de sa respiration ; comme en pleine sieste dans une barque, lorsque le bras ballant effleure la vaguelette… Ce cabotage en somnolence m'emportait à la rencontre du Styx. Aucune révolte, la puissance de son paisible courant me délivrait peu à peu. Attendre serein, inspirer puis expirer en mesurant la valeur de ce souffle, puis attendre encore. Le temps n'existe plus, l'infime devient grandiose et le grandiose se change en poussière. « *Posse non mori !* »[1] J'ai agi de mon mieux et ne crains pas la damnation. D'instinct, l'animal n'ose bouger. Sa présence me rassure, elle est ce dernier lien avec le monde des vivants. Le risque de rompre cette fragilité, à laquelle je ne m'agrippe plus, tient ses sens en éveil. Qu'il ne s'inquiète pas, ce ne sera plus long… Une délivrance simultanée qui le rendra à ses maraudages de cabot dans les venelles. J'oublie sa crasse et ses nœuds, son pelage ami se mue un trésor.

Nos cœurs battent de concert, l'un simplement plus fort que l'autre. J'ai sommeil, mais j'aimerais en profiter encore un tout petit peu. Le chien l'a compris, son léger couinement m'évite de sombrer. Doucement nos respirations s'accordent, enfin. Puis un halo de lumière dans l'obscurité, mes doigts se crispent, le chien tressaille. Béat, j'ouvre les yeux et mon âme s'envole : « *Ô Severiana Roscia !* »

1. « *Je peux ne pas mourir !* » (sous entendu : si je le souhaite), c'est l'une des deux visions de l'immortalité selon saint Augustin. La seconde : « *Non posse mori.* » (Je ne peux pas mourir), influencée par la philosophie grecque, sous-entend que la matière humaine ne peut totalement disparaître.

Épilogue
Non fui, fui, non sum, non curo

OUI, *JE N'EXISTAIS PAS, j'ai existé, je n'existe plus, cela m'est indifférent*[1]. Poussé par l'indicible amour de la Patrie, mon chemin a emprunté l'unique voie qui sied à un commis de l'État : celle de l'abnégation ! Ma conscience peut reposer en paix ! Le prix de ce dévouement, j'en mesurerai l'injustice pour l'éternité. Car sans illusions quant à la place que me réserve l'histoire, à la manière dont elle me jugera, je n'ai d'autre choix que celui de m'accrocher à ma propre estime. J'ai refusé les manigances et le crime comme moyens de gouverne. Puissent les Suétone[2] du futur le reconnaître ! Jamais l'ambition n'a dicté mes choix et je confesse volontiers les erreurs inhérentes à toute action politique. Ceux qui, un jour, ont tenu les rênes du pouvoir me rendront justice. Je persiste à penser que l'état de l'Empire lors de mon avènement nécessitait l'alliance avec les Wisigoths. C'était l'unique option durable, l'avenir le confirmera… Une question de décennies et je prédis le chaos. Quant à la fonte de l'ornementation

1. *Non fui, fui, non sum, non curo* : épitaphe d'inspiration épicurienne.

2. Suétone, né vers 70 ap. J.-C., il est l'auteur de *La vie des douze Césars* : une œuvre ô combien critique envers les premiers empereurs.

publique, seul un tyran pouvait s'en dispenser. Les caisses vidées par une ribambelle d'incapables ne me laissaient guère d'autres options, à moins de spolier la fortune de mes ennemis. Moi je ne mangeais pas de ce pain-là.

L'heure n'est plus aux compromissions et la vérité m'assaille. Le sentiment d'inutilité qui me poussa à la dépression lors de ma longue disgrâce, j'en mesure la futilité depuis mon tombeau. Carrière aboutie, pourquoi ne pas m'en être contenté ? Le bonheur du notable en sa demeure devrait surpasser l'utopie : celle de se croire essentiel et de répondre sans délai à l'appel après l'attente. Planant haut dans l'azur, l'aigle connaît sa puissance et il l'exerce à volonté. L'orgueil militaire, ce bras qui vous arrache puis annihile votre raison, tient autant de Mars que de l'inconséquence masculine. Un vent de folie où comme beaucoup je me suis égaré, et qui s'accorde mal aux préceptes chrétiens contrairement à l'indulgence de l'ancien panthéon. Car j'ai fait la guerre pour Rome, lancé les foudres pour sa gloire et dois en répondre. Ce qui jadis m'apparaissait vertu semble à présent bien dérisoire. Et que certains n'aillent pas vanter mon courage au combat, c'est le moindre des mérites pour un militaire ! Toutes ces âmes de compagnons d'armes ou d'ennemis qui errent par-dessus les champs de bataille à reconnaître leurs ossements blanchis me tracassent autrement... Je me souviens des visages, de la terreur dans les yeux ; d'avoir imaginé l'affliction des pères, les pleurs des mères et des épouses. Aux morts et à leurs familles ou amis de m'en tenir rigueur, j'en emporte la honte et le dégoût.

Au fil de ma vie, j'ai dû manœuvrer avec droiture entre deux religions. M'extirpant en douceur de celle chère à mes ancêtres, il fallut la faire cohabiter avec le renouveau. Deux ordinaires alors conciliables, d'autant pour un homme dont la fragilité de pensée théologique ne fut jamais un mystère. Plus pétrie de littérature et de culture gréco-romaine que des percepts nicéens, ma conscience n'en souffrit pas. Cela peut paraître abscons mais, et à l'image du peuple, je m'accommodai sans peine de cet enchevêtrement. Invoquer les dieux de l'Olympe ou proférer un juron en invoquant Orcus[1] ne faisait pas de moi un mauvais chrétien.

Le sort de mon âme relevant du Jugement dernier, reste à préciser la raison qui m'a poussé à choisir ce haut lieu de sépulture. Chassons avant tout l'idée de la crosse et de la mitre. Que la honte de les avoir acceptées – tant d'un point de vue moral, spirituel qu'ecclésiastique – éloigne à jamais cette tentation. Ce petit mausolée accolé au *martyrium*[2] de Julianus serait le tombeau d'un empereur chrétien et non pas celui d'un évêque de Placentia, si éphémère fut-il ! Lui aussi, fidèle de Rome, le malheureux Julianus était pourchassé. On assure qu'en l'an de grâce 304, alors que les persécutions promulguées par Dioclétien battaient leur plein, il fut rattrapé ici à Brivatensis (Brioude). Un fugitif à mon égal et dont je perçois le désarroi. Pris, les soldats lui tranchèrent la tête pour la ramener comme preuve. La tradition raconte que les deux vieillards qui ensevelirent le corps décapité hors les murs de la ville retrouvèrent instantanément une force juvénile... Ainsi commença le culte. De guérisons miraculeuses en protections accordées, la dévotion grandissante se transforma peu à peu en véritable pèlerinage. Qu'il soit noble ou indigent, malade ou inquiet du sort d'un condamné, païen à convertir, meneur de troupeaux ou propriétaire d'animaux rétifs, l'implorant se moquait des distances à parcourir. La construction d'une *cellula*[3] circulaire au-dessus du saint tombeau préfigurerait d'un édifice plus conséquent. Voilà près d'un siècle qu'à chaque 28e jour d'août, évêque en tête, une foule de pèlerins venant d'Arvernis (Clermont) et d'ailleurs se presse à ce sanctuaire. Mendiants ou notables, tous accourent ! Ainsi s'étaye ma volonté de reposer là.

---

1. La maître des enfers dans la mythologie romaine.

2. Sanctuaire consacré à un martyr.

3. Petite nef.

Les accusations romaines d'apostasie ou d'une âme dédiée à la concupiscence ne méritent aucune réponse. Des ténèbres, j'ai toujours avancé vers la lumière et cela dans le strict chemin tracé par ma propre conscience. Puisse notre Seigneur m'en être témoin.

Douce et tendre amie, épouse adorée à qui je dois rendre des comptes… du monde où je suis et où je t'attendrai avec patience, toutes mes pensées se prosternent au pied de ton autel. En ce temple sacré dédié à l'amour et la fécondité, il n'y eut jamais plus fervent admirateur. J'emporte le souvenir d'une beauté sans égale et dont l'unique prétention consistait au support d'une âme supérieure. M'éblouir de ta silhouette ou de tes sourires en ce recommencement des jours fut ma fontaine de jouvence. D'un crépuscule à l'autre, la mère sublime savait devenir louve avec l'obscurité… Combien d'hommes connaîtront la chance d'un tel absolu ? Je loue la fortune de t'avoir mise sur mon chemin car j'en ai savouré la plénitude. Ta peau d'ambre et de miel me captivait, un frémissement pour que survienne l'ivresse du désir… Alors esclave de mes sens, fou de ta poitrine et du délice de tes lèvres, plus rien d'autre n'importait hormis l'abandon aux voluptés. En ce plaisir suprême où la concorde entre les corps et les esprits devient osmose, la passion s'élève à une dimension spirituelle. Un idéal d'ordre divin où l'éclat de tes yeux brillera pour l'éternité.

Cette fulgurance qui me frappa au premier baiser, même les années défilant ne parvinrent pas à en diminuer l'intensité. Incapables d'altérer tant de beauté, les lois de la nature y renoncèrent et nous firent ce don : celui sacré qui fait que l'époux ne se détourne jamais du feu initial et qu'aucune fleur de printemps ne resplendisse plus que celle jadis cueillie… Mais la stupéfiante persistance physique ne suffit à expliquer le prodige si un miracle d'une autre grandeur n'intervenait pas. Ainsi, au lieu de s'estomper à l'approche d'une ride, la grâce enracinée ne fait que s'accroître. Et qu'en complément des orages passionnels du

Quand vient l'heure du tombeau.

passé, l'éclaircie soit porteuse d'amitié et de dilection, quel couple ne s'en féliciterait pas ? Sereins de ce constat, nous pouvions voguer dans la pérennité d'une mer sans remous.

Nos seules dissensions, j'en porte l'entière responsabilité et les regrette. L'appel du devoir m'obligea à prendre des décisions contraires aux volontés communes. Pas que la gloire et les honneurs aient plus compté que ce havre douillet où j'aurais dû finir mes jours, mais la matrice qui m'avait forgé tenait de ce principe. En y dérogeant je me serais haï ! Comment accepter dignement l'amour d'une épouse déifiée si l'on bafoue au sang jusqu'à sa propre estime ? S'ensuivirent une cruelle séparation et une distance entre nos deux cœurs. Je persiste à croire qu'elle ne s'étendit jamais à plus, et que nos âmes intactes se retrouveront. L'un près de l'autre, figés pour l'éternité comme dans le marbre d'une tombe étrusque, nous y reposerons ensemble. J'ai consenti à ce sacrifice dans l'espoir de te sauver. Severiana Roscia, pardonne-moi.

Orcines, le 5 novembre 2023

Postface

PAR SOUCI DE VÉRACITÉ HISTORIQUE, ce roman ne tranche pas quant aux causes du décès d'Avitus. Les sources actuellement disponibles, incomplètes et parfois contradictoires, ne permettent en effet pas de conclure entre deux possibilités : assassinat par empoisonnement ou mort naturelle (qu'elle soit suite à une maladie contractée durant le voyage, d'épuisement ou accidentelle).

Il faut également souligner que si la plupart des sources s'accordent pour localiser le lieu de sa sépulture à Brioude, potentiellement dans un secteur correspondant aujourd'hui à la crypte de la basilique, le fait peut encore faire polémique faute de preuves irréfutables.

Personnage fictif (faute d'aucune source concernant la véritable impératrice), l'épouse d'Avitus, Severiana Roscia n'est que le pur produit de l'imagination de l'auteur : à ce sujet, toute ressemblance avec des personnes existantes ou ayant existé ne saurait être que pure coïncidence...

Ce roman la fait survivre à son époux le temps d'une paisible vieillesse en Avitacum : une spéculation qui ne s'appuie encore que sur l'imagination de l'auteur.

Chronologie

Av. J.-C.

509 – Naissance de la République romaine.

300 – Début des conquêtes romaines.

53 – Fondation de Rome.

52 – Guerre des Gaules et victoire romaine à Alésia.

27 – Naissance de l'Empire romain et fin des conquêtes romaines.

64 – Incendie de Rome, début des persécutions contre les chrétiens.

313 – Édit de Constantin autorisant la religion chrétienne.

392 – Édit de Théodose autorisant la religion chrétienne dans l'Empire romain.

395 – Naissance de Marcus Mæcilius Flavius Eparchius Avitus à Arvernis (Clermont, qui deviendra Clermont-Ferrand), et partage de l'Empire romain : Empire romain d'Occident et Empire romain d'Orient.

397 – L'eunuque Eutrope, grand chambellan d'Orient, concède la Dacie et la Macédoine aux Wisigoths d'Alaric. Stilicon les pourchasse.

401 – Alaric pille l'Italie du Nord mais se heurte à Stilicon.

405 – Les Huns pénètrent en Pannonie.

406 – Alliance entre Stilicon et Alaric (l'armée wisigothe au service de l'Occident).

407 – Usurpation de Constantin III (grand-père d'Avitus) et de son fils Constant. Partis de Bretagne, ils étendent leur pouvoir en Gaule.

– Migration et pillage de la Gaule par les Vandales, Alains, Suèves et Burgondes.

408 – 22 août : Assassinat de Stilicon par un officier du palais.

409 – Vandales, Suèves et Alains franchissent les Pyrénées puis s'établissent dans la Péninsule Ibérique.

410 – 24 août : Sac de Rome par les Wisigoths.

412 – Les Wisigoths s'installent dans le Sud de la Gaule.

414 – 1er janvier : Athaulf épouse Galla Placidia à Narbo Martius (Narbonne).

415 – Septembre : Assassinat d'Athaulf.

416 – Le père d'Avitus devient préfet du prétoire (*præfectus prætorio*).

417 – 1er janvier : Galla Placidia épouse Constance III, empereur romain d'Occident.
– 12 ou 13 mars : Mort du Pape Innocentius.

418 – Printemps : Édit d'Honorius et Théodose.
– Par *fœdus*, Honorius accorde le statut de peuple fédéré aux Wisigoths qui s'établissent en Aquitaine seconde (Aquitania secunda, sur la façade atlantique, entre l'embouchure de la Gironde et la Loire).

419 – Naissance de Valentinien III. Avitus est élu député à l'assemblée provinciale des Gaules.

421 – 2 septembre : l'empereur Constance III succombe aux fièvres.

422 – Rugila devient roi des Huns.

423 – 15 août : Mort de l'empereur Honorius à Ravenne.
– Décembre : Ioannes revêt la pourpre impériale.

424 – Les Huns soumettent le peuple des Gépides.

425 – Prise d'Aquileia par l'armée d'Orient.
– Mai : Exécution d'Ioannes à Ravenne. Arrivé trop tard, Aetius accepte de licencier l'armée hunnique.
– 23 octobre : Valentinien III devient empereur d'Occident. Sa mère, Galla Placidia, prend le titre de régente.
– Avitus se rend à la cour de Théodoric Ier où il devient le précepteur de son fils.

426 – Les Wisigoths assiègent Arelate mais sont défaits par Aetius.

428 – Aetius soumet les Francs rhénans.
– Clodion le Chevelu devient roi des Francs saliens.

429 – Mai : Vandales et Alains traversent le détroit de Gibraltar et s'installent en Afrique du Nord.
– Automne : Aetius tombe en disgrâce.

430 – Mai : Impliqués dans un complot contre Aetius, Flavius Felix et son épouse Padusia (sœur d'Avitus) sont exécutés à Ravenne.
– Juin : En Afrique, les Vandales assiègent Hippo Regius (Hippone).
– Aetius intervient en Rhétie contre les Juthunges.
– 28 août : Mort de Saint Augustin à Hippo Regius.
– Nouvelle et infructueuse tentative wisigothe devant Arelate.

431 – Été : Prise d'Hippo Regius par les Vandales.
– Conflit avec les Francs saliens. Clodion le Chevelu obtient un *fœdus*.

432 – 1er janvier : Aetius entame son premier consulat.

– Retour d'Afrique du comte Bonifacius. Galla Placidia dépose Aetius et offre tous ses titres au nouvel arrivant. La guerre civile semble inévitable.
– Automne : Bataille d'Ariminum. Bonifacius est vainqueur mais meurt de ses blessures. Son gendre, Sebastianus, le remplace.
– Fuite d'Aetius qui se réfugie en Dalmatie, puis chez les Huns auprès de Rugila.

433 – Pétrone Maxime est nommé consul.
– Printemps : Après avoir signé un traité avec les Huns, Aetius rentre en Italie à la tête d'une armée.
– Automne : Aetius marche sur Ravenne, poussant Sebastianus à s'enfuir et Galla Placidia à le rétablir en tous ses titres et fonctions.

434 – Bleda et Attila succèdent à leur oncle Rugila et deviennent rois des Huns.

435 – Début des révoltes bagaudes conduites par Tibatto.
– Février : Malmené par les troupes d'Aspar, le roi des Vandales (Genséric) accepte un traité limitant son influence en Afrique du Nord. Rome en est quitte quant à ses livraisons de blé.
– Traité de Margum. Pour garantir la paix, Théodose II accepte le doublement du tribut annuel exigé par les Huns.
– Victoire d'Aetius sur les Burgondes.
– 5 septembre : Galla Placidia nomme Aetius patrice.

436 – Décembre : Théodoric Ier assiège Narbo Martius.

437 – 1er janvier : Aetius entame son second consulat.
– Avitus devient *magister militum per Gallias*.
– Victoire de Litorius sur Théodoric Ier devant Narbo Martius. Les Wisigoths lèvent le siège.
– Juillet : Valentinien III devient majeur.

- 29 octobre : Valentinien III épouse à Constantinople sa cousine Licinia Eudoxia, la fille de Théodose II.
- Automne : Nouvelle tentative d'intrusion des Burgondes.

438 – Février : publication du code théodosien (reçu par le Sénat de Rome en décembre).
- Victoire d'Aetius sur les Wisigoths au Mons Colubrarius.

439 – Litorius assiège Tolosa. Avitus négocie la paix avec les Wisigoths.
- 9 octobre : Genséric s'empare de Carthage.

440 – Contraint à exil, Avitus se retire en Auvergne (Avitacum).
- Printemps : Genséric ravage la Sicile et menace la Calabre.
- Septembre : Élection du Pape Léon Ier.
- Automne : Les Huns attaquent l'Empire d'Orient en Pannonie et franchissent le Danube.

441 – Attila et son frère Bleda menacent Constantinople mais sont repoussés devant Edirne (ville de l'actuelle Turquie).

442 – Été : Victoire des Huns sur l'armée romaine d'Orient en la péninsule de Gallipoli.
- Second traité de paix signé entre Genséric et Valentinien III. La province d'Afrique proconsulaire, la Byzacène et l'Est de la Numidie reviennent aux Vandales. Quant à l'Empire d'Occident, il récupère l'Ouest de la Numidie et la Maurétanie césarienne.

443 – Pétrone Maxime débute son second consulat.
- Août : Traité de paix entre les Huns et l'Empire d'Orient.
- Les Burgondes deviennent fédérés et s'installent en territoire allobroge.

444 – Le comte Sebastianus assiège Barcelone.

445 – Attila assassine son frère Bleda et, de fait, règne seul sur les Huns.
– Aetius abandonne la Pannonie aux Huns.

446 – 1er janvier : Aetius entame son troisième consulat.

447 – Janvier : Un tremblement de terre ravage Constantinople et ses murailles.
– Printemps : Les Huns entrent en campagne contre l'Empire d'Orient. Attila, avec ses alliés Gépides et Ostrogoths, écrase l'armée romaine d'Arnegisclus lors de la bataille de l'Utus.
– Novembre : À Constantinople, un séisme de forte amplitude détruit encore une grande partie du mur théodosien.

448 – Accord de paix entre l'Empire d'Orient et les Huns.
– Aetius vainc Clodion le Chevelu à Arras. Les Francs saliens s'installent autour de Tournai.

449 – Suite à un scandale amoureux, l'*Augusta* Honoria est contrainte de partir pour Constantinople.
– Été : Théodose II diligente une ambassade pour négocier avec Attila.

450 – Nouveau traité de paix entre Attila et Théodose II.
– Toujours retenue à Constantinople, l'*Augusta* Honoria tente de soudoyer Attila en lui offrant sa bague comme gage. Valentinien III la fait rapatrier à Rome où la cour s'est réfugiée.
– 28 juillet : Théodose II meurt accidentellement après une chute à cheval.
– 25 août : Marcien se fait couronner empereur d'Orient par le patriarche de Constantinople.

- Octobre : Attila réclame la main d'Honoria et la moitié de l'Empire comme dot.
- Fin novembre : Décès de Galla Placidia qui est inhumée à Rome.

451 – Printemps : Attila envahit la Gaule.
- Sainte-Geneviève exhorte la résistance des Lutéciens (Parisiens) face aux Huns.
- Juin : Victoire d'Aetius et des armées romaines coalisées sur Attila aux Champs Catalauniques.
- Octobre : Concile de Chalcédoine. Une victoire pour le Pape Léon Ier mais qui attise la discorde entre les partisans de la doctrine monophysite (condamnée) et les orthodoxes.
- Aetius fiance son fils avec Placidia, la fille cadette de Valentinien III.

452 – Printemps : Les Huns ravagent l'Italie du Nord, assiègent Aquilée puis menacent Rome.
- 6 juillet : Léon Ier dissuade Attila de marcher sur Rome.
- Manquant de logistique, épuisés par les fièvres et combattus par les forces conjointes des deux Empires, les Huns fuient l'Italie
- Papianilla (la fille d'Avitus) épouse Sidoine Apollinaire.

453 – Mars : Attila meurt dans son sommeil durant sa nuit de noce. Avec ce décès commence le déclin de l'empire hunnique.
- Les Wisigoths assiègent Arelate.
- Assassinat de Thorismund, roi wisigoth.
- 1er novembre : Théodoric II est proclamé roi wisigoth à Tolosa.

454 – Après l'avoir attirée dans son palais, Valentinien III viole et tue Palladia (sœur d'Avitus et épouse de Pétrone Maxime).

– Été : Les Gépides se libèrent du courroux hunnique (bataille de la Nedao).
– 21 septembre : Aetius meurt à Ravenne, poignardé de la main de l'empereur Valentinien III.

456 – 1er janvier : Rendu à Rome, Avitus revêt la trabée consulaire.
– Printemps : Ricimer détruit une flotte vandale au large de la Corse avant de les battre sur terre près d'Agrigente (Sicile).
– Septembre : Ricimer et Majorien fomentent un coup d'État.
– Mi-septembre : Avitus se réfugie en Arelate où il y rassemble ses forces.
– 6 octobre : Sur ordre d'Avitus, Théodoric II et Gondioc écrasent les Suèves près d'Astorga.
– 17 octobre : Bataille de Plaisance (ville italienne en Émilie-Romagne). Avitus est vaincu mais a la vie sauve.
– Octobre : Avitus, déchu, doit accepter le trône épiscopal de Plaisance.
– Novembre : Avitus s'enfuit vers la Gaule mais meurt en chemin. Sa dépouille est ensevelie dans un mausolée à Brioude.

457 – 1er avril : Majorien succède à Avitus.

476 – Chute de l'Empire romain d'Occident. Un an après sa proclamation, le jeune Romulus Augustus, dernier empereur d'Occident, démissionne sous la contrainte.

481
511 – Règne de Clovis.

486 – Bataille de Soissons : Clovis défait Syagrius et impose le royaume franc.

Galerie des personnages

Aetius (395 – 454 apr. J.-C.)

Originaire de Durostorum en Bulgarie, Flavius Aetius est le fils du *magister equitum* Flavius Gaudentius et d'Itala, une aristocrate romaine. Placé trois années en otage chez les Huns durant son enfance, il grandit avec Attila. En 426, la mère de Valentinien III le nomme *præfectus prætorio per Gallia*. Devenu généralissime, trois fois consul, Aetius restera le dernier véritable défenseur de l'Empire d'Occident. Une gloire qui trouve son apogée à l'issue de la victoire sur les Huns aux Champs Catalauniques. Inquiet et chagrin, Valentinien III l'attire à Rome pour l'assassiner d'un coup de poignard. Les conséquences de sa disparition précipiteront la chute de Rome en 476.

Agricola (vers 365 - vers 421 apr. J.-C.)

Père de l'empereur Avitus, Flavius Julius Eparchius Agricola appartient à l'ancienne noblesse gallo-romaine arverne. Patricien, il est désigné préfet du prétoire (*præfectus prætorio per Gallia*) en 416 puis consul en 421.

Agricola (? - 485 apr. J.-C.)

Fils cadet de l'empereur Avitus, il deviendra sénateur des Arvernes.

Alaric (vers 370 - 410 apr. J.-C.)

Roi des Wisigoths né aux bouches du Danube, il combat sous les ordres de Stilicon avant de se rebeller contre l'Empire. Après avoir dévasté les Balkans puis le Péloponnèse, son armée se fait massacrer devant Constantinople. Suite à cet échec, Alaric Ier s'en prend à l'Italie qu'il ravage jusqu'au sac de Rome en août 410. Père de Théodoric Ier, il meurt des fièvres en Calabre.

Amalaberge (vers 398 - 443 apr. J.-C.)

Fille du roi des Ostrogoths Vinitharius et veuve de Widelphe roi des Saxons, elle devient la seconde épouse de Théodoric à qui elle donnera deux fils et vraisemblablement deux filles.

Ardaburius (? - apr. 428 J.-C.)

Prince alain, Flavius Ardaburius commande l'armée de Théodose II victorieuse des Perses. Capturé dans le port de Ravenne lors de l'intervention militaire en faveur de Valentinien III, il fomente la trahison qui permettra la prise de la ville pas son fils Aspar, puis la chute de Ioannes. Nommé consul en 427, on perd ensuite sa trace.

Ardaric (? - vers 460 apr. J.-C.)

Placé sur le trône des Gépides par Attila, il les commande lors de l'invasion de 451. Vassal et ami du khan, il dirigera pourtant la rébellion de son peuple après la mort de ce dernier avant de vaincre ses fils lors de la bataille de la Nedao (454).

Arnegisclus (? - 447 apr. J.-C.)

D'origine gothique, il accède au rang de *magister militum per Thracias*. Vaincu par Attila lors de la bataille de l'Utus, il trépasse selon la chronique les armes à la main.

Aspar (vers 408 - 471 apr. J.-C.)

Fils d'Ardaburius (généralissime de l'Empire d'Orient), sa victoire sur le malheureux Ioannes permet l'accession au trône de Valentinien III. Nommé consul en 434, il sert comme *magister militum per orientem* sous l'empereur Marcien avant d'organiser la succession de ce dernier au profit de Léon l'Isaurien. Depuis Carthage, ses forces contraignent Genséric à accepter un traité limitant son influence en Afrique. D'origine alaine, Flavius Ardaburius Aspar sera assassiné par les eunuques du nouveau prince.

Athaulf (? - 415 apr. J.-C.)

Successeur d'Alaric, il devient roi des Wisigoths en 410. Trop romanisé au goût des siens, Athaulf épouse son otage Galla Placidia dès l'année suivante. Il meurt assassiné en Hispanie où son peuple avait été chassé par Constantius.

Attalus (367 - 420 apr. J.-C.)

Originaire d'Antioche, Priscus Attalus est proclamé empereur par le Sénat en octobre 409. Il ne doit la pourpre impériale qu'à l'insistance du roi wisigoth Alaric qui souhaite la déchéance d'Honorius. Dégradé à deux reprises, Attalus retrouve son trône en 414. Depuis Bordeaux, il ne règne qu'un an sur la Gaule avant qu'un changement d'alliance des Wisigoths le livre à son rival. Exhibé lors du triomphe d'Honorius qui lui laisse la vie sauve mais lui coupe le pouce, il finira ses jours en exil sur les îles Éoliennes.

Attila (vers 400 - 453 apr. J.-C.)

De sang royal, il monte sur le trône des Huns avec son frère Bleda en 434. Le partage du pouvoir perdure une dizaine d'années mais peu à peu les dissensions qui apparaissent l'entraînent à assassiner son aîné. Désormais seul khan, Attila reprend la politique expansionniste coutumière à son peuple. Il pille puis rançonne d'abord l'Empire romain d'Orient avant de se retourner contre celui d'Occident. Mais battu par Aetius en 451 à la bataille des Champs Catalauniques, il parvient à s'échapper avec un important butin. L'année suivante, ses hordes ravagent le Nord de l'Italie, mais une épidémie les contraint à rebrousser chemin. Attila va mourir d'apoplexie lors de sa nuit de noce avec une princesse germanique.

Audentia (vers 425 - ? apr. J.-C.)

Sœur de Sidonius Apollinaris, cette future béatifiée épouse Esychius, fils de l'empereur Avitus.

Auguste (63 av. J.-C - 14 apr. J.-C.)

Petit neveu du grand César, Caius Octavius (Octave) est adopté par ce dernier à l'âge de dix-neuf ans. Après avoir éliminé son rival Marc Antoine, il devient le seul maître de l'Empire. En instaurant le principat (une monarchie déguisée en république), Octave devenu Augustus, instaure la dynastie julio-claudienne. Remarquable homme d'État et adulé de son temps, il inaugure la fameuse *Pax romana* qui perdurera jusqu'à la mort de Marc Aurèle en 180.

Augustin d'Hippo Regius (354 - 430 apr. J.-C.)

Philosophe et théologien originaire de la province d'Afrique, saint Augustin est l'un des quatre Pères de l'Église. Ancien manichéen converti tardivement au christianisme, il devient évêque d'Hippo Regius avant de s'affirmer comme un ardent opposant aux premières doctrines schismatiques (donatisme et pélagianisme). Son œuvre, avec notamment *De Civitate Dei contra paganos*, le positionne en grand penseur de l'Antiquité tardive. Augustin sera canonisé en 1298.

Aurélien (214 - 275 apr. J.-C.)

Soldat sorti du rang, Lucius Domitius Aurelianus gravit tous les échelons de la hiérarchie militaire. Proclamé empereur le 3 novembre 269 par ses troupes après le décès de son prédécesseur (Claude II, dit Claude le Gothique), il supplante sur le trône le frère du défunt. Réunificateur de l'Empire – suite aux dissidences du royaume de Palmyre puis de la Gaule –, Aurélien abandonnera la Dacie, jugée indéfendable, et confortera son règne d'une importante réforme monétaire. Il meurt assassiné, victime d'un complot fomenté par l'un de ses secrétaires.

Avitus (395 - 456 apr. J.-C.)

Fils de consul, Marcus Mæcilius Flavius Eparchius appartient à la haute aristocratie arverne. Proche des Wisigoths (il sera un temps précepteur du fils Théodoric Ier), on le suit en campagne aux côtés d'Aetius, son mentor. Nommé *magister militum per*

Gallias en 437 puis *præfectus prætorio Galliarum* deux années plus tard, il cimente la coalition qui permet de vaincre Attila aux Champs Catalauniques. Le sac de Rome par les Vandales avec la chute de son prédécesseur lui ouvre les portes de Rome. Proclamé empereur en Arelate le 9 juillet 455, Avitus lance plusieurs campagnes contre les Vandales : toutes des échecs qui lui seront injustement reprochées. Les caisses étant vides et tenu responsable d'une situation dont il avait hérité, il est chassé par un coup d'État fomenté par Ricimer et son complice Majorien. Sa tentative de retour se solde à Plaisance le 18 octobre 456 avec la défaite de ses troupes. Épargné, l'empereur déchu se voit proposer le trône épiscopal alors vacant de la ville. Mais le Sénat se ravise et craignant pour sa vie, Avitus s'enfuit en Gaule. Il meurt en chemin, malade ou empoisonné. Sa dépouille est ensevelie à Brioude, en un mausolée accolé au martyrium de Saint-Julien.

Basilius (vers 410 - ? apr. J.-C.)

Originaire de Naples, Flavius Caecinus Decius Basilius appartient à une famille influente. Devenu *præfectus prætorio Italæ* en 458 sous Majorien, il sera honoré du consulat puis du titre de patrice par l'empereur Sévère III (Libius Severus) en 463. Ami et bienfaiteur de Sidoine Apollinaire, il intercédera en sa faveur auprès du nouvel empereur Anthème (Procopius Anthemius).

Bleda (vers 390 - fin 444 ou 445 apr. J.-C.)

Frère aîné d'Attila, il est désigné en 434 pour régner sur les Huns au décès de son oncle Rugila. La diarchie qui l'associe à son puîné perdure une dizaine d'années durant lesquelles son peuple s'attaque principalement à l'Empire d'Orient. La discorde entre les deux frères aboutit à un piège tendu où Attila l'assassine.

Bonifacius (? - 432 apr. J.-C.)

Général romain à la foi chrétienne affirmée, il devient comte d'Afrique en 422. Après avoir soutenu l'avènement de

Valentinien III contre l'usurpateur Ioannes, il s'oppose à la prédominance d'Aetius. Bonifacius mourra à l'issue de la bataille de Rimini où les deux rivaux s'affrontèrent.

Brutus (85 - 42 av. J.-C.)
Politicien vertueux à l'âme chevillée aux idéaux de la République, il est le fils d'une maîtresse de César. Fidèle à ses convictions, et en dépit de son amitié, Marcus Junius Brutus participe à l'assassinat de son mentor aux ides de mars.

Camille (446 - 365 av. J.-C.)
Général et héros de la République qui devint dictateur à cinq reprises. Marcus Furius Camillus s'illustra contre les Étrusques puis sauva Rome du péril gaulois.

Clodion (vers 390 - 450 apr. J.-C.)
Rois des Francs saliens, Clodion (dit le Chevelu depuis Grégoire de Tours) traverse la forêt Charbonnière en 431 pour s'installer avec son peuple dans un vaste territoire s'étendant jusqu'à la Somme. Ayant obtenu un *fœdus* d'Aetius, il en protégera l'intégrité à l'encontre des invasions barbares. Selon la tradition, son fils Mérovée serait le grand-père de Clovis.

Constant (vers 374 - 411 apr. J.-C.)
Fils de Constantin III, cet oncle d'Avitus suit la destinée de son père. Nommé *César* en 408, il se charge de pacifier l'Hispanie mais échoue dans sa tâche. Vaincu puis capturé à Vienne par les troupes de l'usurpateur Maxime, cet ancien moine est exécuté.

Constantin (280 - 337 apr. J.-C.)
Fils de l'empereur Constance Chlore, Flavius Valerius Constantinus est élevé à la dignité de *César* le 25 juillet 306. Confronté aux divisions qui rongent l'Empire, il parvient à établir un pouvoir absolu. En 313, Constantin accorde la liberté de culte à tous et ordonne que les biens confisqués aux chrétiens leur soient restitués. Sentant sa fin approcher, il demandera le baptême sur son lit de mort.

Constantin III (vers 350 - 411 apr. J.-C.)

Général romain et grand-père d'Avitus, Flavius Claudius Constantinus est élu par les troupes de Bretagne en 407. Il succède ainsi à deux autres usurpateurs qui, incapables, ont été aussitôt assassinés. Jugeant préférable de défendre les intérêts de l'île (actuelle Grande-Bretagne) depuis la Gaule, il débarque avec ses troupes pour s'établir à Trèves. Reconnu co-empereur par Honorius, Constantin III étend son autorité sur la Gaule et l'Hispanie mais ne parvient pas à contenir l'invasion barbare de cette dernière province. En 410, il tente de secourir l'Italie. Mais lui-même victime de l'usurpation de Maxime en Hispanie, il doit renoncer à ce projet. La défaite de son fils Constant devant Vienne l'oblige à s'enfermer en Arles où Constantius (Constance III) obtient sa reddition au nom de l'empereur contre la vie sauve. Les promesses d'Honorius étant rarement tenues, il sera emprisonné puis exécuté.

Constantius (?- 421 apr. J.-C.)

Flavius Constantius, plus connu sous le nom de Constance III, devient *magister equitum* (maître des cavaliers) en 411. Reconnu pour sa compétence, le jeune général débarrasse l'Occident de plusieurs usurpateurs et combat victorieusement les Wisigoths. Élevé à la dignité d'*Auguste* en février 421, il meurt subitement après sept mois de règne.

Ecdicius (vers 420 - vers 494 apr. J.-C.)

Fils aîné d'Avitus, il organise dès 471 la résistance auvergnate face à l'invasion des Wisigoths. Pour ses prouesses, notamment lors du siège d'Arvernis, l'empereur Julius Nepos le nommera patrice puis *magister militum*. On perd sa trace après 475, une fois l'Auvergne abandonnée par l'Empire.

Édécon (vers 400 - 469 apr. J.-C.)

Impliqué dans la mort de Bleda, ce noble probablement d'origine thuringe devient un des principaux collaborateurs d'Attila. En 449, Édécon participe à la fameuse ambassade diligentée par Théodose II mais en avouant à son khan la tentative de corruption le concernant, il en scelle le sort. Suite au décès d'Attila (453), les Skires réaffirment leur indépendance et il se reconvertit en devenant leur roi après les avoir commandés aux Champs Catalauniques. Son fils, Flavius Odoacre, déposera le dernier empereur d'Occident (Romulus Augustus). Édécon sera tué en Pannonie lors d'une bataille contre les Ostrogoths.

Eparchia (vers 401 - ? apr. J.-C.)

Sœur benjamine d'Avitus, Eparchia Avita Agricola se marie avec Alcimius Apollinaris qui deviendra *præfectus prætorio per Gallia* en 448. Elle est la mère de Sidoine Apollinaire et la tante de Papianilla, sa future épouse.

Esychius (vers 434 - 494 apr. J.-C.)

Plus jeune fils de l'empereur Avitus, Esychius passe à la postérité comme sénateur des Arvernes puis questeur avant de devenir évêque de Vienne en 476.

Eudoxia (422 - 493 apr. J.-C.)

Fille de Théodose II, Licinia Eudoxia est fiancée à Valentinien III dès l'âge de trois ans. Elle se marie avec lui en 437 et restera à ses côtés jusqu'à son assassinat. Forcée d'épouser Pétrone Maxime, elle survit à sa chute après le saccage de Rome (455) mais doit se résigner à l'exil. Genséric la gardera six années comme otage. Licinia Eudoxia finira sa vie à Constantinople.

Euric (vers 420 - 484 apr. J.-C.)

Fils de Théodoric Ier et d'Amalaberge d'Ostrogothie, il monte sur le trône en 466 au décès de son demi-frère Théodoric II. Roi éclairé, Euric réalise le *Codex Euriciamus* qui retranscrit les lois et coutumes wisigothiques. Il s'éteint de sa « belle mort » en Arelate.

Flavius Felix (380 - 430 apr. J.-C.)

Général, il épouse Padusia, la sœur aînée d'Avitus. Fait patricien en 425, Flavius Felix occupe le poste de *magister militum* durant trois années avant d'être élu consul. L'échec de sa conspiration visant à éliminer Aetius lui sera fatal. Arrêté avec son épouse à Ravenne, il est exécuté en sa compagnie sur ordre d'Aetius.

Genséric (399 - 477 apr. J.-C.)

Élu roi des Vandales et des Alains en 428, Genséric, confronté aux attaques des Wisigoths et des Suèves, abandonne la Bétique pour faire migrer son peuple de l'autre côté du détroit de Gibraltar. Devenu maître des anciennes provinces romaines d'Afrique, il parvient à conquérir les principales îles de Méditerranée d'où ses navires sèmeront la terreur. En 455, ses forces débarquent à Ostie puis s'emparent de Rome qu'elles pillent sans merci durant quinze jours. Souverain cruel, Genséric obtient la paix avec l'Empire d'Orient avant de trépasser de mort naturelle à l'âge de soixante-dix-sept ans.

Gondioc (? - vers 473 apr. J.-C.)

Devenu co-roi des Burgondes en 435 puis leur unique suzerain deux années plus tard à la mort de son père, il accepte le statut de fédéré pour son peuple que le patrice Aetius vient d'installer chez les Allobroges. Gondioc combat Attila aux Champs Catalauniques puis les Suèves en Hispanie à la demande d'Avitus (456). Toujours en quête d'étendre ses territoires, il fait de Lyon sa nouvelle capitale dès 461. Ricimer le nommera *magister militum per Gallias* en 463.

Honoria (416 - 455 ? apr. J.-C.)

Sœur aînée de Valentinien III, Justa Grata Honoria reçoit le titre d'*Augusta* dès l'âge de neuf ans. Obligée à la chasteté par son frère, elle est exilée à Constantinople après la découverte d'une liaison interdite. Mal interprétée, l'aide qu'elle demande à Attila pour la délivrer fomentera les bases du conflit entre les Huns et l'Empire d'Occident. On perd ensuite sa trace.

Honorius (384 - 423 apr. J.-C.)

Fils cadet de l'empereur Théodose, Flavius Honorius est proclamé *Auguste* à l'âge de neuf ans. Personnalité faible, il ne se maintient au pouvoir de l'Empire d'Occident que grâce à la poigne de ses deux brillants généraux : Stilicon puis Constantius. Il fera décapiter le premier et nommera le second *Auguste* pour la sauvegarde de l'Empire. Son règne est marqué par plusieurs usurpations dont celle de Constantin III en Bretagne (père de Magna Constantina, la mère d'Avitus) et par une succession d'invasions barbares. Sous son règne, Goths, Vandales, Suèves et Alains ravagent tour à tour l'Occident. Honorius meurt d'hydropisie à Ravenne.

Innocentius (378 - 417 apr. J.-C.)

Originaire du Latium, Innocent Ier est élu au pontificat le 21 décembre 401. Centralisateur, il renforcera l'autorité papale et condamnera certaines doctrines déviantes.

Ioannes (vers 380 - 425 apr. J.-C.)

Ce haut fonctionnaire est proclamé empereur par la cour de Ravenne en décembre 423 (soit quatre mois après la mort d'Honorius). Une décision censée contrecarrer les desseins de Théodose II et sa volonté d'exercer seul le pouvoir sur les deux Empires. Sans armée, déclaré usurpateur, Ioannes ne peut rien faire contre l'alliance passée entre l'empereur d'Orient et l'*Augusta* Galla Placidia qui compte mettre son fils Valentinien sur le trône. Capturé, on lui coupe la main droite, l'exhibe sur un âne avant de l'exécuter dans le cirque d'Aquilée.

Jovin (vers 310 - 470 apr. J.-C.)

Né à Reims, Flavius Jovin est nommé *magister equitum* par l'empereur Julien l'Apostat. Poursuivant sa carrière militaire sous Jovien, Flavius Valerius Jovinus refuse la pourpre impériale que lui offrent ses troupes. Il s'illustrera ensuite aux ordres de son successeur (Valentinien Ier) en défaisant les Alamans à trois reprises.

Julianus (331 - 363 apr. J.-C.)

Neveu de l'empereur Constantin, Flavius Claudius Julianus – dit Julien II l'Apostat – est né à Constantinople. En février 358, cet ascète et féru de philosophie devenu *César* est acclamé par ses troupes mutinées qui, à Lutèce, le proclament empereur. Malgré d'incontestables qualités militaires et politiques, il sera honni pour avoir tenté de rétablir l'ancienne religion. Les Francs saliens lui doivent un *fœdus* accordé en 358.

Justus (vers 415 - ? apr. J.-C.)

Médecin attaché aux familles Apollinares et Epaparchii. Sidoine Apollinaire le cite dans une de ses lettres (Œuvres complètes).

Léon Ier (vers 395 - 461 apr. J.-C.)

Originaire de Tuscie, cet ancien archidiacre est élu Pape en 440. Après l'affirmation de la doctrine trinitaire lors du concile de Chalcédoine, son pontificat voit l'avancée des Huns en Italie (452) puis le sac de Rome par les Vandales (455). Sanctifié, Leo Magnus deviendra Docteur de l'Église en 1754.

Litorius (? - 439 apr. J.-C.)

Dernier général romain resté païen, Litorius seconde Aetius qui le nommera *præfectus prætorio per Gallia* en 435. Téméraire, il dégage Narbo Martius du siège wisigoth (437), combat les bagaudes mais est capturé en assaillant Tolosa. Les sources anciennes divergent quant à sa mort ; on ne sait exactement si Théodoric Ier le fait exécuter ou s'il meurt des suites de ses blessures.

Magna Constantina (vers 375 - vers 421 apr. J.-C.)

Fille de Constantin III et sœur de Constant (usurpateurs père et fils en Occident entre 407 et 411), elle est la mère d'Avitus et l'épouse du consul Agricola. Les circonstances, tout comme la date de son décès à Rome restent inconnues.

Majorien (457 - 461 apr. J.-C.)

Issu de la noblesse romaine et ancien chef de la garde impériale, Flavius Julius Valerius Majorianus succède à Avitus le 1er avril 457. Empereur soucieux du peuple, il est décapité sur ordre de son ancien complice Ricimer. La perte de sa flotte face aux Vandales lors de la bataille de Carthagène aura précipité sa chute.

Maxime (? - 422 apr. J.-C.)

Usurpateur proclamé à Tarraco (Tarragone) en 409, Maximus est battu par Constance III et doit trouver refuge dans les montagnes d'Hispanie. Dix ans plus tard, sa nouvelle tentative s'avère tout aussi désastreuse. Capturé puis livré à Honorius, il sera exécuté à Ravenne.

Maximin (vers 400 - ? apr. J.-C.)

Comte et officier d'état-major au service de l'Empire d'Orient, Maximinus fut chargé par Théodose II en 449 de diriger l'ambassade chargée de rencontrer Attila.

Merobaudes (? - vers 460 apr. J.-C.)

Poète et officier latin né en Bétique, son talent lui vaut d'être appelé à la cour de Ravenne. Outre ses poèmes, l'histoire retiendra ses panégyriques prononcés en l'honneur d'Aetius. En 435, Rome le célébrera en élevant sa statue sur le forum de Trajan.

Moundzouk (368 - 434 apr. J.-C.)

Roi des Huns dès 386, il est le père de Bleda et d'Attila. C'est sous son règne que la menace hunnique s'affirme face à l'Empire d'Orient (Théodose) puis envers celui d'Occident (Honorius).

Ommatius (vers 405 - 468 apr. J.-C.)

Frère de l'empereur Avitus, Ommatius Agricola serait né à Menat. Il deviendra sénateur des Arvernes.

Onégèse (? - ? apr. J.-C.)

Notable barbare hellénisé, il était probablement le plus influent et proche conseiller d'Attila. Lors de l'invasion de 451, Onegesios commande l'aile droite de l'armée hunnique, celle chargée d'avancer en direction du littoral.

Oreste (vers 420 - 476 apr. J.-C.)

Originaire de Pannonie, Flavius Oreste s'illustre comme secrétaire et ambassadeur d'Attila à Constantinople. Devenu commandant des armées confédérées après la chute de l'Empire hun, il se proclame patrice puis dépose Julius Nepos pour le remplacer par son fils (Romulus Augustus, le dernier empereur d'Occident). Oreste sera capturé puis exécuté à l'issue de la bataille de Pavie qui marque la fin de l'Empire.

Padusia (vers 390 - 430 apr. J.-C.)

Sœur aînée de l'empereur Avitus, Padusia Flavia Agricola épouse le consul Flavius Felix. Impliquée dans un complot à l'encontre d'Aetius, elle sera exécutée à Ravenne en compagnie de son époux.

Palladia (vers 400 - 454 apr. J.-C.)

Sœur cadette d'Avitus, cette femme réputée pour sa beauté épouse Pétrone Maxime vers 415. Éperdument amoureux d'elle, l'empereur Valentinien III parvient à l'attirer en son palais où il la viole : un crime auquel Palladia ne survivra pas.

Papianilla (432 - 490 apr. J.-C.)

Fille d'Avitus, on la disait très pieuse. En 452, elle épouse Sidoine Apollinaire qui est un proche de son père. Le couple aura trois enfants (Severiana, Roscia et Apollinare qui deviendra comte d'Auvergne en 489 et s'illustrera lors de la bataille de Vouillé contre les troupes de Clovis).

Patrocle (seconde moitié du IVe siècle - 426 apr. J.-C.)

Évêque d'Arelate dès 412, il s'oppose ouvertement à son homologue de Massilia pour un différend frontalier entre les deux diocèses. Connu pour ses amitiés pro-barbares et surtout pour sa tolérance envers leur arianisme, Patrocle est massacré par la garnison encerclée après l'échec wisigoth devant Arelate.

Pédauque (fin du IVe siècle - milieu du Ve siècle apr. J.-C.)

Princesse wisigothe, fille du roi Alaric, elle monte sur le trône en devenant la seconde épouse de Théodoric Ier. Ses deux fils, Thorismund et Théodoric II, régneront successivement. Son patronyme est à l'origine des légendes de reines aux « pieds d'oie ».

Pelagia (vers 395 - vers 455 apr. J.-C.)

Fille d'Alaric et sœur de la reine Pédauque, elle devient la femme du comte Bonifacius probablement en 426. Deux ans après le décès de ce premier époux, Pelagia se remarie avec Aetius qui lui donnera un fils (Gaudentius). Nous retenons dans ce roman la théorie communément admise, mais la possibilité que Pelagia se confonde avec l'ultime épouse du généralissime ne saurait être rejetée.

Pétrone Maxime (vers 396 - 455 apr. J.-C.)

Appartenant à une ancienne famille de l'aristocratie romaine, nommé deux fois consul puis finalement patrice, Petronius Maximus est sans doute impliqué dans l'élimination d'Aetius puis dans celle de Valentinien III. Il épouse Palladia, la sœur cadette d'Avitus, qui lui donne un fils nommé Palladius. Considérant l'assassinat de l'empereur comme une aubaine, le Sénat lui offre la pourpre impériale le 17 mars 455. Généreux envers ses troupes à qui il distribue de fortes sommes d'argent, Pétrone Maxime nomme son fils *César* et lui offre en épouse la fille de son prédécesseur qu'Aetius avait promis au fils de Genséric. Prétexte que les Vandales mettent à profit pour lancer leur flotte en direction de Rome. L'encerclement puis la prise d'Ostia généreront une panique sans précédent qui poussera Pétrone Maxime à s'enfuir. Reconnu par la foule, il sera lynché avant que son corps découpé ne soit jeté dans le Tibre.

Placidia (388 - 450 apr. J.-C.)

Fille de Théodose Ier et demi-sœur de l'empereur Honorius, Galla Placidia épouse en 411 Athaulf, roi des Wisigoths chez qui elle était retenue en otage. Rendue à l'Empire après l'assassinat de son époux, elle épouse Flavius Constantius (Constance III) à qui elle donnera deux enfants dont le futur empereur Valentinien III. À la mort d'Honorius, l'*Augusta* Galla Placidia assure la régence de l'Empire au nom de son fils grâce au soutien d'Aetius.

Priscus (410 - 471 apr. J.-C.)

Historien et diplomate né à Panium (de nos jours Rumelifeneri sur les rives de la mer Noire), il participe à l'ambassade envoyée par Théodose II auprès des Huns en 449. Ses écrits restent la principale source quant aux mœurs à la cour d'Attila.

Priscus Valerianus (? - vers 456 apr. J.-C.)

Apparenté à l'empereur Avitus qui le nomme préfet du prétoire des Gaules, Priscus Valerius disparaît de la scène politique après octobre 456.

Probinus (? - vers 397 apr. J.-C.)

Descendant d'une famille de l'aristocratie sénatoriale romaine, Anicius Probinus devient consul en 395 puis proconsul d'Afrique pour les deux années suivantes. Il est le père de l'empereur Pétrone Maxime.

Rechiaire (vers 415 - 456 apr. J.-C.)

Devenu roi des Suèves à la mort de son père en 448, il est le premier monarque barbare à se convertir au christianisme trinitaire (nicéen). En guerre contre les Wisigoths, Rechiaire ne cessera de dévaster le Nord de l'Espagne. En 456, et à la demande d'Avitus, Théodoric II le vainc aux abords d'Astorga. Capturé dans sa capitale (Braga), il sera alors exécuté.

Remistus (? - 456 apr. J.-C.)

D'origine wisigothique, Remistus est élevé au rang de patrice par Avitus qui lui confie le commandement de son armée. Devenu *magister militum*, il est capturé par Ricimer à l'issue du siège de Ravenne puis mis à mort.

Ricimer (vers 405 - 472 apr. J.-C.)

D'origine suève par son père, Flavius Ricimer s'illustre l'arme à la main aux côtés d'Aetius. Nommé *magister militum præsentalis* sous Avitus, il remporte plusieurs victoires sur les Vandales avant de fomenter le coup d'État fatal à son empereur. Une fois Majorien poussé sur le trône, cet opportuniste devenu patrice gouverne l'Empire en sous-main. En 461, inquiet de la popularité de Majorien, il profite de sa défaite contre la flotte vandale pour l'arrêter et le faire exécuter. Trois empereurs fantoches (Libius Severus, Anthemius et Olybrius) lui obéiront successivement. Emporté par une hémorragie, Ricimer meurt quatre années seulement avant la chute du dernier empereur d'Occident, l'éphémère Romulus Augustus.

Roscia (453 - ? apr. J.-C.)

Fille cadette de Sidoine Apollinaire et de Papianilla, l'empereur Avitus est donc son grand-père. Elle sera en partie élevée par ses tantes paternelles et sa grand-mère.

Rugila (367 - 434 apr. J.-C.)

Khan des Huns et frère du père d'Attila (Moundzouk), il ravage l'Italie du Nord et menace Rome à la tête de ses hordes. Rugila parvient à unir tous les Huns sous sa seule autorité mais meurt « officiellement » foudroyé en Thrace.

Sangiban (? - ? apr. J.-C.)

Succédant à Goar, il devient roi des Alains fédérés vers 450. Refusant de céder aux avances d'Attila devant Orléans, Sangiban rejoint la coalition victorieuse. Lors de la bataille des Champs Catalauniques, son armée tiendra le centre du dispositif romain.

Sarus (? - 412 ou 413 apr. J.-C.)

Prince wisigoth et général romain vainqueur de Constantin III, il sera disgracié à la chute de Stilicon. Resté fidèle à l'Empire, Sarus rejoint pourtant l'usurpateur Jovin et mourra à la tête de ses troupes en combattant l'armée wisigothe.

Sebastianus (? - 449 apr. J.-C.)

Gendre du comte Bonifacius, il est élevé *magister militum* à la mort de son beau-père. Contraint à l'exil avec le retour d'Aetius, ce comte mène une vie de proscrit, louant son épée à qui veut. Un temps au service des Wisigoths, Sebastianus achève son itinérance comme conseiller auprès de Genséric. Méfiant, le roi vandale lui demandera de se convertir à l'arianisme et constatant son refus, le fera exécuter pour traîtrise.

Severiana (452 - ? apr. J.-C.)

Fille aînée de Sidoine Apollinaire et de Papianilla, la chronique dit qu'elle devint religieuse.

Severiana Roscia (vers 400 - ? apr. J.-C.)

Selon les sources historiques, le véritable nom de l'épouse de l'empereur Avitus donne lieu à différentes interprétations. Celui qui est retenu ici est imaginaire. Quant à sa biographie, l'absence de documentation la rend tout aussi fictive.

Sidonius Apollinaris (vers 430 - 488 apr. J.-C.)

Par ses écrits, Sidoine Apollinaire est avec Grégoire de Tours le principal narrateur de l'histoire des Gaules au Ve siècle. Né à Lyon, ce poète issu d'une grande famille aristocratique épouse Papianilla la fille d'Avitus en 452. Sénateur des Arvernes, Préfet de Rome puis évêque de Clermont en 471, il deviendra un des principaux artisans de la défense de l'Auvergne face aux Wisigoths.

Stilicon (vers 360 - 408 apr. J.-C.)

Général romain d'origine vandale par son père, Flavius Stilicon est nommé *magister militum* par Théodose. À la mort de ce dernier, il reçoit la charge de protéger ses deux fils (Arcadius et Honorius) puis devient régent de l'Empire d'Occident. Jusqu'à son assassinat sur ordre d'Honorius, Stilicon s'efforça de juguler les usurpateurs et de combattre les invasions barbares tout en préservant la cohésion de l'Empire.

Théodoric Ier (vers 390 - 451 apr. J.-C.)

Roi élu des Wisigoths, il ne cessera d'affirmer l'indépendance de son peuple vis-à-vis du pouvoir central de l'Empire. Établi à Toulouse, Theudred de son véritable nom, apparaît comme le véritable fondateur de cette monarchie. Soutien de Rome en Hispanie, il retourne son alliance suite à la volonté impériale d'attaquer les Suèves. Suite au traité de paix obtenu par Avitus en 439, la province d'Aquitaine (Novempopulana) lui est accordée. Réconcilié avec Aetius, il rejoint la coalition romaine afin de faire face à l'invasion des Huns. Théodoric meurt les armes à la main aux Champs Catalauniques.

Théodoric II (414 - 466 apr. J.-C.)

Fils de la seconde épouse de Théodoric, il est par sa mère le petit-fils d'Alaric. Élu en 453 après l'assassinat de son frère Thorismund, ce nouveau roi confirme le statut d'État fédéré de son royaume. Ami d'Avitus qui était son précepteur, il le fait proclamer empereur. Après avoir conquis une partie de la Narbonnaise, ses troupes interviennent en Hispanie contre les Suèves. Vers 460, preuve de son indépendance envers Rome, Théodoric II promulgue l'Édit éponyme qui réglemente mœurs et fiscalité. Sa romanité et sa tolérance envers les chrétiens lui vaudront d'être égorgé par son dernier frère.

Théodose (347 - 395 apr. J.-C.)

Né non loin de Valladolid, ce fils de général succède à Valens (l'empereur d'Orient) le 19 janvier 379. Après la mort de

Gratien, puis avoir éliminé en 388 l'usurpateur du trône d'Occident, Flavius Theodosius deviendra le dernier *César* à régner sur un Empire réunifié.

Théodose II (401 - 450 apr. J.-C.)

Flavius Theodosius est né à Constantinople. Son père, l'empereur d'Orient Arcadius, meurt en 408 et il lui succède à l'âge de sept ans. Monarque sans réelle personnalité, il est dominé par sa sœur Pulchérie puis par l'ensemble de ses conseillés. Confronté à l'invasion des Huns, Théodose II accepte de payer une rançon exorbitante à Attila. C'est sous son règne que Constantinople se dote d'une puissante muraille et qu'est fondée l'université. Empereur dévot, il meurt accidentellement d'une chute de cheval.

Thorismund (? - 453 apr. J.-C.)

Fils aîné de Théodoric Ier, Thorismund est élu roi des Wisigoths sur le champ de bataille dès le décès de son père aux Champs Catalauniques. Après avoir poursuivi la lutte contre les Huns et chassé définitivement Attila de Gaule, il se montrera moins coopératif envers Rome. Victime d'un complot, Thorismund meurt assassiné par les siens.

Tibatto (? - 437 apr. J.-C.)

Séparatiste armoricain, Tibatto conduit le grand bagaudes de 435 à laquelle se joignent esclaves et propriétaires sans terre. Après avoir provoqué la sécession de la Gaule ultérieure, il est finalement vaincu par les Alains puis exécuté. L'évêque d'Auxerre, Germain, plaidera vainement sa grâce auprès de l'empereur.

Valamir (vers 420 - vers 465 apr. J.-C.)

Devenu roi des Ostrogoths en 447 (dynastie des Amales), ce vassal d'Attila le suit en campagne dès sa montée sur le trône. C'est à ce titre qu'il commande l'armée ostrogothe durant la bataille des Champs Catalauniques. À la mort d'Attila, et à l'instar d'autres peuples vassaux, Valamir se révolte contre les Huns en Pannonie. Il meurt au combat après une chute de cheval.

Valentinien III (419 - 455 apr. J.-C.)

Fils de l'empereur Flavius Constantius et de Galla Placidia, Valentinien III monte sur le trône impérial le 23 octobre 425 après l'élimination de l'usurpateur Ioannes. Jusqu'à l'âge adulte il règne sous la régence de sa mère puis sous la tutelle d'Aetius. Bigot et faible, Flavius Placidius Valentianus ne possède ni la conscience ni la poigne pour contrecarrer la déliquescence de son pouvoir. En assassinant Aetius, il perd l'unique chance de sauver l'Empire. Six mois plus tard, Valentinien III sera à son tour victime des fidèles de son régent qui le vengent sur le *Campius Martius*.

Vénérand (vers 350 - 423 apr. J.-C.)

Sénateur arverne, Venerandus devient évêque du diocèse en 394. On le compare aux plus illustres hommes d'Église de Gaule et plusieurs miracles lui sont attribués. Ses reliques reposent de nos jours en l'église Saint-Alyre de Clermont-Ferrand.

OCEANUS
GERMANICUS
HIBERNIA
BRITANNIA
Londinium
Oceanus Britannicus
Oceanus Gallicus
Oceanus Cantabrius
GERMAN
Belgica
Lugdunensis
GALLIA
Aquitania
Narbonensis
VINDELICIA
RHAETIA
NORICUM
PANNONI
Venetia
Gallia Cisalpina
Tarraconensis
HISPANIA
Lusitania
Bætica
Corsica
Sardinia
SICILIA
Mare Hadriaticum
Apulia
Lucania
ROMA
Baleares Ins.
MEDITERRANE
MAURITANIA
NUMIDIA
Carthago
Melita
Syrtis Minor
AFRICA
Atlas M.
Tropic of Cancer
Longitude

ROMAN EMPIRE,
IN ITS GREATEST EXTENT.
BY J. BARTHOLOMEW, F.R.G.S.
Roman Miles
British Miles
Geographical Miles
SARMATIA EUROPÆA
SARMATIA ASIATICA
PONTUS EUXINUS
Mæotis Palus
Caucasus Mons
Caspium
Colchis
Iberia
Albania
Otene
Gogarene
ARMENIA
Atropatene
Sophene
Taron
Gordyene
Nineveh
ASSYRIA
MESOPOTAMIA
Babylon
Seleucia
Ctesiphon
Edessa
Nisibis
Carrhæ
Euphrates Fl.
Palmyra
SYRIA
Damascus
Bostra
Syriæ Deserta
Palæstina
ARABIA PETRÆA
ARABIA
Petra
Horeb
Sinai
Arabicus Sinus
Tropic of Cancer
Thebæ
ÆGYPTUS
Memphis
Alexandria
Marmarica
Deserta
MARE
Creta
Rhodos
Cyprus
Paphos
CILICIA
CAPPADOCIA
Pontus
Paphlagonia
BITHYNIA
GALATIA
Phrygia
Lycaonia
Mysia
ASIA
Lydia
Caria
Lycia
PAMPHYLIA
THRACIA
MŒSIA
DACIA
Tyras
Olbia
Taurica
Achillis I.
Sinope
Trapezus
Tanais Fl.
Rha Fl.
Borysthenes Fl.
Cyrus Fl.
Araxes Fl.
Tigris Fl.
Antiochia
Tyrus
Sidon
Pelusium
Heliopolis
Arsinoe

GÉNÉALOGIE D'AVITUS

MAGNUS FLAVIUS PHILAGRIUS EPARCHIUS
? - après 382 †
♥ MAGNU
EGNAT

FLAVIUS JULIUS EPARCHIUS
vers 365 - vers 421 †

PADUSIA
vers 390 - 430 †
♥ FLAVIUS FELIX
380 - 430 †

MARCUS MÆCICLIUS FLAVIUS EPARCHIUS
395 - 456 †

ECDICIUS
vers 420 - vers 494 †

SIDONIUS APOLLINARIS
vers 430 - 488 †
♥ ***PAPIANILLA***
vers 432 - 490 †

EN ITALIQUES
=
les enfants d'Avitus

Généalogie simplifiée des Avitii.

AVIUS
TA SEVERA
? - ? †

FLAVIUS CLAUDIUS CONSTANTINUS ♥ ?
Constantin III vers 350 - 411 †

RICOLA ♥ MAGNA CONSTANTINA
vers 375 - vers 421 †

PALLADIA ♥ PETRONE MAXIME
vers 400 - 454 † vers 396 - 455 †

OMMATIUS
vers 405 - 468 †

EPARCHIA
vers 401 - ? †

ITUS ♥ SEVERIANA ROSCIA

AGRICOLA
? - 485 †

ESYCHIUS ♥ AUDENTIA
vers 434 - 494 †

GÉNÉALOGIE D'AETIUS

Flavius GAUDENTIUS ♥ ITALA

Flavius
395 - 454 †

Généalogie simplifiée d'Aetius.

ALARIC ♥ *fille d'un général wisigoth ?*
370 - 410 †

TIUS ♥ PELAGIA
vers 395 - 455 †

GAUDENTIUS
vers 440

Éléments bibliographiques

Sidoine Apollinaire, *Œuvres complètes* (Éditions Paleo).

Grégoire de Tours, *Histoire des Francs* (Éditions Paleo).

Jordanès, *L'Histoire des Goths* (Éditions Paleo).

Peter Heather, *Rome et les barbares* (Alma Éditeur).

Nicolas Guillerat et John Scheid, *Infographie de la Rome antique* (Passé/composé).

François Zosso et Christian Zingg, *Les empereurs romains* (Éditions Errance).

Hélène Darteville (sous la direction de –), *Augustonemetum* (Infolio).

Paul Eychart, *Chanturgue Camp de César devant Gergovie* (Éditions Volcans).

Karl Otfried Müller, *Fragmenta Historicum Graecorum*, vol. 4 (Paris, 1851).

Grigori Tomski, *Les amis d'Attila* (Éditions du Jipto).

Remerciements

Je tiens ici à remercier tout particulièrement le professeur Grigori Tomski qui, par ses connaissances inégalées de la culture hunnique et son éclairage sur le Bas-Empire romain, m'a gentiment abreuvé de ses conseils et de sa sapience. Il en va de même à toutes celles et ceux qui, de près ou de loin, ont apporté leur concours à la réalisation de cet ouvrage.

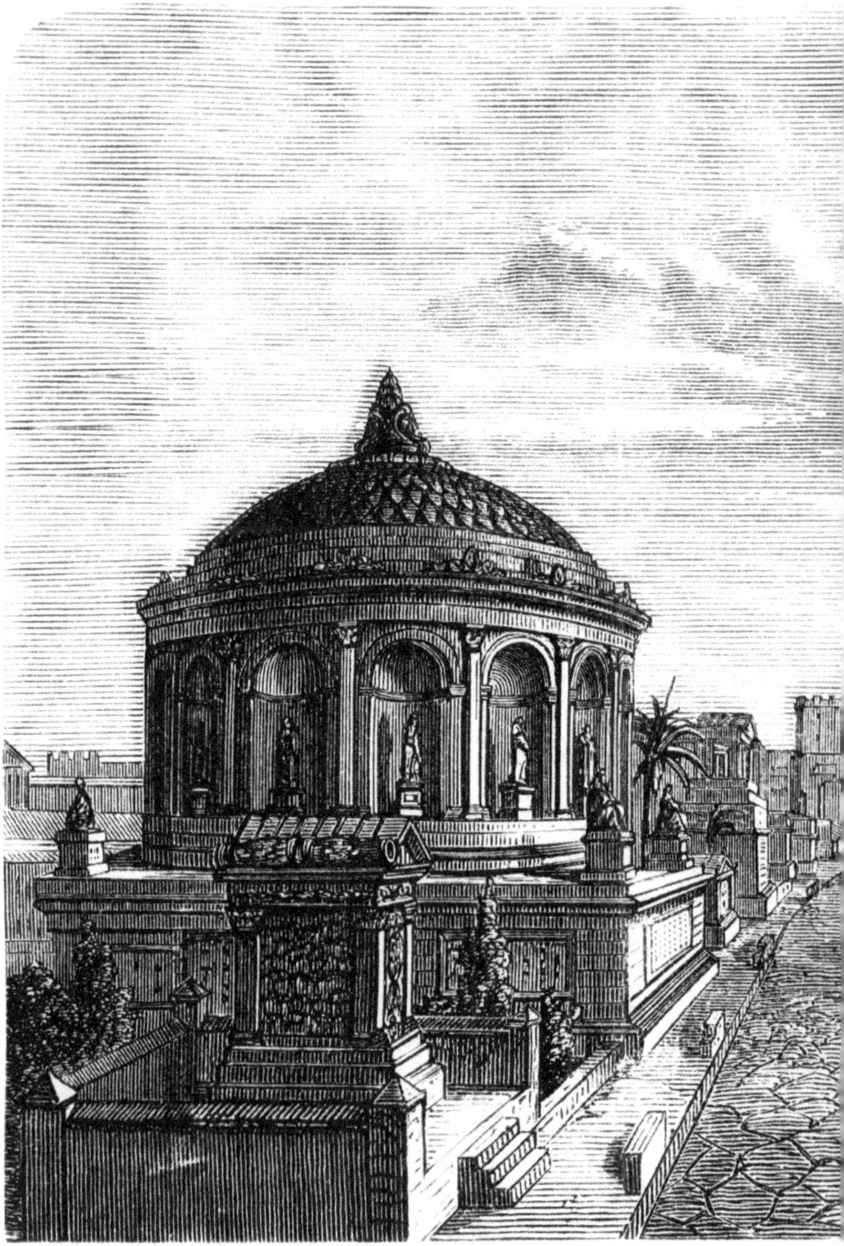

Vue de la Via Appia.

Rome éternelle !

Table des matières

FLAVIUS MÆCILIUS AVITUS.

Du même auteur :

Aux éditions De Borée

Les Vampires : Éliminations et Sabotages, 2015
Les troupes allemandes en Auvergne 1940-1948, prix Nos Racines d'Auvergne, 2021

Aux éditions Revoir

Melpomène, 2019
Seule mon âme portera le deuil, prix spécial du jury au festival Auvergne-Rhône-Alpes du livre, 2022

Crédits des illustrations

Couverture :

1e de couverture : (portrait) AdobeStock/Leifur ; (carte) AdobeStock/Picturepast.

4e de couverture : (scène de bataille) AdobeStock/Erica Guilane-Nachez ; (solidus - pièces en or) : Wikipédia.org/Creative Commons/arsclassicacoins.com.

Verso de couverture : (mosaïque SPQR) AdobeStock/Charles: ; (gravure invasion) : AdobeStock/ Erica Guilane-Nachez.

Rabat avant : détail de la Table de Peutinger, copie du XIIIe siècle d'une ancienne carte romaine sur parchemin : la déesse Roma/Wikimedia Commons/Domaine Public/Conradi Millieri.

Rabat arrière : (portrait de l'auteur) Photographe Denis Pourcher ; (sigle SPQR) : D.R.3D.

Intérieur du livre :

16, 79, 101, 119, 139, 187, 197, 217, 261, 279, 285, 317, 337, 376-377 : AdobeStock/ Erica Guilane-Nachez ; 39 : Overnia/Bibliothèque du Patrimoine de Clermont Auvergne Métropole/ Cote GRA3017/ in L'Auvergne pittoresque 1780-1860 ; 53 : Wikipedia Commons/Domaine public ; 177, 237, 381 : AdobeStock/ Morphart ; 305 : AdobeStock/Mivod ; 331 : Wikipedia Commons/Domaine public ; 364 : Overnia/Bibliothèque du Patrimoine de Clermont Auvergne Métropole/Cote Boyer2350 ; 368-369 : AdobeStock/Picturepast ; 372 : Domaine public ; 378-379 : AdobeStock/ Vitanovski ; 382 : Wikipedia Commons/Domaine public/Médaillon, gravure de 1710.

deBorée

45, rue du Clos-Four - 63056 Clermont-Ferrand cedex 2

Éditrice : Stéphanie Jardy
Imprimé en France par C.P.I. (2075503)
Dépôt légal : juillet 2024
ISBN : 978-2-8129-3967-9
www.deboree.com
livres@centrefrance.com